国家自然科学基金面上项目（72174045）
国家自然青年科学基金项目（71704036）
教育部人文社会科学研究项目（16YJC630061）
黑龙江省哲学社会科学规划资助项目（20GLB119）

战略性新兴产业科技成果转化的知识管理运行体系研究

Research on the Knowledge Management Running System of Science and Technology Achievements Transformation of Strategic Emerging Industries

李玥◎著

中国财经出版传媒集团

经济科学出版社
Economic Science Press

图书在版编目（CIP）数据

战略性新兴产业科技成果转化的知识管理运行体系研
究/李玥著 . -- 北京：经济科学出版社，2024.5.
ISBN 978 - 7 - 5218 - 5981 - 2

Ⅰ.F269.2

中国国家版本馆 CIP 数据核字第 20242VD822 号

责任编辑：杜　鹏　武献杰　常家凤
责任校对：杨　海
责任印制：邱　天

战略性新兴产业科技成果转化的知识管理运行体系研究
ZHANLÜEXING XINXING CHANYE KEJI CHENGGUO ZHUANHUA DE
ZHISHI GUANLI YUNXING TIXI YANJIU
李　玥◎著

经济科学出版社出版、发行　新华书店经销
社址：北京市海淀区阜成路甲 28 号　邮编：100142
编辑部电话：010 - 88191441　发行部电话：010 - 88191522
网址：www. esp. com. cn
电子邮箱：esp_bj@ 163. com
天猫网店：经济科学出版社旗舰店
网址：http：//jjkxcbs. tmall. com
固安华明印业有限公司印装
710 × 1000　16 开　16. 75 印张　260000 字
2024 年 5 月第 1 版　2024 年 5 月第 1 次印刷
ISBN 978 - 7 - 5218 - 5981 - 2　定价：118. 00 元
（图书出现印装问题，本社负责调换。电话：010 - 88191545）
（版权所有　侵权必究　打击盗版　举报热线：010 - 88191661
QQ：2242791300　营销中心电话：010 - 88191537
电子邮箱：dbts@ esp. com. cn）

前言

　　战略性新兴产业作为知识技术密集、成长潜力大、市场需求广、综合效益好的产业，对我国经济转型升级具有重大引领作用，而科技成果转化是促进战略性新兴产业持续创新、形成新产品和新市场、提升产业竞争优势的基础支撑和核心动力。尽管我国战略性新兴产业在科技成果转化上已取得一定成绩，但是与国外相比仍存在科学研究与市场实际需求脱节、理论成果向应用转化渠道不畅通的现象，以及成果转化成本高、效率低、知识溢出风险性大、管理方式不明确等问题。为保障我国战略性新兴产业科技成果转化的灵活高效实施并符合实际需求，必须积极探求新的管理方式。知识贯穿于科技成果转化的各个环节、支撑着科技成果转化活动，知识的对接、学习与共享等活动能够促进知识的创新与流动，推动战略性新兴产业科技成果转化实践活动。因此，本书对战略性新兴产业科技成果转化知识管理的运行体系进行研究，旨在完善战略性新兴产业科技成果转化知识管理相关研究，为战略性新兴产业科技成果转化、推动产业快速升级发展提供理论依据和决策参考。

　　本书以科技成果转化理论、技术转移理论、知识管理与社会资本等相关理论为指导，以我国战略性新兴产业科技成果转化知识管理的现状分析及国外经验借鉴为出发点，构建了战略性新兴产业科技成果转化知识管理的运行体系，并对其机理、障碍、模式和对策等进行了开拓性的系统研究。

　　一是揭示了科技成果转化与知识管理的耦合机理，剖析了科技成果转化与知识管理两者基于目标、要素、过程的耦合关系，提出科技成果转化与知识管理的关键耦合域；建立以知识对接、知识学习、知识共享、知识整合、知识创新为核心的科技成果转化知识管理运行体系总体框架。

二是对战略性新兴产业科技成果转化知识对接的机理、模式进行了深入剖析。阐明科技成果转化知识对接的动因、特征，提出战略性新兴产业科技成果转化知识对接过程模型；提出战略性新兴产业科技成果转化知识对接的传导模式、对流模式、辐射模式；建立战略性新兴产业科技成果转化知识对接障碍分析的事故树模型。

三是对战略性新兴产业科技成果转化知识学习的机理、模式进行了系统研究。提出科技成果转化知识学习的知识流转、知识固化、知识深化机理；从获取持续竞争优势的视角，建立了基于转化过程、转化主体、转化战略的战略性新兴产业科技成果转化知识学习模式；以"新华大学"为典型案例，分析了学习型组织在科技成果转化过程中的知识学习实践活动。

四是对战略性新兴产业科技成果转化知识共享的机理、模式进行了深入剖析。从关键稀缺知识共享和基于社会网络的知识共享两个维度，揭示了科技成果转化知识共享的机理，提出了强弱联结交叉融合的知识共享路径；运用解释结构模型对战略性新兴产业科技成果转化知识共享的障碍进行识别；提出基于主体边界的战略性新兴产业科技成果转化知识共享模式；探讨了以"百度AI融通创新研学工坊"及"天华院"为典型案例的科技成果转化知识共享实践活动。

五是对战略性新兴产业科技成果转化知识整合的机理、模式进行了系统研究。提出科技成果转化知识整合的知识选择机理、知识融合机理、知识契合机理；运用灰色关联分析法对科技成果转化知识整合影响因素进行分析；提出基于成果转化最终产品形成过程知识状态跃迁的整合思路，提出战略性新兴产业科技成果转化知识整合的吸收型模式、消化型模式、再造型模式、共生型模式；探讨了"朗科科技"与"哈尔滨东安发动机有限公司"两个典型案例中的科技成果转化知识整合实践活动。

六是对战略性新兴产业科技成果转化知识创新的机理、模式进行了系统研究。阐释了科技成果转化知识创新的主体要素，提出科技成果转化知识创新的触发机理、传导机理和螺旋循环机理；对战略性新兴产业科技成果转化知识创新模式的形成基础进行剖析，构建了自主知识创新模式和协同知识创新模式，探讨了"华为"与"哈飞集团"两个典型案例中的科技成果转化知识创新实践活动。

七是构建了战略性新兴产业科技成果转化知识管理状况评价体系。运用模糊聚类分析法对关键指标进行识别，确立评价指标体系；运用基于格栅获取的模糊 Borda 数分析法确定评价指标权重，并选取战略性新兴产业中五个突出的创新主体进行科技成果转化知识管理状况评价的实证分析。

八是系统地提出了推进战略性新兴产业科技成果转化知识管理的对策建议。主要包括完善知识管理的组织功能、建立军民结合的创新机制、优化知识管理的激励机制、营造知识管理的文化环境、重视人才培养机制、加强核心知识保护力度、推进市场化知识管理、搭建成果转化的信息交流平台。这为我国战略性新兴产业科技成果转化知识管理战略的实施提供了有效的决策借鉴。

本书在国家自然科学基金项目"数字生态视角下新兴产业创新服务平台价值共创机理、模式与策略研究"（72174045）、"创新生态系统下区域战略性新兴产业创新链与服务链融合机理、模式与协同机制研究"（71704036）、教育部人文社科基金项目"产业联盟创新生态系统的协同创新机制与激励政策研究"（16YJC630061）、黑龙江省哲学社会科学规划项目"共生视角下区域创新服务生态系统价值共创模式与机制研究"（20GLB119）等项目资助下，对战略性新兴产业科技成果转化的知识管理运行体系进行研究，旨在为促进科技成果转化与知识管理的耦合共演、提升战略性新兴产业科技成果转化效率提供理论指导和决策支持。

战略性新兴产业科技成果转化的知识管理运行体系研究是一

项复杂的系统工程，由于作者水平所限，书中难免存在一些疏漏或不足之处，敬请广大读者批评指正，更欢迎有关学者共同探讨，以期进一步完善。

李　玥

2023 年 12 月 25 日

目 录

第1章 绪 论

1.1 研究背景、目的和意义

1.1.1 研究背景

战略性新兴产业作为知识技术密集、成长潜力大、市场需求广、综合效益好的产业，对我国经济转型升级具有重大引领作用。在我国"两个一百年"奋斗目标的历史交汇期，通过创新驱动加快战略性新兴产业发展，是我国快速实现技术市场弯道超车、提升国际竞争话语优势的重要渠道。科技成果转化能够将科技成果转化为实际生产力，是科技创新的关键环节。因此，为提高科技成果转化效率，我国自 2015 年开始先后修订了《中华人民共和国促进科技成果转化法》，发布了《国务院关于印发实施〈中华人民共和国促进科技成果转化法〉若干规定的通知》，制定了《国务院办公厅关于印发促进科技成果转移转化行动方案的通知》。可见，促进科技成果转化是推动创新驱动战略性新兴产业发展的根本力量。

《中国科技成果转化年度报告 2022（高等院校与科研院所篇）》显示，2021 年度，科转中心通过转让、许可、作价入股等形式，共计完成 145 件科技成果转化项目，转化金额 27587.10 万元，在 2019 年、2020 年两年总额的基础上翻了两番。尽管我国在科技成果转化上取得了一定成绩，但是与国外相比，我国仍存在科技成果的研发与转化脱节现象、科技成果转化效率低等问题,这使得我国产业技术发展水平与发达国家相比仍存在较大差距。因此,如何运用先进的技术手段和管理方式完善战略性新兴产业创新体系、促进产业科技成果转化,成为目前我国战略性新兴产业发展面临的首要问题。

科技成果转化本质上是知识的创新与流动过程,即在科技成果由应用研究→中间试验→小批试制→批量生产的环节向商业化、产业化的转化过程中,相伴而生的是原理知识、工艺知识、管理知识、实践知识、市场知识等多元化知识的耦合。由此可见,知识贯穿科技成果转化的各个环节、支撑着科技成果转化活动,并嵌入各环节成果中,形成具有稀有性、独特性、不可分割性的核心资源。而知识的对接、学习与共享等活动能够促进知识的创新与流动,进而推动科技成果转化。因此,知识管理是推动科技成果转化的核心活动,完善知识管理体系能够促进战略性新兴产业科技成果转化实践活动,推动战略性新兴产业快速发展。

目前关于战略性新兴产业科技成果转化知识管理体系的研究仍然处于初级状态,相关研究大多是围绕高校、企业、研究院所等单一主体进行科技成果转化与知识管理方面,较少有以对我国经济转型具有重大意义的战略性新兴产业为主体开展科技成果转化与知识管理的研究,更少有针对科技成果转化与知识管理之间的客观耦合关系展开具体研究,不利于战略性新兴产业科技成果转化的揭示。为此,本书在科技成果转化理论、技术转移理论、知识管理理论等的基础上探究战略性新兴产业科技成果转化知识管理体系,旨在完善战略性新兴产业科技成果转化知识管理相关研究,为战略性新兴产业科技成果转化知识管理战略的实施、提升战略性新兴产业科技成果转化效率、推动产业快速升级发展提供理论依据和决策参考。

1.1.2 研究目的和意义

本书将知识管理的理论与方法系统性地融入战略性新兴产业科技成果转化体系运行全过程,建立战略性新兴产业科技成果转化知识管理的运行体系,目的在于:一是促进我国战略性新兴产业科技成果转化成效的提高,探索科技成果转化知识管理的运行模式可以为战略性新兴产业科技成果转化体系运行全过程的知识管理提供新的思路、策略与手段。二是促进战略性新兴产业技术创新能力的提升，以科技成果转化知识管理为切入口推进知识管理理论与方法在战略性新兴产业的推广和应用。

本书研究的重要意义主要体现在以下方面：

（1）对提高战略性新兴产业科技成果转化效率具有重要意义。战略性新兴产业具有知识技术密集性的特点，其科技成果属于高、精、尖的科技范畴，因此，战略性新兴产业科技成果的转化实质上就是科技成果的原理知识、工艺知识、管理知识、市场知识等多元化知识的流动。本书根据科技成果转化的这一本质特征，探索将知识管理的理论与方法系统地融入战略性新兴产业科技成果转化的对接、中试小试、批量生产以及商业化、产业化的全过程，从知识对接、学习、共享、整合、创新等方面构建科技成果转化知识管理的运行模式。这为战略性新兴产业科技成果转化提供了崭新的思路、方法与措施，对于提高战略性新兴产业科技成果转化效率和效果具有重要的现实意义。

（2）对完善战略性新兴产业科技成果转化的知识管理体系有重要意义。科技成果转化是技术创新的关键环节，成果转化体系是战略性新兴产业科研管理体系的重要组成部分。本书致力于将知识管理理论与方法应用于战略性新兴产业科技成果转化体系运行的全过程，这就要求在现有成果转化体系中增加知识管理部门或知识管理职能，完善知识存储体系，建立知识交流和共享体系，建立学习型组织，全面运用知识管理方法与工具，使之服务于战略性新兴产业科技成果转化体系，这对于完善战略性新兴产业科技成果转化的知识管理运行体系，促进战略性新兴产业科技成果转化管理的科学化、知识化，具有重要的现实意义。

（3）对丰富科技成果转化的理论体系具有重要意义。科技成果转化的关键要素是知识的转化，但在科技成果转化中引入知识管理的研究尚属少见。本书正是基于科技成果转化与知识管理的耦合性，根据战略性新兴产业科技成果转化的系统目标，将知识管理特有的思维方式和管理方法渗透到战略性新兴产业科技成果转化运行的全过程，构建战略性新兴产业科技成果转化知识管理的运行模式，促进战略性新兴产业科技成果转化过程中的知识流动、知识管理，使知识与科技成果转化有机结合起来，有效推进科技成果转化。构建科技成果转化与知识管理的耦合体系,既发展和完善了知识管理的内涵,同时又丰富了科技成果转化的理论体系。

1.2 国内外研究现状

1.2.1 国外研究现状

1.2.1.1 国外战略性新兴产业的相关研究

战略性新兴产业是我国政府为应对经济危机的影响,基于战略性产业、新兴产业概念首次提出的,具有较强的中国特色,国外学术研究中较少应用这一表达,多是对新兴产业的阐述与研究,且研究主题集中于内涵与特征、技术创新、产业发展方面。

(1) 战略性新兴产业内涵与特征。布兰克·史蒂芬(2008)认为新兴产业在产品需求、市场增长能力等方面都具有高度不确定性,往往由新产品或者创意形成,尚处于萌芽期,没有范式与规则可循。福布斯·丹尼尔和柯尔什·大卫(2011)认为新兴产业是处于发展初期的产业,能够有效振兴经济和促进创新技术的发展。乔治亚利斯·帕纳约蒂斯等(2019)提出新兴产业通常包括有限数量的组织,并且国家政策从根本上可以改变新兴产业发展的模式。此外,苗成林等(2018)提出新兴产业是推动区域经济发展的新突破和增长极,拥有高科技、高知识和高发展潜力等属性,并集中整合了新兴产业和新兴技术等领域的特征和优势。

(2) 战略性新兴产业技术创新。戴维斯·彼得等(2015)研究了CSG新兴产业在澳大利亚带来的环境问题、影响与风险问题上,认为新兴产业的发展在追求重大经济和能源安全利益的同时,必须要在环境和健康政策、规划和监管等方面设置成熟的机制,并在社会可持续中继续发展。肯德尔丁·特里斯坦(2017)认为国家战略性新兴产业升级与创新的政策规划、区域创新与产业集群规划、空间与海洋产业战略要相互匹配,从而实现技术创新与升级。哈里斯·安吉拉（2019）以暖通空调工具为例进行研究，认为新兴产业的发展随着市场需求的变化而不断推进其发展，新技术的产生赋予了原有产业新的速度与效率，供应商为保证技术的前沿地位，要求制造商能够洞察需求的变化，供应链的上下游产业要适应产业的数字化需求。塔克·穆罕和默德·苏利赫（2020）以新兴经济体巴基斯坦的 260 家中小企业为研究对象，研究政府财政激励对新兴产业的中小企业效率的关系，研究结果表明，政府财政激励显著增强了新兴产业创新效率。

（3）战略性新兴产业发展。雅各布松·斯塔凡和贝里格克·安娜（2004）认为产业的内生比较优势和竞争优势共同影响着产业的形成与发展，有效的政策对于产业的培育和成长具有重要影响。阿赫特博斯·苏珊娜等（2004）指出制度与社会规范会影响市场的健康发展，制度与社会条件的配置对于新兴产业的发展会产生重要的影响。金合慧等（2005）通过对世界主要发达国家政策的实证分析，认为有力的政策支持和社会认同是新兴产业发展的重要支撑。比安基·马蒂亚等（2011）提出由于新兴产业并未形成主流的技术模式，政府部门、中介机构以及行业协会等在创新系统中发挥着重要的协调作用。

1.2.1.2 国外科技成果转化的相关研究

国外很少直接使用"科技成果转化"这个概念，与之意义最为接近的是"技术创新""技术转移""技术扩散"。1912 年，美籍奥地利经济学家约瑟夫·熊彼特在《经济发展理论》一书中首次提出"技术创新"这一概念，开创了技术创新理论研究的先河。1946 年，第一届联合国贸易发展会议首次提到了"技术转移战略"并对其进行了深入讨论，为后续的研究奠定了基础。20 世纪 50 年代，美国卡内基理工学院教授曼斯菲尔德新技术的"扩散与推广"问题进行研究，被视为技术扩散理论的起源。整体而言，现有研究主要集中在这些研究对象的内涵、影响因素、模式与机制、绩效评价等方面。

（1）科技成果转化的内涵。技术创新是指新产品、新过程、新系统和新服务的首次商业转化（林文良等，2020），依赖于知识识别和集成创造基础（王璐等，2020），需要组织系统持续从环境中寻找新的知识资源并组合创新（库沙格拉·沙兰等，2023），以维持市场竞争优势（崔康华等，2016）。技术转移是指不同组织系统之间对科学技术的输出与输入的活动过程，本质是系统间知识的转移，具有高风险性与高收益特征，是获得技术能力、实现技术成果转化和经济绩效的重要途径（卡斯蒂略·费德里科等，2018）。技术扩散是一个新思想或新技术从创新来源传播到采用者或使用者（巴罗斯·穆里略·韦特罗尼等，2020），通过不断地学习和模仿（坎宁安·詹姆斯等，2017），最终取代旧思想和旧技术的过程，具有正向效应特征，即采用新技术的企业越多，新技术会吸引更多企业使用与扩散（金青等，2019）。

（2）科技成果转化的影响因素。菲格雷多·保罗等（2021）考察了新兴经济体中加工企业对外部知识的获取与内部知识的创造、共享、整合和编纂的组合有助于提升技术创新能力。朴乌元等（2017）从人力资源视角实证发现了高承诺人力资源管理系统和人力资源管理能力对技术创新的积极作用。罗德里格斯等（2022）以可持续发展为目标，探索了资源整合、吸收能力、社会环境等因素对技术创新的影响。阮氏德阮和青山敦等（2015）提出了管理承诺、质量实践、团队合作、培训、分享和理解等因素可以显著减少文化差异对技术转移的不利影响。坎宁安·詹姆斯和奥赖利·保罗（2018）基于现有文献，从宏观、中观与微观的视角总结了技术转移的影响因素，这些因素主要包括创业生态系统、行业合作、集群政策、组织灵活性、人力资本等。哈迪·摩根和麦卡斯兰·贾米（2021）从需求侧探究了需求干预对技术扩散的作用效果。

（3）科技成果转化模式与机制。在科技成果转化模式方面，从技术创新参与主体视角，技术创新模式可分为自主创新模式与合作创新模式（切斯布罗·哈尔，2003；费林·泰波和曾格·托德，2014）。从技术活动视角，技术转移模式可包含许可、合资、自主开发三种（鲁瑟利耶尔·萨米拉，2021；纳尔逊·安德鲁等，2014）。按照知识技术产权转让方式，技术扩散模式可划分为研究人员自主模式、大学支持中介机构桥梁模式、公司模式三种（达尔博格·夏洛塔等，2017），也可划分为内部扩散和外部扩散两种模式，其中，内部技术扩散是指与技术创新相关的知识在企业内部进行技术传播，外部扩散具体可分为交流扩散和转让扩散（岸庆一，2019）。在机制方面，尼古拉奥斯·费利波普洛斯和乔治奥斯·佛托普洛斯（2022）运用模糊集定性比较分析方法对欧洲区域创新进行分析，并提炼了技术创新驱动机制、企业研发驱动技术机制、内部研发能力驱动机制、宽容包容机制共四种技术创新机制。沃洛谢纽克等（2020）揭示了免税作为一项重要的激励机制可以有效促进技术转移。陈谢阳和李同升（2022）以农业为研究主题，探索了技术扩散时间过程和空间过程的特征及其影响机制。

（4）科技成果转化绩效评价。卡普尔·皮克等（2019）构建了基于柯布—道格拉斯的一个二维分布函数，以测度不同价格下技术扩散的效果。何美秀青等（2014）运用两阶段 DEA 方法探索了美国大学的技术转移效率，提出在技术转移的研究创新和价值创造两个阶段需要不同的创新能力。阿伦德尔和博尔多伊（2006）认为技术的商业性转化（大学科技成果转化）测度指标分为投入指标、产出指标和企业实际应用（效果）指标，其中，投入指标主要是研究支出和研究人员数量，产出指标有发明披露、专利（申请和授予）、引用等，效果指标有授权、授权总收入和衍生公司创办数量。姆希尔吉·祖海尔等（2018）以25个运营活跃的孵化器及其1200个毕业的新企业为数据样本，通过泊松回归评估了技术孵化器计划的表现。

1.2.1.3 国外知识管理的相关研究

知识是系统产生竞争优势的战略性资源，高效的知识管理能够培养系统整体的核心竞争力（段云龙等，2020）。霍顿最早在其著作中从资源管理演化角度提出了知识管理的概念。在此基础上，奎塔斯·保罗等（1997）界定知识管理是一个管理各种知识的连续过程，即为了满足现在和将来出现的各种需要，确定和探索现有和获得的知识资产，并开发新机会的过程。罗德里戈·冈萨雷斯和马丁斯·马努埃尔·费尔南多（2014）进一步指出学者认可将知识管理视为组织内对个人和群体间知识流动的促进过程，具体包括知识获取、存储、分配和利用四个基本步骤，其共同构成组织内的知识循环。段云龙等（2020）、桑托罗·加布里埃莱等（2019）、费雷·拉若昂等（2018）进一步完善并普遍认为知识管理是对知识资源进行系统的、动态的管理过程，用于创造知识、管理知识流动和确保知识得到有效利用。

目前国外学者主要围绕知识分类、知识管理理论模型、知识管理流程、知识管理评价、知识管理关联耦合等方面展开研究。

（1）知识分类。从知识属性视角来看，知识可划分为显性知识和隐性知识（杜比克斯·米库斯和盖尔－萨尔卡内·埃莉娜，2016）、陈述性知识和程序性知识（蔡昆宏等，2015）、可编码性知识和不可编码性知识（贝克·罗曼，2015）。库姆斯·罗德等和赫尔·理查德（1998）对知识划分的五个标准进行了归类：隐性与显性、复杂性与简单性、本地性与普遍性、特殊性与普适性以及理解/信息/技能。兰恩·彼得和卢巴特金·迈克尔（1998）根据企业知识的领先程度，提出将其区分为基本知识及专业知识两类。吴鑫歌等（2014）从主题相关性将知识划分为主题知识与非主题知识。

（2）知识管理理论模型。日本学者野中郁次郎和竹内弘高（1995）首次提出了知识创造结构理论模型，并强调了知识管理过程中的循环核心，认为循环必须在创新和提高竞争力方面发挥更大作用的组织中发展。在此基础上，又进一步完善并构造了 SECI 模型，并强调了知识管理的对象是显性知识和隐性知识，知识管理研究的核心问题是隐性知识和显性知识的相互作用和相互转化，具体包含相互影响、相互渗透的四种模式，即社会化、外在化、结合化、内隐化（野中郁次郎和竹内弘高，2006）。克里斯·阿彻布朗和凯茨曼（2018）构建了一个基于社会资本、人力资本、结构资本的 ESM 战略知识管理框架，以帮助企业提升组织绩效。法哈德·诺鲁兹等（2020）提出了一个新的学习网络模型，以帮助在国际制造网络的环境下选择适当的战略进行知识转移项目。

（3）知识管理流程。亨利·因基宁（2016）和穆罕默德·舒贾哈等（2019）从操作角度将知识管理过程分为知识创造、知识存储/检索、知识转移/共享和知识应用。马赫迪·奥马尔·拉比亚等（2018）指出，为了实现更好的可持续竞争，私立大学必须产生知识、存储知识、共享知识和应用知识，并利用新知识制定其目标，贯穿于组织各项活动中。迈克尔·蒂平斯等（2003）将知识管理流程划分为知识的存取、扩散和应用，并认为这种划分能够将知识管理与其所能带来的经济绩效联系在一起。沙赫扎德·莫辛等（2020）认为，知识管理过程包含获取、传播和应用，并认为知识管理过程会促进绿色创新，进而影响企业可持续发展。

（4）知识管理评价。安德森·乌尔夫等（2015）为探讨跨国企业内发送和接收子公司之间的知识转移的利用效果，开发了一个知识转移测试模型，这一模型能够解释跨国企业内部的层级治理、工具效率和横向关系对知识转移的利用程度。李昆昌等（2005）提出了一种新的度量标准，即知识管理绩效指数，其包含知识创造、知识积累、知识共享、知识利用和知识内化五个组件，整体用于评估一个企业的知识管理在一个时间点的表现。穆罕默德·法提安等（2008）提出，对于公司知识的开发，需要一个定量的模型来评估现状和制定知识推广计划，通过引入组织中具有完整参数的知识管理评价量模型，对企业知识管理水平进行定量定位。阿哈万·佩曼和菲尔苏菲安·玛丽亚姆（2018）设计了一个专家模糊系统，用于评估一个产业组织的知识管理成熟度水平。

（5）知识管理关联耦合。高俊光等（2021）认为，由于技术创新的复杂性和技术环境的动态性，单个企业不可能拥有技术创新所需的所有知识，因此，企业进行跨境知识搜索和整合显得至关重要，并通过案例方法，该研究者分析和验证了 OIP 跨境知识搜索与整合的机制。冯丽洁等（2022）采用了分层多元回归和适度多元回归方法验证了动态知识管理能力的各个维度对创新绩效都有不同程度的正向影响。巴蒂斯蒂·恩里科等（2022）基于主成分分析和数据包络分析方法进行研究，发现了收购、文件编制、创建、转让和应用等不同的知识管理方法对全球初创企业的财务业绩有积极影响。马赫迪·奥马尔·拉比亚等（2018）通过结构方程验证了知识管理流程能够积极影响可持续竞争优势。此外，还有学者从耦合视角研究知识管理，爱德华兹·约翰·史蒂文（2022）将知识管理与信息管理进行耦合研究，发现了知识管理和信息管理交叉的六个方面，具体包括人员、流程、技术、文化、结构和绩效/衡量结果。

1.2.2　国内研究现状

1.2.2.1　国内战略性新兴产业的相关研究

作为驱动我国经济发展新引擎的战略性新兴产业受到了学者们的广泛

关注，我国学者对战略性新兴产业的研究主要集中在内涵与特征、技术创新、产业发展等方面。

（1）战略性新兴产业内涵与特征。我国在应对金融危机时创新性地提出"战略性新兴产业"这一概念，其行业特征同时具备"战略性"与"新兴性"。贺正楚等（2013）认为战略性新兴产业是支撑国家未来发展的竞争力，它具备含量较高的科技水准，能够获得较高的综合效益，市场发展潜力巨大，与其他产业具有高度关联性，能带动其他行业发展。林学军（2014）认为战略性新兴产业是处于初级发展阶段且对地区发展具有重大作用和影响的新兴产业，具有指向性、外部性、创新性、风险性和地域性等特征。王少永等（2014）认为战略性新兴产业本质上是战略产业，并且处在战略产业的成长阶段。霍国庆等（2017）认为战略性新兴产业是以重大的技术突破与发展需求为基础，对国家经济发展、社会进步具有全局和长远的引领带动作用，并且具有知识技术密集、资源消耗较少、成长潜力大、综合效益很好等特征的产业。

（2）战略性新兴产业技术创新。曹兴等（2013）对战略性新兴产业技术创新的影响因素进行了分析，通过模拟仿真发现创新环境、科技人才以及创新合作对创新产出有显著的正向影响。李玥等（2023）认为战略性新兴产业技术创新是由多主体阶段性开展技术研发、成果转化、产业化等创新活动，提供创新性知识、技术、产品等的过程。刘晖等（2015）采用传统 DEA 模型，并以高新技术产业代替战略性新兴产业的方式对其技术创新效率进行研究，认为其纯创新效率较低且波动较大，并且存在区域性差异。张冀新和王怡晖（2019）发现依托国家级科技企业孵化器、产业联盟组织、人力资本环境变量协同发展产业体系，可降低战略性新兴产业创新资源错配和效率损失。闫俊周和杨祎（2019）运用 BCC 模型、超效率模型和回归模型对 2013～2015 年中国战略性新兴产业供给侧创新效率进行了评价和投入产出改进分析。

（3）战略性新兴产业发展。储德银和张同斌（2013）研究发现产业的产出受自主研发支出的影响且效果较为显著，技术引进支出对产业产出的促进效果逐渐显现。桂黄宝（2012）针对新兴产业提出了创新驱动、需求拉动、市场竞争及政策推动等"四轮驱动模型"，并对新兴产业的成长动力机制进行了实证分析。李海超和衷文蓉（2013）构建了产业成长能力评价指标体系，并以 ICT 产业为例，运用因子分析和聚类分析法进行了实证评价。胡平等（2013）分析了产业集群网络特征对创新集群成长的影响，发现产业整体网络规模的扩大、R&D 投入比例的提高等对产值增长和就业增加均有显著的正向影响。

1.2.2.2　国内科技成果转化的相关研究

国内学者龙尧最早在 1980 年提到了科技成果转化，并认为科技成果转化需要满足三个条件：生产的需要、经济上要有效益、要适合当时当地的生产水平和技术水平。随后，学者开始大量开展科技成果转化的相关研究，其主要集中在内涵与特征、影响因素、模式与机制、绩效评价等方面。

（1）科技成果转化的内涵与特征。科技成果转化广义上是指科技成果从内容到形式的不断变化的所有活动，即包括"基础研究→应用研究→开发研究→社会生产"各个环节中的所有活动（王辉坡，2007），狭义上是指提高生产力水平后对科技成果所进行的后续试验、开发、应用、推广直至形成新技术、新工艺、新材料、新产品，以及发展新产业等活动（王赵琛等，2020），具有多阶段性（俞荣建等，2023）、不确定性（袁忆等，2019）、高风险性等特征（林青宁和毛世平，2023）。

（2）科技成果转化的影响因素。刘希宋等（2008）从隐性知识特性、成果转化方、成果受让方、转化双方差异、科技成果转化方式的角度出发，识别了科技成果转化中隐性知识转化的障碍因素。郭强等（2012）认为高科技成果转化受科技成果的特性、转化意愿、传授能力、关系信任、吸收能力、转化能力六大内部因素以及科技中介服务能力、政策与制度促进和社会文化塑造三大外部因素影响。张慧颖和史紫薇（2013）基于创新扩散理论，提出创新特征、传播渠道、时间和社会系统四大类影响成果转化的因素，并运用模糊认知图建模方法测算出成果的可适用性、简易性、中介机构、企业和市场需求、政策支持这五项因素对于成果转化的整体系统影响巨大。文剑英等（2019）通过研究发现，保持知识和人才的自由流动、提升大学的内在品质和提高学院科学研究的卓越性，是推动科技成果转化的先决条件。杜宝贵和张鹏举（2019）通过实证发现收益与奖励、服务机构两类政策工具是提高科技成果转化效果的关键促进因素。林筠等（2022）综合利用扎根理论与实证研究发现实验方案设计能力、实验室协调能力和实验室资源能提升科技成果转化实验室验证的有效性。

（3）科技成果转化模式。技术创新模式从技术创新特征视角可划分为突破现有市场中产品技术性能的延续性技术创新模式和开拓高新技术的颠覆性技术创新模式（宋博文等，2022）。按实施方式的不同，我国科技成果转化模式大致可分为直接实施、合作实施和成果转让实施三类（胡罡等，2014），也可以分为技术许可、技术转让和技术入股三类（常旭华等，2018）。依据科技成果的基础公益类、共性技术类、专有技术类属性，将科技成果转化模式对应可分为政府主导模式、混合模式和市场模式（戚湧等，2015）。从技术成熟度视角，科技成果转化可分为高技术成熟度下的现金＋股权、技术授权、企业培育三种科技成果转化模式，以及中技术成熟度下的战略合作、共建工程中心、共同开发三种科技成果转化模式（何丽敏等，2021）。从平台视角，乔为国（2021）认为我国科技成果转化模式包括高校科研院所技术转移办公室、产业技术研究院和科技企业孵化器三种，并新提出产业创新实验室模式，认为可以采用"虚拟孵化器＋商业与创新服务网络"方式低成本启动。赵睿等（2021）从资金支持视角归纳了投资基金模式、技术＋资本的股权投资基金模式以及知识产权管理方案提供商模式三种。

（4）科技成果转化机制。陈华志等（2007）提出，从激励机制、投入机制、评价机制和中介服务机制四方面对高校科技成果转化机制进行优化。郭颖等（2021）实证检验了中科院产研合作机制为企业和中科院提供了有效的沟通渠道，有助于自身成果转化。钟卫等（2023）从科技人员收益占比以及大学支配资金的分配模式两个角度，归纳并比较中美两国高校科技成果转化收益分配机制，发现美国高校以内部激励为主，而中国高校主要使用内部激励与外部激励相结合的方式。李天柱等（2017）从"高校—企业"接力创新这一新视角分析认为，高校科技成果转化促进机制主要包括主动参与机制、利益分配机制、双向协同机制、信息交互机制、对接辅助机制、价值实现机制与环境优化机制。

（5）关于科技成果转化绩效评价。刘凤朝等（2020）将创新过程划分为新技术研发阶段和成果转化阶段，并应用改进的两阶段网络 DEA 模型，对五个典型高技术制造产业的区域整体效率、技术研发效率和成果转化效率进行测算。胡俊南和胡瑾（2023）结合战略性新兴产业企业特色构建了由研发、经济、环境和社会绩效组成的四维绿色技术创新绩效评价指标体系，并综合利用层次分析法和熵值法进行绩效评价。范凤岩和吴三忙（2013）运用因子分析和聚类分析法对全国各地科技成果转化状况进行评价，得出了区域发展不平衡的结论。徐哲根等（2019）结合接力创新，运用因子分析法和 DEA‑BCC 模型，分别对高校科技成果转化能力与效率进行评价，并考察两者之间的关系。

1.2.2.3 国内知识管理的相关研究

在知识经济时代，知识成为生产的第一要素，如何管理好知识是一个关键且具有挑战性的工作（魏江，1999）。基于战略视角，知识管理包含外部知识导向、内部知识导向、显性知识导向、隐性知识导向、探索知识导向、利用知识导向六个战略维度（史丽萍等，2014）。基于过程视角，知识管理指企业扫描外部技术环境、识别并获取有潜在价值的技术、寻找有价值的外部知识以及实现内外部技术知识的协同（王文华等，2018）。基于社会网络视角，知识管理是一个动态循环的网络过程（郭彤梅和吴孝芹，2015）。国内研究主要集中在知识分类、知识管理理论模型、知识管理流程、知识管理评价、知识管理关联耦合研究等方面。

（1）知识分类。贾晓菁等（2019）从知识属性视角将知识分为显性和隐性知识。王向阳等（2018）从关联性视角将知识划分为关联知识与无关联知识。其中，无关联知识包括闲置知识、未利用知识、不相关知识和未知知识。向文菲等（2016）从最根本的知识产生和应用角度出发，将知识划分为逻辑型知识基础和文化嵌入型知识基础，其中，逻辑型机制包括分析型与综合型两种。贾倩等（2022）按照载体形式的不同将知识分为文档类知识、软件类知识、图纸类知识和实物类知识等知识类别。

（2）知识管理理论模型。王永华等（2022）认为知识链是知识管理的核心，并从知识链视角构建了知识协同博弈模型，识别了四种知识协同管理策略。张华等（2022）以知识转移为重点，构建了由知识源、知识转化中介与信息服务机构组成的知识链，以知识产权交易为合作机制设计序贯博弈模型，分析了不同的联盟策略对组织的知识创造与创新收益的影响。张翠娟等（2020）分析了后知识服务时代知识管理框架的变化，这一变化主要体现为知识管理中技术、人员和流程三个核心因素的变化，其中，技术具有从知识技术到智慧技术的变化，人具有从集体到个体的变化，过程具有从知识共享驱动知识创新到知识赋能驱动知识应用的变化。赵蓉英和魏绪秋（2017）以大数据的数据体量大、数据类型多、数据处理速度快、数据价值密度低四个特征为出发点，提出大数据环境下的知识管理框架模型——聚识成智，从"聚""识""成""智"四个方面对知识管理框架模型进行阐述。

（3）知识管理流程。张永云等（2021）将知识管理分为知识获取、知识整合和知识创造三个维度。余良如等（2020）认为知识管理的核心流程包括知识的获取、转化、转移、共享、整合、创造等。国内学者更多从知识管理的单一流程展开具体研究，本书从知识转移、知识学习、知识共享、知识整合、知识创新五个方面进一步梳理知识管理流程的相关文献。

在知识转移方面，知识转移包含两个基本要素：第一是知识转移过程，其核心内容强调知识在双方之间的传播；第二是知识转移效果，主要突出转移的知识可以被知识接受者吸收并应用（刘春艳和陈媛媛，2018）。牛盼强等（2010）在知识螺旋理论的基础上构建了知识双螺旋模型并探讨了产学研合作知识转移机制，提出创发场、对话场、制度场和实践场等知识场的功能。刘芳（2012）引入界面协调为中间变量，通过模型假设及检验得出社会资本结构、社会关系、社会认知三个维度均对知识转移绩效具有正向的直接影响。洪勇和李琪（2018）采用探索性单案例研究方法探讨了产研双方在知识转移过程中的交互形式及其作用机理，并基于 SECI 知识转移过程模型构建了基于主体交互的知识转移过程整合模型。李玥等（2023）将新兴产业创新服务知识转移划分为起始、实施和整合三个阶段，并利用系统动力学模型，对知识转移过程进行仿真分析。

在知识学习方面，根据学习方式不同，知识学习可划分为知识利用性学习和知识探索性学习两种模式（李杰义等，2019），也可划分为经验学习和协同学习。郑江波等（2019）构建了以团队学习净收益最大为目标的成员配置模型，识别了知识层级数量、协同学习时间比例的投入、团队成员规模、协同学习边际收益及成本等知识学习的因素。董佳敏等（2019）在组织学习经典仿真模型的基础上，引入地位特征，综合探讨了正向差异化（高地位成员更愿意分享知识）、负向差异化（低地位成员更愿意分享知识）以及同质化（不同地位的成员有相同的知识分享意愿）这三种知识分享策略对组织学习的影响机理。李玥等（2010）阐释了科技成果转化知识学习具有学习源、学习内容、学习主体、学习方式的多重性特征，并提出知识流转机理、知识固化机理、知识深化机理，揭示了科技成果转化知识学习的内在规律性。吴继兰和尚珊珊（2019）认为，在知识学习机理中，学习环境、学习形式以及学习对象均会对显性知识学习与隐性知识学习产生影响。

在知识共享方面，知识共享体现的是若干知识主体基于自身意愿、能力与共享知识的特征，分享各自的知识资本与资源的一种知识活动，侧重于知识主体之间双向或多向的知识流动（吴继兰和尚珊珊，2019）。徐修德和刘钒（2023）通过构建社会资本与技术支持对用户知识共享行为影响的理论模型，探讨了社会资本（关系资本、结构资本、认知资本）和技术支持（感知有用性、感知易用性）对社区用户知识共享行为（知识共享质量和数量）的作用机理。刘希宋和王辉坡（2007）基于生态竞争的逻辑斯谛方程，建立了组织内知识共享的生态竞争模型，分析了各生态因子对知识共享效果的影响。赵倩和武忠（2007）提出了面向业务流程的知识共享模型，其主要由"人"的环境、流程、信息技术三要素构成。陈晓红和周源（2022）基于动机理论和社会网络理论，从开源软件项目内成员间知识共享的现象出发，运用扎根理论提出了"供给推动—需求拉动"的成员间知识共享模型。

在知识整合方面，知识整合是指通过对知识主体的旧知识、从外部获取的新知识或者知识主体间共享的知识进行挖掘，将知识重新整合，提高知识内聚程度的过程（徐升华和尹红丽，2013）。魏江（2005）将自主技术创新中的知识整合过程划分为五个阶段，分析了各阶段知识整合的发生机理，提出了基于知识整合过程的动态管理模型。金子祺等（2018）应用扎根理论进行探索性研究，发现知识因素、主体因素及合作因素会影响知识整合过程，其中，知识因素是动力基础，主体因素起到认知调节作用，合作因素是重要支撑条件。郭润萍等（2019）以中国四家高技术创业企业为研究对象，通过探索性多案例研究发现战略知识整合模式包含计划式知识整合和应急式知识整合两种。蒋楠和赵嵩正（2023）以 197 家制造企业为样本，研究互动化机制与程序化机制两种知识整合机制的作用，结果表明互动化机制与程序化机制相比较而言更能缓解知识距离的负向调节效应。

在知识创新方面，知识创新的本质是知识共享—创新—再分享的多维度渐进循环过程（刘强等，2023）。张红兵和金生（2007）借助仿生学的有关理论，从剖析产业集群中的知识创新的核心环节入手，建立融知发酵模型，揭示产业集群中的知识创新机理。郭永辉等（2023）以美国航空航天局为研究对象，认为科学数据共享属于一种集成式知识创新模式，具有开放性、社会创新性特征。李海林等（2022）通过实证发现，知识创造具有普适性，是促使不同类型杰出学者达成高知识创新绩效的关键因素，且在不同类型学者群组中存在影响知识创新绩效的不同特征组合。刘强等（2023）构建了知识库兼容性对螺旋形知识创新影响机理概念模型，并实证验证了知识兼容性、知识池、知识场活性与知识流耦合、知识源阻尼等因素对螺旋形知识创新的作用关系。

（4）知识管理评价。李海林等（2022）从知识管理的视角探究了不同类型的风险与协同创新项目绩效之间的关系，以及不同层次的知识管理能力在"风险—项目绩效"间的作用路径，并运用结构方程模型和层次回归分析以 188 个协同创新项目数据为对象进行了实证分析。王秀红（2006）基于组织知识存量的层次结构及其动态发展过程的视角，从核心能力层、组织结构层、团队内隐层、员工内隐层对知识管理绩效进行评价。刘洪民等（2016）从外部性知识管理、设计性知识管理、协同性知识管理、知识管理的组织定位、知识管理的技术支持以及知识管理流程的整合共六个方面构建了制造业共性技术研发知识管理流程绩效评价指标体系，建立了 AHP 和 FCE 两个模型相结合的多层次模糊综合评价模型并进行了实证研究。蒋翠清等（2007）基于知识创造、积累、共享、应用、内化的知识循环过程建立了知识管理绩效指数评价指标体系，并应用 S 型 Logistic 函数评估组织在某一时点的知识管理绩效。

（5）知识管理关联耦合。张晓棠等（2023）从过程视角将知识管理分为知识产生、扩散与应用，并通过层次回归分析发现知识管理与企业绩效正相关且产品创新度在其间起中介作用。曹平等（2021）通过结构方程模型和改进的 CNN 卷积神经网络模型验证了创新环境、技术创新以及知识管理对产业竞争优势的积极作用。王雪原和马维睿（2018）从方法、过程与结果三个视角揭示了知识管理中知识获取、转移、整合对制造企业经济、创新与环境绩效产生影响的作用方式，并发现了知识管理对企业环境绩效产生全过程影响。毛义华等（2021）以组织创新氛围、知识管理能力、内部协同网络为研究自变量，以创新绩效为因变量，利用 SPSS 软件的回归分析和中介作用检验发现，组织创新氛围、知识管理能力、内部协同网络对创新绩效均有显著的正向作用。侯佳雯和陈怀超（2022）以企业集团内部子公司为研究对象，通过实证发现子公司与母公司进行替代性知识耦合和互补性知识耦合对子公司迭代创新均有显著的积极影响；在两种知识距离与两种知识耦合的适配组合中，知识宽度距离与互补性知识耦合的适配组合更有利于子公司迭代创新，而知识深度距离与替代性知识耦合的适配组合更有利于子公司迭代创新。此外，还有学者从耦合视角研究知识管理，如王辉坡（2007）系统研究了科技成果转化与知识管理的耦合机理，提出了基于并行过程构成的科技成果转化知识管理耦合的晶元结构模型，并以知识流为纽带、以知识管理行为和手段为契合点，构建了由三个子体系构成的科技成果转化知识管理体系。刘金涛（2017）分析了知识管理、人才管理和技术创新的耦合机理，并利用因子分析、相关性分析和线性回归分析等实证了知识管理、人才管理两者相互形成耦合机制，并通过相互融合促进企业技术创新。

1.2.3　国内外研究现状评述

国内外学者在战略性新兴产业、科技成果转化和知识管理方面都进行了大量研究。关于战略性新兴产业的研究，聚焦于概念与特征、技术创新与产业发展三个方面，为本书研究奠定了丰厚的理论基础。关于科技成果转化的研究，从内容角度来看，其侧重于科技成果转化的内涵与特征、影响因素、模式与机制、绩效评价等方面，初步形成了科技成果转化的知识体系，并明晰了其与技术转移、技术扩散、技术创新等知识体系的交织性和协同发展性。从主体角度来看，其集中于组织、产业、区域、国家等方面，而聚焦于具有知识技术密集、成长潜力大、市场需求广、综合效益好的我国战略性新兴产业的成果转化研究相对较少，仅涉及了战略性新兴产业的技术创新方面。在方法方面，主要采用扎根理论、案例研究、演化博弈、DEA 模型、层次分析法和熵值法等方法，旨在通过充分借助质性分析与量化模型的优势全面揭示成果转化的机理及实践效果。这些研究为本书系统性地开展战略性新兴产业科技成果转化的知识管理运行体系研究的理论与方法研究提供了重要参考和拓展思路。

关于知识管理的研究，其主要集中于知识分类、知识管理理论模型、知识管理流程、知识管理评价、知识管理关联耦合研究等方面。近年来，国内外学者已开始关注并实证了知识管理对于技术创新以及产业竞争力的正向作用，且认同知识管理与科技成果转化的耦合性，然而仍较少有研究深入探讨科技成果转化与知识管理的耦合系统及其运行机理等内容，尤其缺少针对战略性新兴产业的知识管理与科技成果转化耦合的研究，不利于知识经济时代快速发展战略性新兴产业的战略实施。

综上所述，本书旨在作出开拓性研究，结合战略性新兴产业科技成果的高、精、尖特征及其行业特殊性，将知识管理这一新的管理理念和方法引入科技成果转化运行过程，构建战略性新兴产业科技成果转化知识管理的运行体系，为提高我国战略性新兴产业科技成果转化的效率和效果探求新的途径。

1.3　总体思路和研究方法

1.3.1　总体思路

本书研究的总体思路是以科技成果转化理论、技术转移理论、知识管理理论、社会资本理论为指导，以我国战略性新兴产业科技成果转化知识管理现状分析和国内外借鉴为起点，以科技成果转化与知识管理耦合的关键耦合域为研究重点，对战略性新兴产业科技成果转化知识管理运行体系

进行系统研究。本书主要内容包括：第一部分是绪论及相关理论综述；第
二部分是构建并研究以关键耦合域为核心的战略性新兴产业科技成果转化
知识管理的运行体系，其主要包括知识对接、知识学习、知识共享、知识
整合、知识创新五个子系统；第三部分是战略性新兴产业科技成果转化知
识管理状况评价及对策研究。本书研究的内容框架如图 1.1 所示。

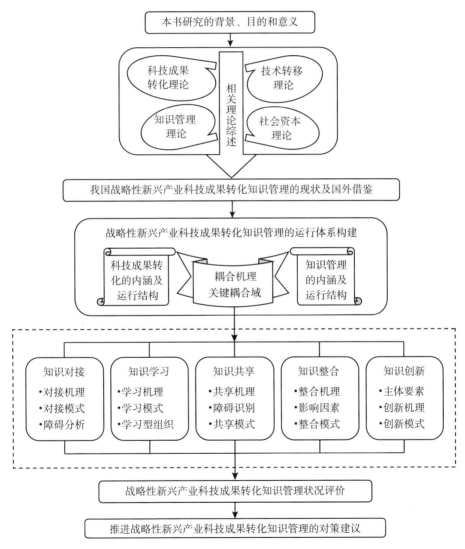

图 1.1　本书研究的内容框架

1.3.2 研究方法

（1）规范研究与实证研究相结合。本书广泛借鉴了科技成果转化、技术转移、知识管理、社会资本等理论，对战略性新兴产业科技成果转化的知识对接、学习、共享、整合、创新各部分内容，从概念、功能、机理、模式方面步步深入、层层展开，体现了思路的新颖性和理论分析的深入性。同时，选取战略性新兴产业中科技成果转化绩效突出的典型单位进行科技成果转化知识管理状况评价的实证研究，由理论到实践，验证了模式路径的实用性和可行性。

（2）文献研究与调查研究相结合。本书查阅了国内外大量文献资料，将其中具有前沿性、实用性的内容进行梳理和提炼，为本书理论框架的构建提供借鉴。同时，调查研究对本书构思起到重要的启智作用。本书在战略性新兴产业技术基础项目的支持下进行了大量的调查研究，具体包括大连船舶重工集团有限公司、哈尔滨船舶锅炉涡轮机研究所（703 所）、哈尔滨飞机工业集团有限责任公司、北京航天拓扑高科技有限责任公司等单位。这能够保证本书研究的政策性、指导性与针对性、实用性的有机结合。

（3）定性分析与定量分析相结合。本书通过定性分析，对科技成果转化与知识管理运行过程的耦合机理进行系统剖析，对知识对接、学习、共享、整合、创新各部分的机理、系统要素及模式进行深入研究；同时，运用事故树、解释结构模型、灰色关联分析、模糊聚类、模糊 Borda 数等多种方法，对知识对接、共享、整合的影响因素及障碍进行识别与分析，对战略性新兴产业科技成果转化知识管理状况进行评价和实证研究，使定性分析通过量化检验，结果趋于收敛，结论更加可信。

（4）系统研究与重点研究相结合。本书强调从系统观点出发，保证问题研究的全面性与完整性，这在本书构建战略性新兴产业科技成果转化知识管理的运行体系中得到了充分体现；同时，在具体论述中体现了系统关键要素的作用，重点对战略性新兴产业科技成果转化的知识对接、知识学习、知识共享、知识整合、知识创新进行了深入研究，从而实现了系统分析的主次分明、重点突出。

1.4 创 新 之 处

本书的创新之处主要表现在以下方面。

（1）构建了战略性新兴产业科技成果转化知识管理运行体系框架。对科技成果转化与知识管理运行过程两者基于目标、要素、过程的耦合关系进行了剖析，构建了关键耦合域结构模型，据此提出了包括知识对接、学习、共享、整合、创新的战略性新兴产业科技成果转化知识管理运行体系框架。

（2）揭示了战略性新兴产业科技成果转化知识对接机理，并设计了其知识对接模式。构建了科技成果转化知识对接的转移过程模型，运用故障树法对科技成果转化知识对接的障碍因素进行分析。引入热力学概念，提出了战略性新兴产业科技成果转化知识对接的传导模式、对流模式、辐射模式。

（3）揭示了战略性新兴产业科技成果转化知识学习与共享机理，并设计了其知识学习与共享模式。分析了科技成果转化知识学习的知识流转、知识固化、知识深化机理，设计了响应学习模式、交互学习模式、断续学习模式。构建了科技成果转化知识共享障碍识别的解释结构模型，提出了强弱联结、交叉融合等知识共享路径，构建了参与组织间、转化团队间、转化个体间的知识共享模式。

（4）揭示了战略性新兴产业科技成果转化知识整合与创新机理，并设计了其知识整合与创新模式。运用灰关联分析法对知识整合的影响因素进行分析，从知识状态跃迁的视角，构建了知识整合的吸收型模式、消化型模式、再造型模式、共生型模式，揭示了科技成果转化知识创新的触发机理、传导机理和螺旋循环机理。

（5）构建了战略性新兴产业科技成果转化知识管理状况评价模型。运用模糊聚类分析进行关键指标识别，建立战略性新兴产业科技成果转化知识管理状况评价指标体系。运用基于格栅获取的模糊 Borda 数法确定了评价指标权重，并对战略性新兴产业中五个典型单位进行了科技成果转化知识管理状况评价的实证研究。

第2章　相关理论基础

2.1　科技成果转化理论

2.1.1　科技成果转化的内涵及特征

我国 2015 年修正的《中华人民共和国促进科技成果转化法》总则第二条对"科技成果"以及"科技成果转化"进行了明确界定：科技成果是指通过科学研究与技术开发所产生的具有实用价值的成果。科技成果转化是指为提高生产力水平而对科技成果所进行的后续试验、开发、应用、推广直至形成新技术、新工艺、新材料、新产品，发展新产业等活动[①]。可见，科技成果转化是一个对科技成果进行中间试验、批量生产直至商品化、产业化的动态创新过程，包括一系列技术性、管理性及商务性的活动，从而实现科技成果从科研领域向生产领域，最终到市场领域的转移。科技成果转化具有明显的阶段性（贾永飞和郭玥，2023；王文婷等，2023）与系统性特征（巴莱塔·佛罗伦西亚等，2017；陈雅倩等，2023）。

（1）科技成果转化的阶段性。

①科技成果转化中试阶段：通过学习、掌握、吸纳成果源知识，初步

---

① 全国人民代表大会常委会. 中华人民共和国促进科技成果转化法［EB/OL］.（2015－08－30）［2024－06－3］. https：//www. gov. cn/xinwen/2015－08/30/content_2922111. htm.

实现由实验室成果到产品原型或样品的转变，对其技术稳定性和可靠性进行试验以及对生产设备的适应性进行改造建设的综合过程。中试目的就是验证科技成果的可产品化程度，其实质就是要排除科技成果产品化的技术风险。

②科技成果转化批量生产阶段：科技成果需求方企业把经过小试、中试的产品原型或样品转变为新产品的过程就是运用新知识进行批量生产的阶段。

③科技成果转化市场开发阶段：也称商品化、产业化阶段，指对科技成果进行商品化开发，使其转变为能够满足人们需要的商品，进而通过转化主体示范效应和外溢效应推进科技成果转移和扩散，最终实现科技成果产业化。

（2）科技成果转化的系统性。科技成果转化涉及成果转让方、成果受让方、政府部门和中介机构等主体，涉及研究、开发、生产、销售、市场等环节，而且受国家政策环境、金融环境和社会科技意识等多方面影响。因此，科技成果转化是把科技成果同资金、设备、原材料、劳动力、管理等生产要素重新组合的"创新"过程，也是科技成果供给方、需求方、外部环境等要素综合作用的复杂系统工程。

①科技成果供给方。科研机构和高校是科技成果的主要供给方，是科技成果转化为现实生产力的源泉和基础。而我国的科研机构和高校传统意义上的研究多针对科学问题，缺乏自觉的市场牵引下的研究开发意识和行为。

②科技成果需求方。企业是科技成果的主要需求方，其需求是科技成果转化的动力，直接影响着科技成果转化的速度和规模。随着经济体制和科技管理体制的转变，企业作为成果转化和技术创新主体的地位应进一步强化。

③外部环境。外部环境是科技成果转化过程中起着社会调控和组织管理作用的社会支撑子系统。它包括国家体制、宏观政策、资金、人才、物资等多方面内容，是科技成果顺利转化的保障。

2.1.2 科技成果转化的途径

根据《中华人民共和国促进科技成果转化法》第十六条的规定，科技成果的持有者可以采用以下五种方式进行科技成果转化：自行投资实施转化；向他人转让该科技成果；许可他人使用该科技成果；以该科技成果作为合作条件与他人共同实施转化；以该科技成果作价投资，折算为股权或者出资比例。五种科技成果转化方式的比较如表 2.1 所示。

表 2.1　　　　　　　　　　　科技成果转化方式的比较

项目	方式				
	自行实施转化	成果转让（技术转让）	许可使用（实施许可）	合作转化（技术合作）	作价投资（技术入股）
实施主体	成果持有者	成果受让方	成果持有者、被许可人	成果持有者与合作方共同实施	以成果作价出资成立的企业
成果权利	成果持有者享有	成果受让人享有	成果持有者享有，被许可人享有使用权	成果持有者享有，合作方享有使用权	所成立的企业享有
转化收益	成果持有者独享全部收益	成果持有者获转让收入，成果转化收益归受让人	成果持有者获得许可费，被许可人获得实施转化的收益	合作各方按约定分享转化收益	成果持有者和其他投资者按股权分享转化收益
转化风险	成果持有者承担全部风险，风险较大	成果持有者风险小，受让人风险较大	成果持有者风险小，被许可人一定风险	按约定的风险分担方法分担风险，风险较小	按股权大小分担风险，风险较小
适用情形	企业自主研发的成果基本上自行实施转化	成果很成熟，成果持有者不具备自行实施转化能力	成果持有者为进一步推广应用其成果	成果有特定用途或应用于特定场合	合资各方将资源整合在一起，且看好成果的前景

2.1.3　科技成果转化的位势理论

位势表现为技术先进程度、成本低廉程度、原材料或能源节省程度等差距（杨名和王茗祥，2022），这种位势差距往往表现为一维形式，如图 2.1 所示，科技成果转让方与受让方的垂直距离表示技术位势引起的变化。

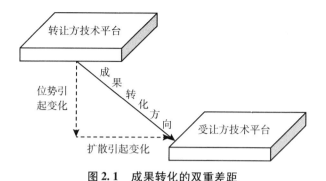

图 2.1　成果转化的双重差距

在综合分析技术差距理论和技术扩散理论的基础上，金泳镐提出了技术双重差距理论（骆新华，2006），他认为科技成果在转化过程中有两种不同情况：一种情况是由技术平台的位势引起的差距；另一种情况是由于技术经济在质和量的积累上都存在差距，导致技术由转让方向受让方的扩散。

2.2　技术转移理论

2.2.1　技术转移的概念

美国学者布鲁克斯（1968）最早提出技术转移的概念，他认为技术转移是科学和技术通过人类活动被传播的过程，由一些人或机构所开发的系统、合理的知识，被另一些人或机构应用于处理某种事物的方法中。

哈佛大学罗斯布鲁姆（1994）认为，技术转移就是技术通过与技术起源完全不同的路径被获取、开发和利用的技术变动过程。该定义强调技术转移并非仅单纯地考虑技术的位置转移，更要在转移中重视技术与环境的适应性。

国内也有很多学者从不同角度研究界定"技术转移"（吴鹏飞和林筠，2022；黄磊等，2014；陈衍泰等，2021），对技术转移的定义主要有：一是系统知识转移，即系统知识从产生知识的地方向使用知识的地方转移；二是技术运动各环节之间的转移，如基础研究→应用研究→试验开发→商业化各环节间转移；三是现有技术的新应用。

2.2.2　技术转移与相关概念辨析

"技术转移"一词在国际上应用广泛，其含义可以从两个层次方向上来理解（章琰，2004）：1964 年，在第一届联合国贸易发展会议上该词作为解决南北问题的一个重要战略被提出来，该会议把国家（地区）之间的技术输入与输出统称为技术转移。这是技术转移的第一种含义，指的是技术在不同背景间的水平移动，通常用来描述技术从发达国家到第三世界的运动。后来，技术转移逐渐发展出第二种含义，即当它用于与科学研究相关的场合时，通常指技术从实验室向市场的运动，因此，技术转移也被描述为技术被商业化开发的过程，这一概念强调技术的垂直转化。这一思想最初源自 1945 年范内瓦·布什（Vannevar Bush）给美国总统的报告《科学——无止境的前沿》，其中说明了科学研究对战略性新兴产业战略的重要性。

下面将技术转移与技术扩散、成果转化等相关概念进行比较说明：

（1）技术转移与技术扩散。技术扩散是技术创新扩散的同义语，关于其定义国内外尚无定论。美国经济学家斯通曼（1981）曾将"一项新技术的广泛应用和推广"称为"技术扩散"；熊彼特（2009）把技术创新的大面积或大规模的"模仿"视为技术创新扩散；罗杰斯·埃弗雷特等（2003）基于传播理论，认为技术创新扩散是指在一定时期内通过特定渠道向社会系统中的成员传播创新成果的过程；我国学者傅家骥（1998）认为，技术创新扩散"是技术创新通过一定的渠道在潜在使用者之间传播、采用的过程"；许庆瑞（2000）认为，"所谓技术创新扩散，是指创新技术通过一种或几种渠道在社会系统的各成员或组织之间随着时间传播，并推广应用的过程"；武春友等（1997）认为"技术创新扩散是技术创新大过程中的一个后续子过程，但同时它又是一个完整的、独立的技术与经济结合的运动过程"。

由以上几个定义和其他相关文献可知，技术扩散与技术转移的第一种含义既有联系又有区别。联系表现在：两者都是指技术通过一定的渠道发生不同领域或地域之间的移动。它们之间的主要区别用表 2.2 来说明。

表 2.2 技术转移与技术扩散的主要区别

特征	技术转移	技术扩散
目的性	一种有目的的主观经济行为	既包括有意识的技术转移，又包括无意识的技术传播，更强调后者
供需关系	科研机构与企业之间的关系；技术受方一般只有一个；供需双方文化差异一般比较大	企业与客户之间的关系；技术受方不止一个，且以潜在采用者为主；从供方来看，存在一个扩散源
风险	大多经过中试，技术和市场风险大	已在市场得到实现，风险小
获利	若成功，获利大	视技术生命周期而定，获利相对较小
R&D 水平	要求高	相对低
结束标志	以受方掌握技术为结束标志，更强调空间维度	以所有潜在采用者都采用该技术为结束标志，更强调时间维度

（2）技术转移与科技成果转化。技术转移的第二种含义，国内常常使用"科技成果转化"一词来表述，但其含义要比"技术转移"的第二种含义窄一些，两者并不完全相同。简单地说，科技成果转化就是把科技活动的成果转变为现实生产力，即促使科技成果商品化、产业化的全过程。它包括科技成果的产生、转移、使用三个阶段，比较强调时间维度。科技成果转化活动自始至终依赖于两个基本要素：科技成果与人才。而技术转移的基本要素之一则是技术，它可以物化在科技成果之中或机器设备之中，还可以物化在人才之中，更强调范围性或空间维度，所以技术转移的内涵要丰富和宽泛于科技成果转化。

2.2.3 技术转移的动因及流程

技术转移行为是由技术转移双方的利益需求共同决定的。从技术供方来讲，它的直接动力是获得丰厚的利润和潜在的市场占有率。同时，为适应市场竞争需求，也要不断更新技术，这也成为它技术输出的动力。从技术受方来讲，它的直接动力是希望获得新技术后开发出新产品，从而获得利润，在市场竞争中取得优势地位，使企业得以生存和发展。由此可见，供受双方技术转移的诱因都是以经济利益为核心的（徐国军和杨建君，

2019；菲利普斯·朗达，2002）。如图 2.2 所示，技术转移是从技术输出者流向技术接收者的一种技术流，这种流动源自技术转移双方的技术输出和技术吸收愿望，又受制于各自的技术输出能力和技术吸收能力，同时，技术转移双方的文化、制度等因素也起到了促进或者阻碍作用。

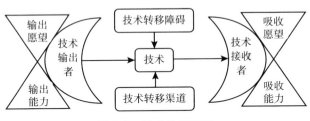

图 2.2　技术转移流程

2.3　知识管理理论

2.3.1　知识的界定与分类

2.3.1.1　知识与数据、信息的辨析

数据是一系列关于事件离散的客观事实的描述，它反映的是变量的测量值，直接来自于传感器。组织中的数据通常是事项的结构化记录，数据是产生信息的原材料，数据本身无意义（郑彦宁和化柏林，2011）。

与数据相比较，信息具备具体含义，德鲁克曾说过，信息是赋予了背景和目的的数据。它是为一定目标而组织起来的有规律的数据，反映了系统的历史和现状，将数据转化成为信息一般通过分类、计算、改正、压缩等方式（祝振媛和李广建，2017）。

知识则是信息的更高层次的加工结果，例如比较、推理、连接、交谈等。它是信息的应用和生产性的使用。比较而言，知识是相关信息、价值和规律的有机综合。达文波特·托马斯和普鲁萨克·劳伦斯（1998）认为，知识是一种包含结构化的经验、价值观、关联信息以及专家见解等要素流动态的混合物。在组织内，知识不仅存在于文档和数据库中，而且嵌入日常工作、过程、实践和规范中。

综上可知，从数据到信息再到知识，是一个不断加工和增值的过程。

2.3.1.2　知识的分类

（1）按知识的应用角度。经济合作与发展组织（OECD）在《以知识为基础的经济》报告中，从知识经济的应用角度将知识分为四类：Know-what，Know-why，Know-how 和 Know-who（杨宏进和薛澜译，1997）。其中，Know-what 类是指关于事实与现象的知识；Know-why 类是指自然原理和运行规律方面的科学理论；Know-how 类是指关于技能和诀窍的知识；Know-who 类是指关于人力资源、人际关系及管理方面的知识。

（2）按知识的表现形式。马拉维利亚斯·赛尔吉奥和马丁斯·乔贝托（2019）将知识分为隐性知识和显性知识。显性知识是指可用文字、数字、图形或其他象征物清楚表达（如手册、书本等）的知识，这类知识一般存储在文档或计算机系统等载体中；隐性知识是指高度个人化的，只可意会不可言传，而且深植在个人的经验、判断、联想、创意等心智模式内的知识。两者区别如表 2.3 所示。

表 2.3　　　　　　　　　　显性知识与隐性知识的区别

特征	隐性知识	显性知识
本质	个人或群体的，特定环境	已经编码化的知识
形式	很难形式化的经验、灵感或意识	可用文档或计算机系统进行表达
形成过程	产生于实践过程，或通过对显性知识的学习与实践	产生于对隐性知识的说明或工作过程与工作成果的记录
存储载体	人脑或群体意识	文档或计算机系统的电子文件
转化过程	一般是将隐性知识显性化	进行知识分析或转化为隐性知识
IT 技术支持	通过虚拟化的协作空间和虚拟社区来提供知识交流与共享的环境	利用数据库系统和知识库系统来进行知识的分类、存储和检索

（3）按知识的依附对象。伦纳德－巴顿·多萝西（1995）按知识的依附对象不同将知识分为个人知识和组织知识。个人知识是指个人拥有的专业知识，还包括工作经验、工作技巧、诀窍、个人专利，甚至生活常识、思想经验、社交能力等及其更高层次的价值观和思想；组织知识是指内含于组织实体系统的知识，例如，组织内的作业流程、信息系统、组织文化与团队协调合作，这是员工个人无法带走的知识。

（4）按知识的重要性。根据各种知识对组织的战略重要性程度、发展的潜力和发展的不同阶段，将组织知识分为基本知识与核心知识两种类型。基本知识是指完成组织各种活动所必需的知识，这类知识在所有相似的组织中都可以获得；核心知识是一个组织之所以不同于其他组织的标志，促成组织为客户提供独特价值与利益的技能结合，对组织的独特地位有重大影响，是组织核心竞争力的基础。核心知识的特征是价值性、独特性（或稀缺性）、可学习性，如图 2.3 所示。

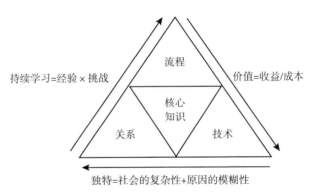

图 2.3　组织核心知识的特征

资料来源：Morris，Shad S，Snell，et al. Intellectual capital configurations and organizational capability: An empirical examination of human resource subunits in the multinational enterprise［J］. Journal of International Business Studies，2011，42（6），805－827.

2.3.2　知识管理的理论框架模型

（1）知识创新螺旋模型。野中郁次郎和竹内弘高（1995）用认识论维度和本体论维度塑造了组织知识创新的螺旋模型，如图 2.4 所示。具体地，知识创新是一个由社会化、合作化、外部化、内部化构成的知识转换的螺旋模型，呈周期性螺旋上升态势。在上升过程中，组织知识不断从显性知识到隐性知识，隐性知识又不断得到显性化；个人知识转换为组织知识，个人又从组织中学到新知识，经过几个过程的相互作用和转换，知识得到更新，组织竞争能力得到加强。

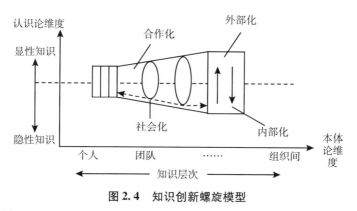

图 2.4　知识创新螺旋模型

资料来源：Nonaka I, Takeuchi H. The Knowledge Creating Company：How Japanese Companies Create the Dynamic of Innovation［M］. New York：Oxford University Press，1995.

（2）智力资本模型。佩特拉什·戈登（1996）提出了一个被知识管理文献广为应用的智力资本模型，即智力资本由人力资本、组织资本、客户资本三部分构成。其中，人力资本指组织中每个人已经拥有和产生的知识；组织资本指已经被组织捕捉到，并且已经蕴含在组织机构、运作过程和组织文化中的知识；客户资本是指与消费者或供应商形成业务往来的可能性。图 2.5 展现了三种智力资产之间的关系，三种资产重叠部分越大，则组织价值创造空间越大。虚线表示对三种资产的管理，还代表了知识流动的概念，知识总是在组织、个人、客户资本之间进行转换和流动，从而为组织创造价值。

（3）KPMG 知识管理过程模型。KPMG（毕马威）咨询公司的知识管理过程模型如图 2.6 所示。该模型将知识管理定义为企业员工创造、撬动、共享诀窍和其他知识资产，以便更好地服务顾客的过程，包括知识获取、知识索引、知识过滤、知识链接、知识分发、知识应用六个连续的过程（阿

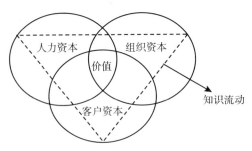

图 2.5 智力资本模型

资料来源：Petrash G. Dow's journey to a knowledge value management culture – ScienceDirect ［J］. European Management Journal, 1996, 14（4）：365 – 373.

拉维·玛丽亚姆和莱德纳·多萝西，1995）。知识获取是指知识的发明创造和知识内容的增长，如提取顾客经验加以整合；索引、过滤和链接三个过程是指对知识进行筛选、分类、保存，还包括将企业内外知识资源进行链接等；知识分发是指尽可能将知识放在网页上，利用多种形式传播、共享等；应用是指将获取、收集的知识应用于组织的产品和服务中去。

图 2.6 KPMG 知识管理过程模型

资料来源：Alavi M, Leidner D E. Kowledge Management and knowledge Management Systems：Conceptual Foundations and Research Issues ［J］. MIS Quarterly, 2001, 25（1）：107 – 136.

（4）APQC 知识管理双环模型。美国生产力与质量中心（American Productivity and Quality Center, APQC）认为，推动知识管理方案，必须正确认识四项不可或缺的支撑因素——领导和战略、企业文化、信息技术和基础设施、管理维度的绩效评估，知识管理流程则由收集、组织、改造、使用、创造、识别、共享等过程组成（美国生产力和质量中心，2000）。APQC 的知识管理模型如图 2.7 所示，内环表示知识管理流程，反映了组织知识生生不息、循环增值的过程，外环是保证知识共享和员工协作的支撑因素，两者相辅相成，密切配合。在此基础上，APQC 建立了知识管理实施指南，包括启动、策略开发、试点、推广和支持、将知识管理制度化五个阶段，指明了企业知识管理建设的大环节，但各阶段的具体措施尚缺少深入的说明。

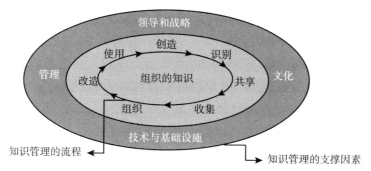

图 2.7　APQC 知识管理双环模型

资料来源：APQC. Leveraging Customer Information［M］. AMERICA，2000.

（5）麦肯锡知识管理三层模型。作为咨询领域的翘楚，同样也是知识管理实践的探索者，麦肯锡公司建立了完整的知识管理模型（埃森·拉赛尔，2002）。该模型由三个层面构成：知识资产层面——包括个人和组织的知识资产；知识循环——包括原始积累和获得、固化融合、共享、学习、运用、创新、反馈更新等环节；知识管理关键成功要素——包括领导和目标、组织结构、组织文化、系统和基础设施等方面。

2.4　社会资本理论

2.4.1　社会资本的概念及特征

（1）社会资本的概念。社会资本的概念是法国学者布尔迪厄（1980）提出来的，自布尔迪厄和科尔曼以来，比较有代表性的社会资本概念是指个人通过社会联系摄取稀缺资源并由此获益的能力。这里的稀缺资源包括权力、地位、财富、资金、学识、机会、信息等。当这些资源在特定的社会环境中变得稀缺时，行为者可以通过两种社会联系摄取（access）。第一种社会联系是个人作为社会团体或组织的成员与这些团体和组织所建立起来的稳定联系，个人可以通过这种稳定的联系从社会团体和组织摄取稀缺资源。第二种社会联系是人际社会网络。

（2）社会资本的特征。

①社会资本以社会关系网络的形式存在。与人力资本不同，社会资本以关系网络的形式存在，是一种通过"制度化的关系网络"的占有而获取资源的集合体，但这种制度化的网络既非自然发生，也非社会规定，而是在特定的工作关系、群体关系和组织关系中存在的，需通过某种制度性的关系来加强。

②社会资本的获得要求物质资本、人力资本和文化资本长期连续的投入。社会资本是一种投资策略的产物，其目的在于稳固关系，使其成为可靠资源，将那些看起来"偶然"的关系通过"象征性的建构"，转变为一种双方都从主观上愿意长期维持其存在的、在体制上得到保障的持久稳定的关系。

③社会资本是无形的。社会资本表现为人与人的关系，基本上也是无形的，是一种可以感觉得到，但看不见、摸不着的东西。

④社会资本具有不可转让性。社会资本不是私人财产，拥有者不能根据主观愿望将社会资本转让给其他个体而受益，由此社会资本是不可让渡的。

⑤社会资本具有不完全替代性。社会资本的生产性功能只有与具体社会行动相联系才能实现。某种社会资本可以为这种行动提供便利，但它对其他行动可能无用，甚至会产生不利影响。

2.4.2 社会资本的研究维度

社会资本是嵌入社会网络关系中的社会资源，雅妮娜·纳哈皮特和苏曼特拉·戈沙尔（1998）在研究社会资本如何促进智慧资本的建立时，首次将社会资本的构成划分为三个维度：结构维度、认知维度和关系维度。

（1）社会资本的结构维度是指网络联系存在与否、联系强弱及网络结构。结构维度重点分析网络联系和网络结构的特点。

（2）社会资本的认知维度是指提供网络中不同行为主体间共同理解的表达、解释与价值观念的那些资源。社会资本认知维度主要包括共同目标和共同文化两个方面。

（3）社会资本的关系维度是指人们在网络互动过程中建立起来的一种具体关系，包括信任与可信度、规范与惩罚、义务与期望以及可辨认的身份。结构维度强调社会关系网络的非人格化的一面，而关系维度强调的则是社会关系网络人格化的一面，它关注的是个体或组织之间形成的特殊关系，如尊重、信任、友情和亲情等。

2.4.3　社会网络理论

（1）横联系和纵联系。横联系的网络是把具有相同或相近地位和权力的人们结合在一起。大家在网络中获取的利益是对称的。纵联系的网络是将不平等的行为者结合到不对称的等级和依附关系之中，成员们在网络之中获取的利益是非对称的。

（2）强联系和弱联系。强联系是指通过密切的亲戚或朋友建立起来的关系，弱联系是指通过一般性的朋友或熟人建立起来的关系。强联系成员之间有较强的同质性和较高的信任度；弱联系成员之间有较强的异质性、较低的信任度，而且成员之间联系松散，相互间交易资源的空间更大，既是联系不同阶层的纽带，又是成员间资本转换的重要途径（顾滋阳，2004）。

（3）联系转化。横联系往往对应着强联系，纵联系往往对应着弱联系。同时，弱联系和强联系之间可以相互转化。例如，随着社会地位的变化，亲密的朋友或者近亲慢慢也会变得疏远，强联系变成弱联系。

2.5　本 章 小 结

本章概述了本书研究的相关基础理论，主要包括科技成果转化理论、技术转移理论、知识管理理论和社会资本理论。上述理论的回顾与梳理为本书内容的展开、为战略性新兴产业科技成果转化知识管理运行体系的系统构建和深入研究奠定了坚实的理论基础。

第3章 我国战略性新兴产业科技成果转化知识管理现状及国外借鉴

3.1 我国战略性新兴产业科技成果转化知识管理现状及问题

3.1.1 我国战略性新兴产业科技成果转化知识管理现状

3.1.1.1 战略性新兴产业科技成果转化的知识对接取得进展

技术市场是信息流的重要汇集点,它的"知识集市"功能在科技成果转化中的作用越来越明显。目前,技术市场已成为各种专业知识和技能知识交流对接的主要场所,大到成套科技成果转化方案、小到制造工艺中某个环节的特殊技能无所不包。伴随我国对战略性新兴产业的重视与扶持,以及"政府搭台,主体实施,大力协同,中介服务,注重实效,目标双赢"等机制的实施,国内战略性新兴产业技术市场得到了迅速发展并取得了显著成效。2023 年 5 月,中关村国际技术交易大会发布的《中国科技成果转化年度报告 2022(高等院校与科研院所篇)》指出,2021年共有 3649 家高校院所以转让、许可、作价投资和技术开发、咨询、服务方式转化的合同总金额为 1581.8 亿元,总合同项数为 564616 项,合同当年到账金额为 1016.9 亿元。2021 年,科技成果转化总合同金额超过 1 亿元的高校院所数量为 314 家。国家知识产权局新闻发言人进一步补充其中 30% 的专利属于战略性新兴产业，是高价值专利转化的"源头活水"。

3.1.1.2 战略性新兴产业科技成果转化的知识合作不断深入

国际上，"十三五"时期以来，在 20 国集团（G20）、金砖国家、亚太经济合作组织（APEC）等多边框架下，战略性新兴产业初步建立了合作创新的国际框架。我国积极落实与发达国家政府间的新兴产业合作协议，并与发展中国家开展创新合作，大力推动战略性新兴产业国际合作园区建设。同时，积极引导外商投资战略性新兴产业，一批战略性新兴产业外资企业落户中国，如波音公司 737 完工和交付中心落户浙江舟山、特斯拉新工厂落地上海等。

在国内，我国积极推进龙头企业、链主企业等参与产学研合作，与高校院所合作共建实验室、研究院等实体机构，组织开展院士专家行、成果对接会等活动，推动骨干企业深化与大院大所合作，促进"政产学研金服用"各类创新要素参与全链条研发生产活动，在高端科技、人才资源的加持下，技术研发成果转化硕果累累。如中芳新材料有限公司与多家科研院所、企业合作创新，先后承担省重大科技创新工程等省级以上科技计划项目 80 余项，推动纳米级氧化锆等一批重大科研成果实现产业化，实现高新技术产业提质增量，占规上工业企业总产值的比重达到84.85%。

3.1.1.3 战略性新兴产业科技成果转化的信息共享基建已取得初步成效

一是信息基础设施加快升级。从网络设施看，过去十年，我国已建成光纤长度增长约 2.7 倍，移动通信从"4G 并跑"到"5G 引领"，下一代互联网技术加快应用，网络规模和应用水平全球领先。从算力设施看，人工智能基础设施加快布局，数据中心规模达到 590 万标准机架，全国一体化大数据中心体系加快构建，8 个国家算力枢纽节点启动建设。从空间设施看，已初步建成卫星遥感、卫星通信广播、北斗导航定位三大系统构成的国家民用空间基础设施体系，具备连续稳定的业务服务能力。

二是创新基础设施加快优化。一方面，我国已建成体系较为完备的重大科技基础设施，布局建设的 77 个国家重大科技基础设施中，32 个已建成运行，部分设施迈入全球第一方阵；另一方面，我国不断加快创新能力建设，巩固企业创新主体地位，在重点领域布局建设了 200 多家国家工程研究中心、1600 多家国家级企业技术中心和一批国家产业创新中心，技术设施体系不断完善①。

3.1.1.4 战略性新兴产业科技成果转化的创新人才规模具有优势

一是科技人才规模和增速实现大幅提升。党的十九大以来，我国 R&D 研究人员总量增长迅速，从 2017 年的 174.0 万人上涨至 2020 年的 228.1 万人，比 2010 年增加 100 余万人，增幅高达 88.7%。我国研究人员总量优势越发明显，2019 年比美国多近 50 万人年，是日本的 3.1 倍、德国的 4.7 倍、俄罗斯的 5.3 倍、英国的 6.6 倍。

二是科技专业毕业生规模和占比领先。2010～2019 年，我国科学技术工程数学（STEM）专业毕业生数量增幅高达 60%，2019 年达到 206.1 万人，居世界第一位，较之于排名第 2、3 位的美国和俄罗斯，分别高出近 1.5 倍和 2 倍。我国 STEM 本科毕业生占比在近十年维持在 50% 左右，自 2015 年以来赶超日本成为占比全球最高的国家。我国高层次专业人才规模也取得重要进展，2019 年 STEM 博士毕业生占比接近 65%，位列全球第三。

三是科技人才产出效能规模优势明显。我国最近 20 年间专利申请量先后超越德国、日本，于 2019 年超越美国位列全球第一，2020 年高达 6.9 万件，比美国多出 1 万余件，从最近 20 年、10 年增速来看，我国专利申请量增速分别为 21.4%、21.1%，位于全球首位，并保持增长势头。2011 年 1 月至 2021 年 9 月期间的 ESI 本书数量及被引用次数，美国接近 438 万篇，位列全球第一；中国为 346.6 万篇，位居全球第二②。

---

① 本刊记者. 加快构建现代化基础设施体系为全面建设社会主义现代化国家打下坚实基础 [J]. 宏观经济管理，2022（10）：2－8.
② 金锋. 创新研究报告（优化我国科技人才队伍层次结构提升全球竞争力）[R]. 北京：中国科协创新战略研究院，2022.

**3.1.1.5　战略性新兴产业某些单位的科技成果转化知识管理已取得
初步进展**

例如，北方工业建立了满足军工行业涉密要求的知识共享协作平台，
整合了公司现有办公系统，形成知识积累、知识互动、技能分享、创新辅
助、文化协同五大功能平台，分别是知识积累平台、知识互动平台、技能
分享平台、创新辅助平台、文化协同平台，并形成三个阶段目标，阶段一
是实现知识管理信息化，充分挖掘现有知识，实现知识共享；阶段二是实
现知识管理与公司日常业务流程的融合，实现公司现有信息化系统的协同
统一；阶段三是通过知识共享平台提升运营管控效率，将知识管理模式推
广到系统子公司，实现内外网联动，综合全面推广常态化知识管理运营，
推动北方工业科技成果转化。

3.1.2　我国战略性新兴产业科技成果转化知识管理存在的问题

在技术市场完善、人才规模丰富、信息共享基建等综合条件的推动下，
我国战略性新兴产业科技成果转化的知识管理已取得初步进展，但仍停留
于数据的"堆砌"和对显性知识的关注和管理，较少能系统性地有效收集
和挖掘组织内部知识、客户知识、市场知识等以引导隐性知识的开发和利
用，未能将信息层面和职能层面的知识管理有效结合起来，实现科技成果
转化的技术知识和市场知识的整合与创新。问题具体可体现为：战略性新
兴产业成果转化的知识技术服务能力相对较弱；成果转化双方缺乏信任机
制；隐性知识转化成为科技成果转化的瓶颈；战略性新兴产业科技成果转
化的产学研知识合作的广度和深度有待开发；科技成果转化创新团队知识
结构需要进一步优化；转化组织员工培训与学习交流活动缺乏；知识共享
文化缺失；知识管理激励机制不足；战略性新兴产业科技成果转化知识产
权形成能力较弱，核心知识保护力度亟须加强。

3.2 国外新兴产业科技成果转化知识管理经验借鉴

3.2.1 国外知识管理经验借鉴

3.2.1.1 国外知识管理研究已经兴起并得到迅速发展

（1）知识管理是管理领域新的里程碑。"知识管理"一词是美国麻省克莱星顿著名的恩图亚星（Entovation）国际咨询公司首次提出的，至今仍没有明确统一的概念。国外知识管理研究已有近 30 年的历史，知识管理被认为是人类管理史上自 19 世纪初泰罗制科学管理以来的一次最伟大而深刻的革命，是信息化和知识化浪潮的产物。当今西方商业社会中的"知识管理热"的现象随处可见，包括新书和期刊的出版、知识管理会议的召开、知识库支撑的知识管理服务、新的职业头衔等。

（2）国外知识管理的研究迅速发展。自 1997 年英国出版商 Emerald 出版第一种知识管理的专业期刊 *Journal of Knowledge Management* 以来，国外知识管理的研究与应用高速发展。在学术领域，1997 年 5 月，加州伯克利大学哈斯商学院率先设立了研究知识及其商业影响的教授职位，该教授职位被命名为"知识学特别名誉教授"。2024 年，通过对国外一些大型期刊数据库和网络搜索引擎查询，查得全世界刊名中含有"知识管理"词汇的杂志（包括网络杂志）有数十种，知识管理相关网站数百个。大量资料表明，20 世纪 90 年代中后期以来，知识管理在美国、英国等西方发达国家的企业中得到了相当的重视，许多公司逐年增加在知识管理方面的投入，并取得了良好的效果。

3.2.1.2 国外知识管理实践取得长足的进展

国外知识管理研究迅速发展，毕马威（现为毕博）2000 年就知识管理对英国、欧洲大陆和美国的 423 个组织进行了调查，询问他们是否有一个知识管理计划。超过 81% 的组织"有或正在考虑制定一个知识管理计划",其中 38% 的组织知识管理项目已经到位,30% 近期要建立一个知识管理项目,还有 13% 的组织正在调查这种需求。绝大部分领先公司正在积极推进知识管理。

目前,国外信息技术层面的知识管理系统较成熟。由于国外软硬件、网络和知识资产开发及应用水平较高,由它支撑的知识管理系统也较成熟。主要信息技术,包括知识门户、第三代搜索引擎、协同工作环境等都得到了普遍应用。

国外知识管理整体应用上已见成效。主要表现在以下方面。

(1)知识管理理念已被国外企业领导层普遍接受。其主要包括:建立以知识为核心的企业管理理念;对知识是企业创新力和成长力的原动力形成共识;依托知识管理系统,传统企业纷纷向知识型企业转型。

(2)确立了以首席知识官(CKO)为主的知识管理运行体系。在美国《财富》杂志中排名 1000 位的企业中,至 1997 年已有 40% 设立了知识主管,具体包括可口可乐、通用电气、孟山都、库珀·利布兰等公司。库珀·利布兰公司的知识主管埃伦·纳普指出,"知识主管就是要创造、使用、保存并转让知识,这些知识不仅是数据,更是深入人心和发表在著作中的智力资本"。

(3)建立了企业知识绩效考评机制。将知识管理与人力资源管理和开发有机结合,将知识学习、共享、整合、创新作为员工绩效考核的内容。

(4)建立企业内外知识学习、共享网络组织。在企业外建立产学研联合知识学习与共享网络组织;在企业内支持知识俱乐部、知识沙龙等知识交流活动;加强知识学习与共享信息技术平台建设等。

(5)涌现出一批知识管理成效显著的典型企业。如 Microsoft 公司完成了"Skills Planning"and"Development"(SPUD)项目,帮助员工了解和提升自身知识能力;IBM 公司非常注重员工培训,采取面授和分期培训两种方式,尤其是新员工要接受定位培训;巴克曼公司采用知识管理使新产品开发周期缩短,产品交付时间由数周缩短到数小时,新产品所占比重也由 10% 上升到 30%;Chevron 公司由于推广和采纳最好的管理经验与实践,每年可节省 2000 万美元,由于实现知识共享,每年可节省 1.5 亿美元;等等。

3.2.2 国外新兴产业科技成果转化知识管理经验借鉴

3.2.2.1 强化国家对新兴产业科技成果转化的组织领导

发达国家在强化科技成果转化的组织领导方面给予了较大关注。如美国高度重视技术转移工作，组建了技术转移办公室（office of technology transfer，OTT），从组织协调、健全法规等方面对技术转移予以推进和保证。OTT 职能是：跟踪监视各机构所有科研活动；确认上述科研活动采用的技术或取得的成果是否有商业化应用潜力；发挥中介机构作用，通过协调或创造条件来推动技术或技术进步成果转移；在开展技术转移工作的过程中，与能源部、商务部进行协商与合作；帮助私营公司解决技术转移过程中的出现的有关保密、产权及其他法律问题；负责技术转移科技信息的收集和若干重要计划。

3.2.2.2 知识转移与技术转让机构的建立和发展

（1）泛欧知识转移机构网。泛欧知识转移机构网是以欧洲各国大学和公共科研机构为会员组成的一个非营利性社会团体，目的是通过构筑更加有效的大学和公共科研机构知识转移体系，促进欧洲创新发展和社会繁荣。主要目标包括：支持欧洲各国知识转移管理机制的建立和完善；加强欧洲各大学、公共科研机构知识转移的功能建设和发展；通过面向会员开展培训、经验交流、学术研讨等一系列活动，促进跨欧地区知识转移；就如何提高大学、公共科研机构的知识转移能力向欧盟委员会及其他国际机构提供政策咨询和建议。

（2）美国国家技术转让中心。美国国家技术转让中心是1989年经国会批准成立的国家非营利性推广转化中介机构，该中心依托美国国家航空航天局原有的全国技术推广网络建立了6个地区技术转让中心。其主要任务是将联邦政府每年拨出700多亿美元资助的国家实验室、大学等的研究成果迅速推向工业界实现产业化。美国国家技术转让中心网络可与全国10万多名研究人员和700多家联邦实验室建立联系，可向全社会各行业提供科技成果推广转化一站式增值服务，包括提供联邦实验室技术信息数据库查询和技术竞争情报报告，同时，还能利用其工业专家网络为客户进行技术评估和产业化战略指导、代客户测试和制作技术样机、提供电子商务解决方案、举办各种专题技术产业化培训班等。

（3）联邦实验室技术转让联合体。联邦实验室技术转让联合体是 1974 年由 700 多家联邦实验室及其上级部门所组成的全国性技术转让网络组织，其成立的最初目的是推动系统科技成果向工业部门和地方的推广转化。其作用是：为联邦机构和实验室、州与地方政府、工商企业、大学等提供科技成果推广转化信息与经验的交流场所；为潜在合作伙伴提供信息咨询；组织有关人士就推广转化涉及的一些复杂的政策和法律问题进行研讨，以求不断创新和完善推广转化过程。

除以上知识转移和技术转让机构外，还有德国明斯特技术应用大学科学营销研究中心，欧洲技术转移、创新及工业信息协会，北弗吉尼亚高技术企业协会等机构都在科技成果转化知识管理方面获得了较好的成效。综合来看，西方国家在科技成果转化的信息交流、成果鉴定、专家咨询、知识转移等方面的成功经验对我国战略性新兴产业科技成果转化知识管理方面具有较强的借鉴性。

3.3　本 章 小 结

本章对我国战略性新兴产业科技成果转化知识管理的现状进行了全面分析，提出我国战略性新兴产业科技成果转化知识管理存在的问题，并借鉴国外科技成果转化知识管理的经验，不仅为构建战略性新兴产业科技成果转化知识管理运行体系提供了新思路，还为推进战略性新兴产业科技成果转化知识管理战略确定了新方向。

第4章　战略性新兴产业科技成果转化知识管理运行体系构建

4.1　战略性新兴产业科技成果转化与知识管理内涵和运行结构

4.1.1　战略性新兴产业科技成果转化的内涵与运行结构

4.1.1.1　战略性新兴产业的内涵

战略性新兴产业是以新兴科技和人才为依托，以知识和技术密集、产业业态更替快、市场前景广阔、产业关联度高为特征，以新兴企业、科技服务机构、高校、研究院所等为创新主体，驱动国家当前经济社会持续、高质量发展的支柱性产业，或者具有前瞻性和发展潜力的未来产业，能够释放巨大的经济、社会和生态效益（李柏洲等，2022）[①]。战略性新兴产业具有知识技术密集、成长潜力大、市场需求广、综合效益好四个核心特征（张路蓬等，2018）。

4.1.1.2　战略性新兴产业科技成果转化的内涵

战略性新兴产业科技成果转化是指为加强产业建设和提高生产力发展

[①]　新华社，《中华人民共和国国民经济和社会发展第十四个五年规划和2035年远景目标纲要》［EB/OL］．（2021－03－13）［2024－06－3］．https：//www.gov.cn/xinwen/2021－03/13/content_5592681.htm

水平，通过对在科学研究与技术开发所产生的可供转化的成果，经过后续试验、开发、研制、应用、生产等一系列转化活动，形成新产品、新材料、新工艺、新技术，直至实现商业化、产业化而获得预期收益的一项系统工程（兰筱琳等，2018；俞荣建等，2023）。战略性新兴产业科技成果转化既是技术行为，又是经济行为，其最终目的是在挖掘科技潜力的基础上追求并实现预期经济效益，从而起到促进经济发展、增强产业实力和推动科技进步的作用。战略性新兴产业科技成果转化不仅具有传统产业、高技术产业、新兴产业等其他产业科技成果转化的共同特点，而且具有战略性新兴产业本身固有的战略性、高风险性、高收益性、创新性等独特特征。

（1）战略性。战略性新兴产业科技成果是通过研究、实验，具有一定的技术创新性、先进性和实用性，符合低碳、环保等先进理念，代表着科技的发展前沿，可转化为商品的重大研究成果。而战略性新兴产业科技成果转化就是对科技成果的实际应用推广，将重大研究成果发展成为具有广阔市场前景、经济技术效益和产业带动效用的支柱产业，实现产业化发展。战略性新兴产业科技成果商品化、产业化，不仅能给我国经济发展创造增长极，提升我国产业的国际竞争优势，而且有助于提升我国综合国力和促进经济、社会发展。

（2）高风险性。战略性新兴产业科技成果的转化包括小试、中试、商品化、产业化等各个阶段与环节，这一过程中包含有不确定性因素和风险。首先，科技成果研发投入较大，而科技产品市场在认可和需求方面存在着较大的风险，如果投放市场失败，企业可能面临倒闭；其次，技术含量高，技术条件的局限性可能制约技术的开发；最后，科技发明转向有形产品过程中可能会被更先进的科技发明所替代。所以，科技成果转化过程呈现出高风险性。

（3）高收益性。战略性科技成果转化成功后具有良好的经济技术效益，而新兴科技产品进入市场，在得到市场认可和接受后会便会产生高额的利润。这是因为，一方面，战略性新兴企业产业化成功后资本市场对其资本评估的高额增值；另一方面，随着战略性新兴产业科技成果实现产业化，其生产和经营规模随之扩大，不仅能使产业结构改变，促进产业结构升级，更能产生巨大的经济效益。

（4）创新性。战略性新兴产业科技成果转化将技术创新与产业发展相融合，引导产业创新和企业创新，促使科技创新的深度应用和产业化，提高产业劳动生产率。而且战略性新兴产业科技成果在转化过程中有利于带动传统产业技术创新，促进我国自主创新能力的提高和产业升级，有利于建设创新型国家。

4.1.1.3 战略性新兴产业科技成果转化的运行结构

科技成果转化运行过程是形态转化与路径转化的耦合过程。形态转化是指科技成果由专利技术、技术诀窍、技术秘密等技术形态转化为样品形态、产品形态，进而转化为商品形态，最后形成新产业或融入产业的过程。路径转化是指经过成果对接、小试、中试检测样品性能、定型生产工艺进行批量生产，并进一步通过设备更新、工艺创新、流程再造等形式重构生产能力，进而开拓新市场，提高核心竞争能力，获取新型市场竞争优势。

形态转化依赖于路径转化，即通过小试、中试，实现科技成果由技术形态向产品形态转化；通过生产制造实现科技成果由产品形态向商品形态转化；通过市场开发实现科技成果由商品形态向产业化、国际化形态转化。

战略性新兴产业科技成果转化的运行结构框架如图4.1所示。

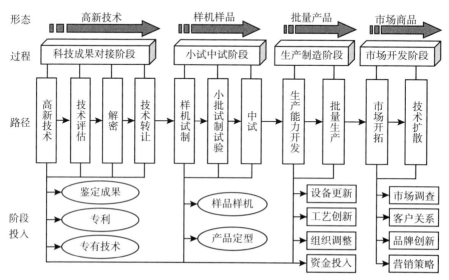

图 4.1　战略性新兴产业科技成果转化运行结构框架

4.1.2　知识管理的内涵与运行结构

4.1.2.1　知识管理的内涵

知识管理是以组织等系统战略为导向，以信息化管理为基础，与人力资源等职能管理耦合协同，通过内外组织系统知识的获取、学习、共享、整合与创新，将显性知识和隐性知识转变为系统可运用的知识资源，引导新理论、新概念、新技术、新方法、新工艺、新产品等创新成果产出的过程，旨在提高组织系统整体绩效（毛义华等，2021；塞莱姆·艾哈迈德和哈利勒·奥马尔，2007；周增骏等，2015）。

4.1.2.2　知识管理的运行结构

知识管理作为一种基于战略的现代管理理念，源于对组织系统竞争优势根源的认识，即竞争优势根源的界定由外部环境转为内部能力，进而揭示决定组织能力的是其掌握的知识。

知识管理运行与组织系统战略结合需要从战略层面进行规划，从重视有形资源的管理过渡到重视知识资源的管理，将知识管理的导向定位于构建组织系统核心竞争力。

人力资本是知识资源的重要载体，因此，知识管理运行过程需要与人力资本开发与管理活动相耦合，即组织系统的知识管理过程需要依托员工的知识获取、运用、更新等活动，实现组织系统的知识更新与转化的目标。知识管理过程同时能有效提升员工的综合素质与学习能力。信息化管理是知识管理运行的前提条件，为有效解决知识获取、运用等问题提供技术平台。

知识管理的主要任务是合理配置组织知识资源，使知识按照组织战略目标进行全面和充分开发以及有效利用，通过核心层面的知识对接、学习、共享、整合、创新等知识管理运行过程，促进知识向核心竞争力的转化。知识管理的运行结构如图 4.2 所示。

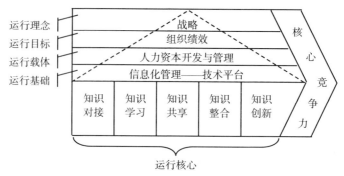

图 4.2　知识管理的运行结构

4.2　战略性新兴产业科技成果转化与知识管理运行的耦合机理

4.2.1　战略性新兴产业科技成果转化与知识管理耦合的内涵

物理学中把"两个或两个以上的体系或两种运动形式之间通过各种相互作用而彼此影响以致联合起来的现象"称之为耦合（刘金涛，2017）。本书中战略性新兴产业科技成果转化与知识管理的耦合是指战略性新兴产业科技成果转化与知识管理两个运行系统之间以及各系统内部多要素之间存在内在的本质联系，由此形成新的系统功能，并协同作用于系统目标的非线性相互关系（李玥和刘希宋，2011）。这种耦合不是静态的交叉重叠关系，而是相互促进、相互渗透、相互制约、相互演变的关系，促进二者成为一个有机整体，优势互补，相得益彰，从而实现科技成果的有效转化。

4.2.2　战略性新兴产业科技成果转化与知识管理运行的耦合关系

4.2.2.1　基于科技成果转化与知识管理目标的耦合

（1）创造核心竞争力与核心知识目标的耦合性。科技成果转化的实质是实现科技成果的首次商品化,进而实现市场化、产业化,其最终目标是提高转化主体的核心竞争力,因为核心竞争力是其最终立足于产业和市场的根本,是科技成果转化成效的最终标志。实现这一目标的关键在于创造核心知识。核心知识是核心竞争力的源泉,是在知识创新的基础上凝结于新产品、新工艺、新材料、新的市场竞争优势之中的核心资源。

科技成果转化过程中知识管理的目标就是在成果转化商业化、产业化的全过程创造核心知识,将核心知识嵌入核心竞争力之中,形成具有稀有性、独特性、不可分割性的核心资源。因此,科技成果转化与知识管理目标耦合的本质就是创造核心竞争力与核心知识的耦合。

(2)基于实现目标过程的核心竞争力与核心知识的耦合。科技成果转化的过程是科技劳动者与科技劳动工具、科技成果转化对象相结合进行知识创新和技术创新的过程,科技劳动者在转化过程中的革命性、主导性作用集中体现为他们能够创造形成核心竞争能力的核心知识。核心知识是通过科技劳动者整合其自身拥有的知识资源,并在学习过程中将知识资源与组织物质资本和结构资本相结合,在成果商业化、产业化等实践中不断提炼、升华所形成的。

从形成核心竞争力的视角考察,科技成果转化运行过程的知识本质特征表现为科技成果转化是一个核心知识积累、集聚、集中和创新,从而升华、凝聚成为构成核心竞争力的核心资源的过程。核心知识与核心竞争力的形成和耦合贯穿于科技成果转化和知识管理的全过程。

4.2.2.2　基于三维结构的科技成果转化运行过程知识要素耦合

(1)基于科技成果转化运行过程知识要素耦合的内涵。科技成果转化过程由科技劳动者、科技劳动工具、科技成果转化对象三要素构成,科技成果转化过程即三要素结合的作用过程。在这一过程中,知识既嵌入三要素的内部,构成三要素的核心资源;又是三要素耦合作用的结果,形成科技成果转化的核心知识。这种从要素形成到要素作用结果的结合关系就是科技成果转化运行过程知识要素耦合。

(2)科技成果转化知识要素三维耦合结构模型。从科技成果转化过程三要素与知识的关系分析可以揭示,在成果转化过程中,知识耦合于三要素之中，体现为人力资本知识维、成果转化对象知识维、成果转化劳动工具知识维。科技成果转化过程三要素的耦合，同时也是三维度知识的耦合，可用成果转化知识要素三维耦合结构模型表示，如图4.3所示。

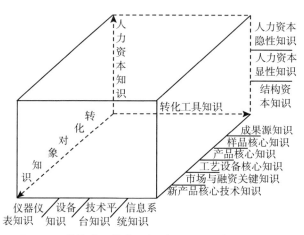

图4.3　科技成果转化运行过程三维要素耦合结构

①人力资本知识维。是指科技劳动者所拥有的知识集合构成的维度。它以隐性知识形态存在于科技劳动者的头脑之中，或以显性知识形态存在于科技劳动者所能够调用的文献资料和信息系统中，或以结构资本知识存在于组织之中而能够为人力资本所运用。

②成果转化对象知识维。是指科技成果转化对象的知识形态。它以显性知识形态存在于鉴定成果、专利及与成果直接相关的技术文献等资料中；或以隐性知识形态存在于技术秘密、技术诀窍等专有技术中，包括成果源知识、小试中试知识、工艺设备知识、市场运行与融资知识等。

③成果转化劳动工具知识维。它以隐性知识的形态存在于仪器、设备、信息系统硬件和软件等工具之中，或以显性知识的形态存在于技术装备设计、图纸、说明书等文献资料之中。成果转化劳动工具知识及信息要素知识的优化配置是科技成果转化的技术知识保障。

4. 2. 2. 3 基于成果转化运行过程与知识管理过程功能的耦合

（1）科技成果转化全过程与知识管理全部功能要素的耦合。从知识管理功能要素总体发挥作用的视角来看，科技成果转化全过程与知识管理全部功能要素的耦合表现为成果转化全过程与知识管理全部功能要素的耦合。科技成果转化运行全过程包括转化方提供科技成果源，经过转化对接、小量试制、小批生产、批量生产直至实现产业化。知识管理全部功能要素包括知识对接、知识学习、知识共享、知识整合、知识创新。全过程、全要素耦合的形式下，知识管理功能贯穿科技成果转化全过程，全面为科技成果转化提供知识支持，并从中凝练核心知识，为科技成果转化最终实现产业化形成核心竞争力而集聚核心知识资源。科技成果转化全过程与知识管理全部功能要素的耦合关系如图 4.4 所示。

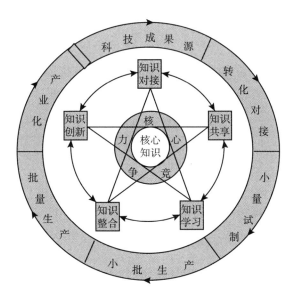

图 4.4　科技成果转化全过程与知识管理全要素耦合关系

（2）单项知识管理功能要素与科技成果转化全过程的耦合。从知识管理单项功能发挥作用的视角来看，单项知识管理功能要素与科技成果转化全过程的耦合表现为知识管理单项功能要素（知识对接、知识学习、知识共享、知识整合、知识创新）与科技成果转化全过程的耦合。如知识共享在成果对接阶段表现为转让方与受让方成果源知识的共享，小试中试阶段表现为原理知识、功能结构知识与样品制造知识的共享，批量生产阶段表现为质量、成本、效益等产品综合素质知识与工艺和管理知识的共享，产业化阶段表现为商业化、市场化运作知识的共享。单项知识管理功能与科技成果转化全过程的耦合关系具体表现为连续耦合和断续耦合两种形式的结合，连续耦合是指单项知识管理功能与科技成果转化全过程的耦合，断续耦合是指单项知识管理功能与科技成果转化各阶段的耦合。

4.2.3 战略性新兴产业科技成果转化与知识管理运行的关键耦合域

4.2.3.1 科技成果转化与知识管理运行过程的关键耦合域的提出

科技成果转化与知识管理耦合的关键耦合域是以科技成果转化运行过程与知识管理过程功能耦合形式为基础，根据科技成果转化的知识需求，从优化知识资源配置，提高科技成果转化绩效的视角，明确科技成果转化运行各阶段知识管理各项功能的作用，确定科技成果转化与知识管理的重点，以此为主攻方向，为采取有效的知识管理策略奠定基础。

界定科技成果转化与知识管理耦合的关键耦合域，一方面要在全过程、全要素耦合的基础上，明确各阶段知识管理的主体功能；另一方面要在单项知识管理功能要素与成果转化全过程耦合的基础上，明确知识管理单项功能有效作用的主要阶段。只有两者相结合，才能明确科技成果转化知识管理的主攻方向。

4.2.3.2 关键耦合域确定的影响因素

（1）科技成果转化过程中的知识需求。科技成果转化过程各阶段的知识需求是不同的，因此，需要相应的知识管理功能以满足差异性的知识需求，这就决定了科技成果转化各阶段知识管理单项功能的选择，由此奠定了关键耦合域确定的基础。

①成果对接阶段知识需求。此阶段知识需求主要是成果源知识。满足这一需求的知识管理功能主要是成果转化供需双方的知识对接。

②小量试制、小批生产阶段知识需求。此阶段知识需求主要是样品知识，一方面需要对成果源知识进一步消化吸收，另一方面对制造工艺的隐性知识进行开发，满足这两方面需求的知识管理功能主要是知识学习与知识共享。

③批量生产阶段知识需求。此阶段知识需求主要是工艺知识和生产管理知识，包括设备及工具知识、工艺过程知识、先进制造技术知识、生产组织知识等。满足这一知识需求的知识管理功能主要是对工程技术人员、管理人员的隐性知识进行挖掘，在工艺创新的基础上进行知识创新。

④成果产业化阶段知识需求。此阶段知识需求主要是市场化运作知识，包括投融资知识、运营管理知识、市场营销知识、客户管理知识、供应链管理知识等。满足这一知识需求的知识管理功能主要是对企业家、市场营销人员、财务人员、工程技术人员的知识进行整合，同时凝聚以上四阶段的知识创新成果，形成嵌入核心竞争力的核心知识，进而进行品牌开拓的知识创新。

（2）知识缺口。所谓知识缺口是指知识需求结构与组织知识存量结构的差距，包括知识广度结构和深度结构的差距。从科技成果转化与知识管理耦合关键域的视角出发，应选择知识缺口最大的阶段作为科技成果转化知识管理的关键耦合域。

（3）单项知识管理功能补偿知识缺口的作用。由于知识缺口所包含的知识需求性质上的差异，单项知识管理功能对补偿知识缺口的作用是不同的，有必要选择对补偿知识缺口作用最显著的单项知识管理功能作为科技成果转化与知识管理的关键耦合域。

4.2.3.3 科技成果转化与知识管理运行过程关键耦合域结构模型

首先，界定科技成果转化各阶段的关键知识需求；其次，寻找知识缺口，明确各阶段最大缺口的知识需求；最后，分析单项知识管理功能补偿最大知识缺口的作用，确定关键耦合域的思路。本书从成果转化与知识管理运行全过程的耦合出发，提出两者关键耦合域结构模型，如图4.5所示。

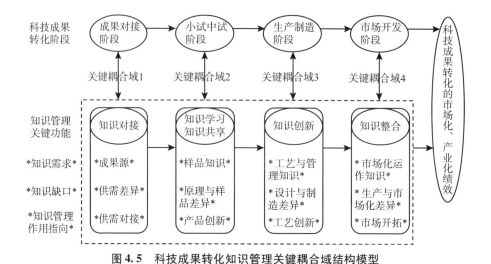

图 4.5 科技成果转化知识管理关键耦合域结构模型

科技成果转化与知识管理关键耦合域结构模型,反映了科技成果转化运行过程和知识管理运行过程之间的本质联系。从耦合程度强弱来看,科技成果转化与知识管理之间的耦合属于内容耦合,该耦合模型包括三个连续过程:一是科技成果转化的四个阶段;二是科技成果转化知识管理需求与功能识别的四个过程;三是科技成果转化与知识管理的四个关键耦合域。三者各自是一个完整过程,通过各自四个要素实现特定功能;科技成果转化阶段和知识管理关键功能耦合与科技成果转化知识供求平衡,形成了具有开放性、非线性相关的关系结构。该耦合模型中存在四个主键耦合,即成果对接、小试中试、生产制造与市场开发四个阶段分别与整个知识管理关键功能所形成的耦合域。

4.3 战略性新兴产业科技成果转化知识管理运行体系总体架构

4.3.1 战略性新兴产业科技成果转化知识管理运行体系的内涵

战略性新兴产业科技成果转化知识管理运行体系是指战略性新兴产业

中的新兴企业、高校、研究院所等创新相关主体对科学研究与技术开发过程中所产生的可供转化的研究成果在后续试验、开发、研制、应用、生产等研发活动中所进行的知识对接、知识学习、知识共享、知识整合、知识创新，从而促进科技成果转化形成新产品、新材料、新工艺、新技术，直至实现商业化、产业化而获得预期收益的一系列知识管理活动的总和。将知识管理嵌入战略性新兴产业科技成果转化的战略管理，从知识创新、技术创新、市场创新联结和统一的高度，对战略性新兴产业科技成果转化战略进行总体谋划，不仅提高了战略性新兴产业科技成果转化管理的战略层次和水平，还强化了战略性新兴产业科技成果转化的战略管理功能。

4.3.2　战略性新兴产业科技成果转化知识管理运行的战略目标

战略性新兴产业科技成果转化知识管理运行体系的构建服从于战略性新兴产业科技成果转化的市场化、产业化总体目标，即根据成果转化预期市场绩效创建形成竞争优势所必需的核心竞争力以及集聚形成核心竞争力的核心知识资源。因此，构建战略性新兴产业科技成果转化知识管理运行体系的战略目标导向是实现科技成果转化战略的特有核心知识资源的获取。

核心知识是指那些有价值的（valuable）、稀有的（rare）、难以模仿的（inimitable）、不可代替（non-substitutable）的特质知识资源。与一般知识相比，核心知识隐性程度更高，更难通过显性化手段加以分离、沉淀。科技成果转化过程从本质上来说是一个获取核心知识的过程。核心知识能够创造科技成果转化的核心价值，是形成科技成果转化组织核心竞争力的资本，是形成竞争优势的源泉。

4.3.3　战略性新兴产业科技成果转化知识管理运行体系构成

本章以获取科技成果转化的特有核心知识为战略目标导向，以成果转化与知识管理运行过程的关键耦合域为重点，构建战略性新兴产业科技成果转化知识管理运行体系，包括知识对接、知识学习、知识共享、知识整合、知识创新五个运行子系统。其中，知识对接立足于知识盘点与获取，知识学习立足于知识吸收与深化，知识共享立足于存量知识挖掘，知识整合立足于知识集聚与集中，知识创新立足于增量知识开发。五个运行子系统通过断续耦合和连续耦合的方式，共同作用于科技成果转化运行过程，使转化组织有效获取特有核心知识，建立科技成果转化的竞争优势。战略性新兴产业科技成果转化知识管理运行体系的框架结构如图4.6所示。

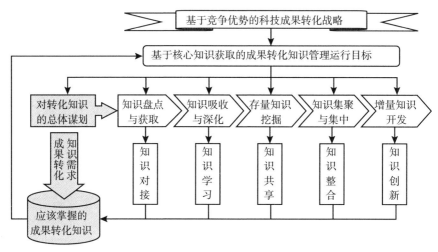

图4.6 战略性新兴产业科技成果转化知识管理运行体系框架结构

4.4 本章小结

本章首先阐明了战略性新兴产业科技成果转化与知识管理的内涵和运行结构，在此基础上对两者基于目标、要素和过程的耦合关系进行了深入研究，提出科技成果转化与知识管理运行过程的关键耦合域，据此构建战略性新兴产业科技成果转化知识管理运行体系框架结构，具体包括知识对接、知识学习、知识共享、知识整合、知识创新五个运行子系统。

第5章 战略性新兴产业科技成果转化的知识对接

5.1 战略性新兴产业科技成果转化知识对接的内涵与功能

5.1.1 战略性新兴产业科技成果转化知识对接的内涵

战略性新兴产业中新兴企业、高校、研究院所等高新技术拥有方与成果受让方之间进行洽谈、协调,最终达成协议,并以法定的合同契约形式实现技术成果的转移、转让的目标,其过程就是科技成果转化的成果转让对接过程,该过程本质上是知识的转让对接,即伴随成果的转让对接活动,蕴含于科技成果中的战略性知识在成果拥有方与成果受让方之间进行转让对接,知识对接的效果反映着技术成果的转移情况,也直接决定了科技成果转化的成败。

综上所述,战略性新兴产业科技成果转化知识对接的内涵可以界定为:在战略性新兴产业中高新技术的转移、转让活动中,由产、学、研等创新相关主体执行的一系列知识对接活动,包括供需双方在成果水平、应用前景、转化投入、应用条件、应用环境、预期效果等知识方面取得共识;根据成果拥有方提供的成果源知识满足成果转化需求的程度、受让方对成果源知识的吸收能力以及后续开发阶段实现成果转化的知识创新能力等作出判断，这种供需双方在成果转化知识匹配度、成果转化知识消化吸收能力和知识创新能力的预期估价、分析判断和达成共识的过程，就是科技成果转化的知识对接。

5.1.2 战略性新兴产业科技成果转化知识对接的目标与功能

战略性新兴产业科技成果转化知识对接的目标，就是要在科技成果拥有方与受让方之间进行科技成果转移、转让的过程中，同时实现知识的有效连接，旨在为成果转移后的后续实验试制、生产制造、市场化运作奠定坚实的基础，最终提高战略性新兴产业科技成果转化全过程的效率。

根据以上目标，战略性新兴产业科技成果转化知识对接的功能主要是：

（1）联系功能。知识对接是科技成果转化双方沟通和联系的起点，战略性新兴产业科技成果转化过程涉足异质性的多个系统，信息和知识在政府、企业、高校、科研院所之间流动，通过知识对接，可以促进战略性新兴产业科技成果转化过程中多元知识在多主体间的交流和融合，形成一个互通互助的信息网络和知识平台，激活各主体的信息存量与知识存量，促进战略性新兴产业科技成果转化。

（2）提升功能。通过知识对接，可以使成果拥有方根据成果转化的知识需求，有针对性地进行显性知识的转移和隐性知识的传授，弥补成果转化企业的知识缺口，提高成果受让方的知识吸收能力，进而提升其技术系统能力，实现战略性新兴产业科技成果的转化。

（3）扩散功能。战略性新兴产业科技成果转化的成果源多属于高、精、尖的技术范畴，集中于战略性新兴产业所属的科研院所、高校等，由于体制机制的原因，很多有价值的成果都被"束之高阁"，知识对接有利于战略性新兴产业科技成果的技术扩散，通过知识的转移和转化体现和挖掘科技成果的内在价值，有效推进科技成果转化。

5.2　战略性新兴产业科技成果转化知识对接的机理

5.2.1　战略性新兴产业科技成果转化知识对接的动因

5.2.1.1　知识势差是科技成果转化知识对接的起因

知识势差是知识主体之间知识势能的差距，可借用物理学中势能的概念来定义知识势差，它是知识流产生的根本原因（刘云和程旖婕，2018；克里斯托弗·霍尔斯佩尔和辛格，2001）。决定知识势能的要素有：知识存量势、知识质量势、知识结构势。知识势差就是知识主体之间知识势能的差距，正是因为知识势差的存在，知识才会从知识势能高的主体向知识势能低的主体转移。知识势差如图 5.1 所示。

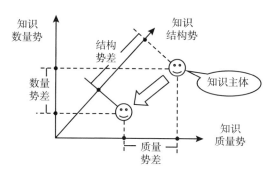

图5.1　知识势差

战略性新兴产业科技成果转化主体之间存在着明显的知识势差，这是战略性新兴产业科技成果转化知识对接的成因。科技成果拥有方通常是科研院所、高校或者企业的研发部门，而成果受让方通常是企业，这两类主体在科技成果转化链条中居于不同的位置。科研院所和高校属于技术创新的发源地，掌握着科技成果的核心技术，知识存量丰富，隐性知识多于显性知识，尤其是研发人员设计过程中的技能、诀窍等经验类隐性知识对于科技成果转化是否成功起着至关重要的作用；企业是科技成果的产业化基地，其优势在于生产能力与市场开拓能力，对于科技成果研发则能力有限。因此，战略性新兴产业科研院所、高校等研发机构与生产企业之间的知识势差形成了知识流，后者成为转化组织间进行知识对接的客观成因。

5.2.1.2 基于知识溢出的科技成果转化知识对接的外在动因

知识是一种非排他性的公共物品，其本身的稀缺性、流动性和扩散性决定了知识一经产生就会很快向多个方向发散，使更多的需求者得到它，从而产生"溢出效应"（米格尔·基伦和罗杰斯·马克，2004；吴松强等，2022）。知识本身的这种溢出性使得知识拥有者无法垄断知识，即使申请了知识产权保护，也只是建立了暂时性的壁垒，其他企业通过模仿或者自主研发都可能赶超知识拥有者。

基于知识溢出效应，科技成果拥有方为实现知识的瞬时最高价值的动因推动他们积极寻找成果接受方并与之积极地进行知识对接，使其在技术仍处于领先地位时获取研发费用的补偿，进而推动科技成果向产业化的转化中实现技术扩散，扩大科技成果转化的经济效益和社会效益，并给转让方带来相应的利益。

5.2.1.3 知识需求是科技成果转化知识对接的直接内在动因

（1）科技成果转化知识对接的直接内在动因的形成。科技成果转化的内在动力是成果受让方的知识需求。知识需求产生于科技成果转化的知识依赖，从本质上表现为实现产业化对核心知识的依赖，具体表现为科技成果转化过程解决了关键问题对知识的依赖。待解决的关键问题激发了成果受让方的知识需求，引导并促进科技成果转化主体间的知识对接。

（2）科技成果转化知识对接直接内在动因的表现形式。①战略性新兴产业成果转化实验试制阶段关键知识需求。此阶段成果受让方的知识需求主要是原理知识中的核心技术知识。原理知识可分成两类：高度抽象的理论知识、由原理衍生出来的关键技术知识，前者作为基础研究的成果，后者往往被称为核心技术知识（王辉坡，2007）。例如，科学家虽已得知核聚变的基本原理，但是，掌握该理论的研发机构尚没有能力进行受控核聚变。这主要是因为进行核聚变需要的苛刻的高温热核反应和耐高温材料，为实现核聚变的可控性，还需要进行漫长的、艰巨的核心技术知识的探索和实践。

②战略性新兴产业成果转化生产阶段关键知识需求。此阶段成果受让方的知识需求主要是工艺知识，包括设备、工艺过程、生产组织的可行性知识和批量生产等管理知识。工艺可行性知识是指如何调整设备和改进工艺以实现批量生产的知识，组织管理知识是指降低成本、提高质量、缩短生产周期的知识。

③战略性新兴产业科技成果转化市场推广阶段关键知识需求。此阶段成果受让方的知识需求主要是市场知识，即那些能够让产品更符合市场和消费者需求的知识，具体包括目标市场、客户关系、竞争策略、宏观环境等知识，还包括战略性新兴产业科技成果转化的政策法规、标准、知识产权制度以及行业信息等知识。

战略性新兴产业科技成果转化的知识需求如图 5.2 所示。

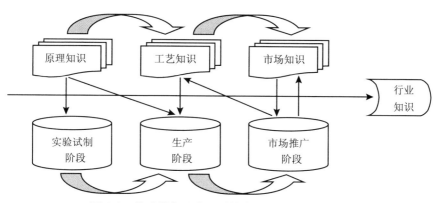

图 5.2　战略性新兴产业科技成果转化的知识需求

5.2.1.4　基于双重利益驱动模型的科技成果转化知识对接的根本动因

在战略性新兴产业科技成果转化知识对接中，知识提供方和知识接受方的态度、意愿和动力决定知识对接的效率和效果，而其根本动因在于知识对接双方的利益驱动。这种利益驱动具有双重性，既包括经济效益、社会效益等显性利益驱动，又包括知识扩散效益、知识能力提升等隐性利益驱动。具体表现为：一是知识提供方获取成果研发利益驱动和实现技术知识扩散效应驱动；二是知识接收方获取成果转化经济效益驱动和提高技术知识吸收能力驱动。战略性新兴产业科技成果转化知识对接的双重利益驱动模型如图 5.3 所示。

图 5.3　战略性新兴产业科技成果转化知识对接的双重利益驱动模型

5.2.2　基于不同转化方式的知识对接特征比较

5.2.2.1　战略性新兴产业科技成果转化方式类型

基于成果转让方与受让方关系的视角，科技成果转化方式主要有（常旭华，2018；刘希宋等，2009）：

①转让转化方式，是指成果拥有方以一定价格将科技成果出售给成果接受方，由成果接受方单独实施高新技术的产业化工作。

②合作转化方式，是指成果拥有方以技术入股形式与成果接受方合作，合作企业对成果转化产品实行独立核算，成果拥有方按合同规定的比例获得相应收入的科技成果产业化模式。

③自行转化方式，是指成果拥有方自己创造条件使科技成果产业化的转化方式。成果拥有方从技术开发、研制到产业化形成一条龙，科技成果转化过程中的风险和利润均由成果拥有方独自承担和享受。

5.2.2.2 不同转化方式下知识对接特征比较

本书从转让转化、合作转化、自行转化的视角对知识对接的主体联结关系、收益、风险、优势诸多方面进行比较，如表5.1 所示。

表 5.1　　　　　　不同科技成果转化方式下知识对接特征比较

特征	转化方式		
	转让转化	合作转化	自行转化
知识对接的主体联结关系	成果拥有方与受让方进行知识对接后，成果受让方独自转化	成果拥有方与受让方进行知识对接后，双方共同实行转化	成果拥有方研发部门与生产、市场部门进行知识对接后转化
知识对接程度	成果拥有方的技术成果知识是一次性彻底移交	成果拥有方可以将全部技术知识移交成果接受方，也可保留一部分核心技术知识，但要保证试制与生产的正常进行	成果拥有者从技术开发、研制到产业化形成一条龙，属于组织内部的知识对接
知识对接收益	成果拥有方获取一次性成果转让费，除弥补研发成本外，还有一定盈利	成果拥有方按成果转化产品利润或销售收入比例提成；合作开始将获得一定的技术入门费	成果拥有方即转化方，直接获得科技成果转化的全部经济利润
知识对接风险	成果受让方在成果转让后独自完成成果源知识消化吸收和后续研发的知识创新，风险较大	成果转化合作双方分担后续试制、生产阶段的知识创新，风险相对较小	成果拥有方独自承担从研发、生产到产业化的知识获取与创新，风险较大
知识对接优势	成果移交比较彻底；成果受让方转化的知识管理活动组织比较单纯，不受成果拥有方制约	成果接受方利用现有知识资源，实际投入一般较小；成果接受方负责经营管理，有利于生产管理和市场知识整合	对生产和消费知识直接反馈以进一步完善产品性能知识，不断开发适销对路的新产品
知识对接难点	成果转化后续试制、产品开发知识管理由受让方单独进行，难度很大	成果转化的后续产品开发知识需求得不到充分保证；技术知识移交程度与保证成果受让方的知识需求很难协调	研发人员精力有限，且缺乏市场知识、融资知识等支持，实现产业化难度较大
知识对接性质	一次性对接	频繁性对接	连续性对接

5.2.3 战略性新兴产业科技成果转化知识对接过程模型

战略性新兴产业科技成果转化知识对接的过程就是从知识发送方到知识接受方的知识转移过程，其本质是知识供需双方的交互作用，主要包括知识联结化、内部化、社会化，三者交互作用后转化为知识接受方的隐性知识和显性知识，最终形成科技成果转化的核心知识，这一过程可用战略性新兴产业科技成果转化知识对接的转移过程模型表示，如图 5.4 所示。

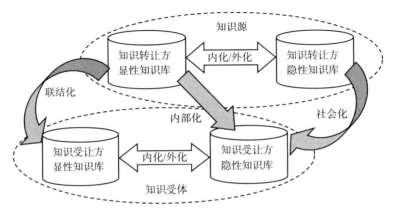

图 5.4 科技成果转化知识对接的转移过程模型

（1）联结化。联结化是将成果转让方的显性知识转化为成果受让方显性知识的过程。成果受让方从成果转让方引进科技成果后，需要将大量的文件、图片、音频、视频等显性知识资料重新排列组合，结合成果受让方已有的内部知识存量，明确自身知识缺口，有针对性地组织各种技术学习和专业培训。在试验试制阶段，成果受让方需要根据转让方提供的原理知识、关键技术知识的资料，结合自身对生产制造条件、应用环境的分析，形成试验样品设计的图纸、说明书、检验标准等技术文献；在批量生产阶段的工艺流程调整中，需将引进技术、设备的要求根据现有的工装、检具情况作出调整并形成新的作业指导书。总之，成果受让方应将引进的显性知识进行整合，形成符合自身需求的新的显性知识，在此基础上进行内部化，形成科技成果转化的核心知识。

（2）内部化。内部化是成果受让方将经过联结化的显性知识内化为组织员工隐性知识的过程。成果受让方将组织员工培训学习，针对成果转化方提供的显性知识进行消化吸收，快速将其转化为受让方员工的特有隐性知识。例如，哈尔滨动力设备股份有限公司在 600MW 机组技术引进中，消化三大主机产品图纸达 79163 张，计算机程序软件 285 个，翻译资料 3500 多万字，选派 403 名技术人员赴美国学习培训，掌握了该机组的工程化知识，实现了显性知识到隐性知识的转化，保证引进型 600MW 机组开发成功。又如，哈尔滨东安动力股份有限公司在引进先进技术的基础上实施"反求工程"，即根据设备说明书及技术资料，组织技术人员进行设备组装原理的研究和组装的实践，使其掌握相关性能和结构的隐性知识，为改进设备创造条件。可见，在显性知识引进的同时，成果受让方也获取了大量隐性知识，增加了组织的隐性知识存量。

（3）社会化。社会化是将成果转让方的隐性知识转化为成果受让方隐性知识的过程。成果对接的隐性知识蕴含在成果转让方提供的试验数据、样品、试验设备和试验流程中，或者隐含在成果转让方研发人员的设计经验、技术诀窍中，这些隐性知识是成果对接的无价之宝，成果受让方应积极推动知识社会化过程。科技成果转化知识对接的社会化方式主要有：一是成果受让方将其员工派驻到成果转让方进行实地学习，有利于掌握成果源蕴含的产品性能、结构的关键技术以及设备和工艺流程中的技巧等隐性知识；二是请成果转让方委派技术人员进行知识传授，通过转化双方技术人员一对一地"配对"交流，为隐性知识的对接创造有利条件；三是成果受让方的员工自身对成果源隐性知识的领悟，通过观察、模仿和实践领悟成果转让方的隐性技能和知识。综上所述，社会化过程将更直接地增加成果受让方的隐性知识存量。

5.3　战略性新兴产业科技成果转化知识对接的模式

本书按照知识载体的差异将战略性新兴产业科技成果转化知识对接模

式分为三类（刘希宋等，2009）：一是传导模式，即以与科技成果有关的产品设计图纸、设备使用说明、生产工艺标准等特定载体，对显性知识进行对接的模式；二是对流模式，即以科技成果、生产设备、研发人员等为不特定载体，对物化的隐性知识和经验类隐性知识进行对接的模式；三是辐射模式，即不需要物质载体，对组织、文化、制度、理念等认知类隐性知识进行对接的模式。战略性新兴产业科技成果转化知识对接是以上三类模式共同作用的结果，如图 5.5 所示。

传导、对流和辐射原本是热力学中的概念，是热传递实现的三种方式。其中，热传导是固体热传递的主要方式，由于大量分子、原子相互碰撞，使物体的内能从温度较高部分传至较低部分的过程；对流是液体和气体热传递的主要方式，是靠液体或气体的流动，使内能从温度较高部分传至较低部分的过程；热辐射是物体不依靠介质，直接将能量发射出来，传给其他物体的过程（孙兆刚，2005）。将这些概念移植到本书中，目的在于揭示战略性新兴产业科技成果转化双方知识对接的规律，通过知识对接促进科技成果对接，以提高战略性新兴产业科技成果转化效率和效果。

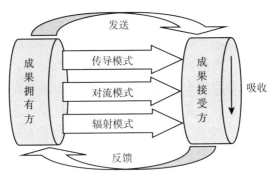

图 5.5　战略性新兴产业科技成果转化知识对接模式

5.3.1　战略性新兴产业科技成果转化知识对接的传导模式

热传导是固体热传递的主要方式，是指由于大量分子、原子相互碰撞，使热量从系统的一部分传到另一部分或由一个系统传到另一系统的现象。

在气体或液体中，热传导往往和对流同时发生。与辐射相比，热传导具有单向性。这里将科技成果转化知识对接过程与热传导相类比，是指有关科技成果本身的使用说明、操作规范、生产工艺、产品图纸等大量显性知识以文档、电子文件、幻灯片或视频等为载体，从成果转让方向受让方转移，也是一种使用权和转化权的转移。科技成果转化中显性知识的对接如同热传递一样，具有单向性，同时也在一定程度上提高了成果接受方的技术能力和技术潜力。

（1）转化合同约定传导。在战略性新兴产业科技成果转化过程中，一方面，转化双方在合同中应明确约定成果转让方需要提供哪些主要文字说明材料及附件，主要包括有关科技成果的性能、结构及使用说明、操作规范、生产工艺标准、产品设计图纸等；另一方面，成果受让方要授权专人（技术人员或高级管理人员）接收包含科技成果上述核心内容的文档资料，保证成果技术不外泄。可见转化合同约定传导模式就是实现"文档→文档""人→人"的知识对接。

（2）信息资源共享传导。在战略性新兴产业科技成果转化过程中，还有部分显性知识是科技成果说明材料中未说明但可以查阅到的背景知识，这部分知识需要成果接受方人员自己查询，如关于成果原理的基础理论知识或专业基础知识，可利用互联网等公共信息资源，书籍、报刊等公开发行和出版的刊物等资源获取。这是利用社会网络的庞大资源来辅助科技成果转化的显性知识对接。

5.3.2 战略性新兴产业科技成果转化知识对接的对流模式

对流是流体热传递的一种方式，指的是流体由于本身的宏观运动而使较热部分和较冷部分之间通过循环流动的方式相互作用，以达到温度趋于均匀的过程。对流传热是流体中质点发生相对位移而引起的热交换。这里将科技成果转化的知识对接过程与这种自然现象进行类比，是指知识对接使知识势能较高的组织与势能相对较低的组织之间进行知识转移与转化，人是对流模式中的"质点"，通过成果转让方研发人员、外部专家的流入和成果受让方技术人员与生产人员的流出产生交互作用，形成知识扩散，使知识对接成为可能。

在战略性新兴产业科技成果转化过程中，需要大量的产品性能与结构、制造工艺、装配技术、设备调试等方面的知识，而这些知识或者物化在生产设备、产品工艺流程中，或者蕴含在成果拥有方的生产技术人员的头脑中，形成技术诀窍和操作技巧等经验，要对这些物化的隐性知识以及经验类的隐性知识进行对接，具体通过"干中学"、示范效应和技术培训等方式来实现。

（1）"干中学"。"干中学"是指在实践过程中不断调整自身以适应多元的、变化的环境，获得创新能力的过程。在战略性新兴产业科技成果转化过程中，"干中学"是成果转化双方对物化在样品、生产设备和工艺流程中的隐性知识进行对接的有效途径。成果受让方的工程技术人员在成果转化的试验试制、生产制造、设备维修、零部件更换等过程中，摸索和探求蕴含在样品样机、生产设备和产品工艺流程中的隐性知识，使之转化为工程技术人员的技能类隐性知识。通过"干中学"，实现了成果转化双方以样品、样机、设备和工艺为媒介的知识对接。如果是合作研发共同转化的类型，还可以通过"研发中学"，即从成果研发阶段就开始探求合作单位研发人员关于产品设计、技能、诀窍等方面的知识，将成果转化双方知识对接界面前移，增加知识对接的深入性和全面性。

（2）示范。示范效应是指成果接受方在生产现场通过对成果拥有方技术人员的示范操作等过程的观察、模仿，获取物化在样品、样机、生产设备和工艺流程中的隐性知识。如奇瑞公司在发动机研发生产中，提出了"跟着学、跟着干、自己干"的发展步骤，派出26个人在奥地利与奥地利AVL公司研发技术人员共同工作一年多。前三个月，奇瑞公司人员研发能力成长很快，大概七八个月后，奇瑞公司已能够单独研制出主要的一款发动机。在与奥方技术人员共同工作的过程中，奇瑞公司人员积累了发动机的设计指南、数据库之类的知识。研发人员始终盯着产品，主要是获取其中的隐性知识和know-how，并将其成功内化为自身的知识，由此提升了奇瑞的技术能力。

（3）培训。在战略性新兴产业科技成果转化过程中，成果接受方可以通过与成果转让方达成培训协议，由成果转让方提供成果待开发产品性能及结构的基本知识培训、设备操作技能培训、生产管理培训、售后服务培训等方式，获取产品原理、设备操作技能、生产管理经验等隐性知识，实现科技成果转化隐性知识的间接对接。如果采用合作转化方式，成果受让方还可以通过外派人员到成果拥有方学习和参与研究等方式进行隐性知识的直接对接。

5.3.3 战略性新兴产业科技成果转化知识对接的辐射模式

热辐射是物体因自身温度而具有向外发射能量的能力，是热传递方式的一种。它有两个重要特点：一是不依靠媒质把热量直接从一个系统传给另一系统，它以电磁辐射形式发出能量，温度越高，辐射越强；二是对等性，即不论物体（气体）温度高低都向外辐射，甲乙两种物体可以相互辐射，具有双向性。这里将战略性新兴产业科技成果转化知识对接与热辐射相类比，是针对转化双方的组织、文化、制度、理念等认知类隐性知识而言。战略性新兴产业科技成果转化知识对接不足的一个重要原因就是人们把科技成果转化系统仅视为一种纯粹的商品交易和经济价值实现过程，而非一个动态的、运行着的社会与技术系统。在战略性新兴产业科技成果转化过程中，成果转化双方进行知识对接需要有相应的创新文化、人际关系、管理体制、价值观念、交流方式和评价标准，他们需要理解彼此的行为和表达方式，基于共同的背景进行交流。可见，成果转化双方组织、文化知识的对接是战略性新兴产业科技成果转化的基础和保障。

5.4 战略性新兴产业科技成果转化知识对接的障碍分析

5.4.1 战略性新兴产业科技成果转化知识对接的障碍因素

战略性新兴产业科技成果转化过程较为复杂，不仅涉及政府部门、企业、科研院所及高校、中介机构等多主体，还同时受产业机制、政策体系、市场需求等多方面影响，这些要素均可能对成果转化双方之间知识对接形成障碍。本书从知识对接主体、知识对接距离、对接知识本身、对接行业特殊性等方面对战略性新兴产业科技成果转化知识对接的障碍因素进行分析，如图 5.6 所示。

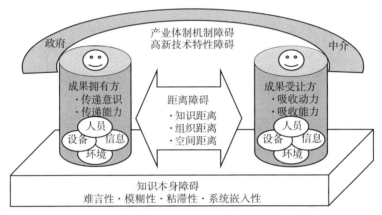

图 5.6　略性新兴产业科技成果转化的知识对接障碍

5.4.1.1　科技成果转化知识对接主体障碍

（1）政府部门障碍。政府部门起着宏观指引和战略导向作用，它对战略性新兴产业科技成果转化知识对接的障碍可能来源于科技成果转化战略方向不明确、知识管理意识淡薄、知识产权管理和保护体系不完善等方面。

（2）成果拥有方障碍。成果拥有方对战略性新兴产业科技成果转化知识对接的障碍可能来源于其表达能力或设计水平限制、提供知识的可靠性、成果转让过程中利益分配不均、不愿与成果受让方交流、对受让方抵触或不信任等方面。

（3）成果受让方障碍。成果受让方对战略性新兴产业科技成果转化知识对接的障碍可能来源于成果受让方知识吸收意识不强、对科技成果转化知识对接需求不明确、受让方的知识消化能力制约、缺乏知识学习能力、缺少知识加工整合能力等方面。此外，作为成果受让方知识吸收平台的技术系统，其人才素质、装备现代化水平、信息化水平都可能成为科技成果转化知识对接的障碍。

（4）中介组织障碍。中介组织对战略性新兴产业科技成果转化知识对接的障碍来源于技术市场信息流动不畅、中介机构知识理解偏差、中介效率低下导致知识价值自然消耗、中介对成果转化知识管理能力低下、中介职能单一等方面。

5.4.1.2 成果转化双方知识对接距离障碍

（1）技术势差。战略性新兴产业科技成果转化知识对接的技术势差障碍源于成果转化双方基础知识存量差异和技术知识结构差异。技术势差的关键是成果转化双方对该领域前沿显性知识积累的广度、深度、关联度的差距以及长期的思维模式、经验积累所形成的独特的隐性技术知识的差距，这在高新技术转化过程中都有明显体现。

（2）组织相容性。认知理论认为，主体在接受信息及知识过程中，知识转移双方主体之间认知结构吻合度越高，两者之间越容易沟通。因此，成果转化双方在认知结构上的差异性可能导致知识的不兼容。同样，成果转化双方在组织文化、组织结构等方面的差异也能影响转化双方知识对接的态度及相互信任关系，进而导致科技成果转化知识对接的障碍。

（3）空间距离。空间距离包括地理距离和科技成果转化方式两个方面。地理距离是指成果转化双方的实体距离，它影响了成果转化双方研发人员的接触频度和接触时间；转化方式的差异能够影响成果转让方和受让方人员交流的频度、深度和广度，进而影响双方知识对接的效果。

5.4.1.3 科技成果转化对接知识本身障碍

（1）显性知识对接障碍。成果转化初期显性知识从成果拥有方向成果受让方大规模转移，此时，知识对接的障碍源于科技成果转化协议不明晰或产权界定不清楚；转化过程中显性知识对接的障碍往往是成果转化双方的知识理解偏差问题、物质载体容易泄密等问题而导致。

（2）隐性知识对接障碍。战略性新兴产业科技成果转化中的隐性知识依附于科技成果转让方研发人员的经验、诀窍、技能、信念、心智模式和洞察力而存在，其系统嵌入性表现在对成果研发主体、研发过程和研发环境的依赖性，这在科技成果转化中必然会因主体转换和路径不同而形成障碍。因此，战略性新兴产业科技成果转化隐性知识对接的障碍主要来源于隐性知识难以表达、难以理解和掌握及研发主体依赖性、研发过程依赖性和研发环境依赖性等。

5.4.1.4 战略性新兴产业科技成果转化知识对接特质障碍

战略性新兴产业科技成果转化知识对接的特质障碍，一方面来源于战略性新兴产业科技成果特性制约，如高新技术的强异质性、高新技术的场景应用局限性；另一方面来源于产业机制体制问题，如供需匹配的科技体制不完善、供需双方高新技术标准差异性、供需双方的高新技术体系相对独立。

5.4.2 战略性新兴产业科技成果转化知识对接的事故树构建

5.4.2.1 事故树分析方法概述

事故树分析（fault tree analysis，FTA）也称故障树，是一种描述故障因果关系的有向逻辑"树"。它能对各种系统的故障进行辨识和评价，全面找出系统中潜在的各种故障因素及其相互关系和影响程度，从而预测系统的危险性或不稳定性，进而为采取最优安全措施和最佳控制手段提供决策借鉴。FTA作为安全分析评价、事故预测的一种先进的科学方法，不仅能分析出故障的直接原因，而且能深入揭示事故的潜在原因（刘宇等，2021）。FTA既适用于定性分析，又能进行定量分析，具有简明、形象化的特点，体现了以系统工程方法研究安全问题的系统性、准确性和预测性，已得到国内外的公认和广泛采用。

5.4.2.2 战略性新兴产业科技成果转化知识对接的事故树

根据战略性新兴产业科技成果转化知识对接障碍识别的结果，可得到其事故树图，如图5.7所示。其中，T称为顶事件，X称为底事件，其余事件为中间事件。事故树图中战略性新兴产业中高新技术成果转化知识对接的障碍事件如表5.2所示。

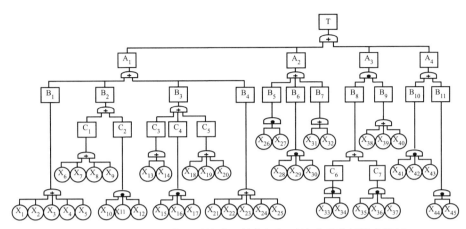

图 5.7　战略性新兴产业科技成果转化知识对接障碍分析的事故树

表 5.2　　　　　　　战略性新兴产业科技成果转化知识对接障碍事件说明

符号	事件	符号	事件
T	高新技术成果转化中知识无法对接	C_1	成果拥有方的传递意愿
A_1	高新技术成果转化知识对接主体障碍	C_2	成果拥有方的传递能力
A_2	高新技术成果转化双方知识对接距离障碍	C_3	成果受让方的吸收动力
A_3	高新技术成果转化知识对接本身障碍	C_4	成果受让方的吸收能力
A_4	高新技术成果转化知识对接特质障碍	C_5	成果受让方的技术系统
B_1	高新技术成果转化政府部门障碍	C_6	隐性知识的模糊性
B_2	高新技术成果转化成果拥有方障碍	C_7	隐性知识的系统嵌入性
B_3	高新技术成果转化成果受让方障碍	X_1	政府部门对科技成果转化工作重视不够
B_4	高新技术成果转化中介组织障碍	X_2	政府部门科技成果转化的战略方向不明确
B_5	高新技术成果转化双方技术势差	X_3	政府部门知识管理意识淡薄
B_6	高新技术成果转化双方组织相容性	X_4	政府部门尚未形成知识管理组织体系
B_7	高新技术成果转化双方空间距离	X_5	政府部门知识产权管理和保护体系不完善
B_8	高新技术成果转化隐性知识对接障碍	X_6	成果拥有方利益分配不均
B_9	高新技术成果转化显性知识对接障碍	X_7	成果拥有方无时间与受让方交流
B_{10}	高新技术特性制约	X_8	成果拥有方对受让方不信任或抵触
B_{11}	战略性新兴产业体制问题	X_9	成果拥有方的成果保护意识过强

符号	事件	符号	事件
X_{10}	成果拥有方设计水平限制	X_{28}	科技成果转化双方认知结构相容性差
X_{11}	成果拥有方提供的知识不能满足需求	X_{29}	科技成果转化双方组织文化差异较大
X_{12}	成果拥有方的传授和表达能力较弱	X_{30}	科技成果转化双方组织结构差异较大
X_{13}	成果受让方的知识吸收意识不强	X_{31}	科技成果转化双方的地理距离较远
X_{14}	成果受让方对知识对接需求不明确	X_{32}	科技成果转化方式不利于知识对接
X_{15}	成果受让方的知识消化能力制约	X_{33}	隐性知识难以表达
X_{16}	成果受让方缺乏知识学习能力	X_{34}	隐性知识难以理解
X_{17}	成果受让方缺少知识加工整合能力	X_{35}	隐性知识对研发主体的依赖性
X_{18}	成果受让方技术人才素质制约	X_{36}	隐性知识对研发过程的依赖性
X_{19}	成果受让方装备现代化水平制约	X_{37}	隐性知识对研发环境的依赖性
X_{20}	成果受让方组织信息化水平制约	X_{38}	显性知识的产权保护问题
X_{21}	技术市场信息流动不畅	X_{39}	显性知识的理解偏差问题
X_{22}	中介服务机构知识理解偏差	X_{40}	显性知识的物质载体容易泄密
X_{23}	中介效率低下导致知识价值自然消耗	X_{41}	高新技术的强异质性制约
X_{24}	中介对成果转化知识的管理能力低下	X_{42}	高新技术的场景应用局限性
X_{25}	中介职能仅限于中介咨询和代理服务	X_{43}	供需匹配的科技体制不完善
X_{26}	科技成果转化双方基础知识存量差异大	X_{44}	供需双方高新技术标准差异性
X_{27}	科技成果转化双方技术知识结构差异大	X_{45}	供需双方的高新技术体系相对独立

用布尔代数法求解战略性新兴产业科技成果转化知识对接的事故树最小割集，可得以下化简结果，如式（5－1）所示。

$$T = A_1 + A_2 + A_3 + A_4 = (B_1 + B_2 + B_3 + B_4) + (B_5 + B_6 + B_7) + (B_8 B_9) + (B_{10} + B_{11})$$

$$= (X_1 + X_2 + X_3 + X_4 + X_5) + (X_6 + X_7 + X_8 + X_9 + X_{10} X_{11} X_{12})$$

$$+ (X_{13} + X_{14} + X_{15} X_{16} X_{17} + X_{18} + X_{19} + X_{20}) + (X_{21} + X_{22} + X_{23} + X_{24} + X_{25})$$

$$+ (X_{26} X_{27} + X_{28} X_{29} X_{30} + X_{31} + X_{32}) + (X_{33} X_{34} X_{38} + X_{33} X_{34} X_{39} + X_{33} X_{34} X_{40}$$

$$+ X_{35} X_{36} X_{37} X_{38} + X_{35} X_{36} X_{37} X_{39} + X_{35} X_{36} X_{37} X_{40}) + (X_{41} X_{42} X_{43} + X_{44} X_{45})$$

$$(5-1)$$

由此可知，事故树最小割集总数为 33 个，其中，一阶最小割集为 21

个，二阶最小割集为 2 个，三阶最小割集为 7 个，四阶最小割集为 3 个。

5.4.3 战略性新兴产业科技成果转化知识对接的事故树分析

5.4.3.1 结构重要度分析

结构重要度分析是从事故树结构上分析各底事件的重要程度，即在不考虑各底事件的发生概率，或者说假定各底事件的发生概率都相等的情况下，分析各底事件的发生对顶事件发生所产生的影响程度（刘贵文，2020）。结构重要度用符号 $I_\varphi(i)$ 表示，其计算方法如式（5-2）所示。

$$I_\varphi(i) = 1 - \prod_{X_i \in K_j} \left(1 - \frac{1}{2^{n_i - 1}}\right) \qquad (5-2)$$

其中，$I_\varphi(i)$ 表示第 i 个底事件的结构重要度；$X_i \in K_j$ 表示底事件 X_i 属于最小割集 K_j；n_i 表示第 i 个底事件所在的最小割集的底事件总数。

利用式（5-2）对战略性新兴产业科技成果转化知识对接障碍的事故树进行结构重要度分析，得到知识对接各障碍因素的结构重要度系数如下：

$$I_\varphi(1) = I_\varphi(2) = I_\varphi(3) = I_\varphi(4) = I_\varphi(5) = I_\varphi(6) = I_\varphi(7) = I_\varphi(8) = I_\varphi(9)$$
$$= I_\varphi(13) = I_\varphi(14) = I_\varphi(18) = I_\varphi(19) = I_\varphi(20) = I_\varphi(21) = I_\varphi(22) = I_\varphi(23)$$
$$= I_\varphi(24) = I_\varphi(25) = I_\varphi(31) = I_\varphi(32) = 1 - (1 - 1/(2^1 - 1))^1 = 1$$
$$I_\varphi(10) = I_\varphi(11) = I_\varphi(12) = I_\varphi(15) = I_\varphi(16) = I_\varphi(17) = I_\varphi(28) = I_\varphi(29)$$
$$= I_\varphi(30) = I_\varphi(41) = I_\varphi(42) = I_\varphi(43) = 1 - (1 - 1/(2^3 - 1))^1 = 0.1429$$
$$I_\varphi(26) = I_\varphi(27) = I_\varphi(44) = I_\varphi(45) = 1 - (1 - 1/(2^2 - 1))^1 = 0.3333$$
$$I_\varphi(33) = I_\varphi(34) = 1 - (1 - 1/(2^3 - 1))^3 = 0.3703$$
$$I_\varphi(35) = I_\varphi(36) = I_\varphi(37) = 1 - (1 - 1/(2^4 - 1))^3 = 0.1870$$
$$I_\varphi(38) = I_\varphi(39) = I_\varphi(40) = 1 - (1 - 1/(2^3 - 1))^1(1 - 1/(2^4 - 1))^1 = 0.2$$

对科技成果转化知识对接事故树的各底事件结构重要度系数排序为：

$$I_\varphi(1) = I_\varphi(2) = I_\varphi(3) = I_\varphi(4) = I_\varphi(5) = I_\varphi(6) = I_\varphi(7) = I_\varphi(8) = I_\varphi(9)$$
$$= I_\varphi(13) = I_\varphi(14) = I_\varphi(18) = I_\varphi(19) = I_\varphi(20) = I_\varphi(21) = I_\varphi(22) = I_\varphi(23)$$
$$= I_\varphi(24) = I_\varphi(25) = I_\varphi(31) = I_\varphi(32) > I_\varphi(33) = I_\varphi(34)$$
$$> I_\varphi(26) = I_\varphi(27) = I_\varphi(44) = I_\varphi(45) > I_\varphi(38) = I_\varphi(39) = I_\varphi(40)$$

$$> I_{\varphi}(35) = I_{\varphi}(36) = I_{\varphi}(37) > I_{\varphi}(10) = I_{\varphi}(11) = I_{\varphi}(12) = I_{\varphi}(15) = I_{\varphi}(16)$$

$$= I_{\varphi}(17) = I_{\varphi}(28) = I_{\varphi}(29) = I_{\varphi}(30) = I_{\varphi}(41) = I_{\varphi}(42) = I_{\varphi}(43)$$

由结果可见，底事件 $X_1 \sim x_9$、X_{13}、X_{14}、$X_{18} \sim X_{25}$、X_{31}、X_{32} 的结构重要度最大，其次为 X_{33}、X_{34}、X_{26}、X_{27}、X_{44}、X_{45}。因此，在科技成果转化的知识对接中，战略性新兴产业科技成果转化的政府部门障碍、中介组织障碍、转化双方空间距离以及成果拥有方的传递意愿、成果受让方的吸收动力和技术系统障碍的结构重要度最高；隐性知识的模糊性、转化双方技术势差和战略性新兴产业体制问题仅次之。

5.4.3.2 概率重要度分析

将战略性新兴产业科技成果转化知识对接障碍事件发生的可能性程度分为"可能性很大、可能性较大、可能性一般、可能性较小、可能性很小"五个等级。依据《中国十大高新技术企业排行榜》，选取 6 家代表性高新技术企业，并从中聘请 6 名资深管理者，选取两所国内知名高校并从中聘请两名资深专家，选取两所国内知名研究院所并从中聘请两名资深专家，聘请 1 名政府资深工作人员，共 10 位资深专家，通过调查问卷的方式请其判断并给出各障碍事件发生的可能性程度。本书对专家调查结果进行统计，如表 5.3 所示。

顶事件发生的概率函数 g 是底事件发生概率 q_i 的多元线性函数，将多元函数的偏导数定义为概率重要度，反映其发生概率对最小割集中其他事件发生概率的敏感性。在事故树分析中，通过底事件概率重要度的大小就能够得出战略性新兴产业科技成果转化知识对接对某一障碍发生的敏感程度。

概率敏感度用 $I_g(i)$ 表示，设 $g = p(T)$、$q_i = p(X_i)$，计算方法如下：

$$I_g(i) = \partial p(T) / \partial p(X_i) \tag{5-3}$$

上述专家调查结果是以障碍事件发生的可能性程度表示，引入六西格玛管理理念，将"可能性很大、可能性较大、可能性一般、可能性较小、可能性很小"五个等级分别与西格玛水平 0.0668（3σ）、0.00621（4σ）、0.00023（5σ）、0.000032（5.5σ）、0.0000034（6σ）的五个标准依次对应，对专家调查结果进行加权平均，如式（5-4）所示。

$$p(X_i) = \sum_{j=1}^{5} n_{ij} \cdot S_j / 10 \qquad (5-4)$$

依据式（5-1）、式（5-3）、式（5-4），根据表5.3中专家调查结果可以计算出战略性新兴产业科技成果转化知识对接障碍的事故树中45个底事件的概率重要度。

表5.3　　　　　　　障碍事件发生可能性专家调查结果

障碍事件	可能性很大	可能性较大	可能性一般	可能性较小	可能性很小	障碍事件	可能性很大	可能性较大	可能性一般	可能性较小	可能性很小
X_1	5	0	1	0	4	X_{24}	0	1	8	1	0
X_2	1	0	1	7	1	X_{25}	0	7	3	0	0
X_3	0	0	1	7	2	X_{26}	0	6	3	1	0
X_4	0	6	4	0	0	X_{27}	0	4	5	1	0
X_5	0	8	2	0	0	X_{28}	0	9	1	0	0
X_6	5	1	1	1	2	X_{29}	0	2	8	0	0
X_7	5	0	0	0	5	X_{30}	0	0	8	2	0
X_8	8	0	0	0	2	X_{31}	0	0	6	3	1
X_9	0	1	8	1	0	X_{32}	1	0	2	2	5
X_{10}	0	0	4	6	0	X_{33}	0	4	4	1	1
X_{11}	0	0	3	6	1	X_{34}	0	2	3	5	0
X_{12}	0	0	9	1	0	X_{35}	0	4	3	3	0
X_{13}	0	2	6	2	0	X_{36}	0	0	3	7	0
X_{14}	0	9	1	0	0	X_{37}	0	0	2	8	0
X_{15}	0	7	2	1	0	X_{38}	0	0	0	0	10
X_{16}	0	9	1	0	0	X_{39}	3	0	0	2	5
X_{17}	0	2	5	3	0	X_{40}	0	2	2	6	0
X_{18}	0	4	5	1	0	X_{41}	0	9	1	0	0
X_{19}	0	8	1	1	0	X_{42}	0	7	3	0	0
X_{20}	0	10	0	0	0	X_{43}	0	4	6	0	0
X_{21}	0	2	3	5	0	X_{44}	0	6	2	1	1
X_{22}	0	1	3	5	1	X_{45}	0	1	2	6	1
X_{23}	0	0	1	8	1						

$$I_g(1) = I_g(2) = I_g(3) = I_g(4) = I_g(5) = I_g(6) = I_g(7) = I_g(8) = I_g(9)$$

$$= I_g(13) = I_g(14) = I_g(18) = I_g(19) = I_g(20) = I_g(21) = I_g(22) = I_g(23)$$

$$= I_g(24) = I_g(25) = I_g(31) = I_g(32) = 1$$

$$I_g(10) = 1.125e - 05, \quad I_g(11) = 1.471e - 05, \quad I_g(12) = 5.255e - 06$$

$$I_g(15) = 1.004e - 03, \quad I_g(16) = 7.940e - 04, \quad I_g(17) = 2.917e - 03$$

$$I_g(26) = 2.985e - 02, \quad I_g(27) = 4.197e - 02, \quad I_g(28) = 9.190e - 05$$

$$I_g(29) = 3.046e - 04, \quad I_g(30) = 1.113e - 03$$

$$I_g(33) = 2.275e - 04, \quad I_g(34) = 4.336e - 04, \quad I_g(35) = 4.282e - 08$$

$$I_g(36) = 6.061e - 07, \quad I_g(37) = 8.603e - 07$$

$$I_g(38) = I_g(39) = I_g(40) = 8.270e - 08$$

$$I_g(41) = 1.480e - 03, \quad I_g(42) = 1.849e - 03, \quad I_g(43) = 2.953e - 03$$

$$I_g(44) = 8.063e - 03, \quad I_g(45) = 4.135e - 02$$

根据结果比较，底事件 $X_1 \sim X_9$、X_{13}、X_{14}、$X_{18} \sim X_{25}$、X_{31}、X_{32} 的概率重要度最大，即在战略性新兴产业科技成果转化知识对接的障碍因素中，其概率敏感性最强。重要度次之的分别为 X_{27}、X_{45}、X_{26}、X_{44} 等障碍因素。可见，概率重要度分析结果与结构重要度分析结果基本一致。

5.4.3.3 临界重要度分析

临界重要度的含义为导致顶上事件发生概率的变化率与底事件发生概率的变化率之比，用符号 $I_c(i)$ 表示。临界重要度能从敏感度与概率双重视角反映各底事件的重要度，由此得到的战略性新兴产业科技成果转化知识对接障碍因素及其互相影响关系能反映该事故树的本质。计算临界重要度如式（5-5）所示。

$$I_c(i) = [\partial p(T)/p(T)]/[\partial p(X_i)/p(X_i)] = I_g(i) \times p(X_i)/p(T)$$

$$(5-5)$$

依据式（5-1）可以得到顶上事件 T 的概率为 0.439。由此可知，在战略性新兴产业科技成果转化过程中知识对接障碍形成的概率非常高，达到了 43.9%。因此，需要进一步挖掘知识对接的障碍根源，才能有针对性地建设战略性新兴产业科技成果转化知识对接的通道。根据式（5-5）可以计算战略性新兴产业科技成果转化知识对接障碍的事故树中各底事件的临界重要度，如表5.4所示。

表5.4　　　　　战略性新兴产业成果转化知识对接障碍的临界重要度

X_i	$I_c(i)$	X_i	$I_c(i)$	X_i	$I_c(i)$	X_i	$I_c(i)$	X_i	$I_c(i)$
X_1	1.448E−03	X_{10}	6.717E−08	X_{19}	1.232E−01	X_{28}	1.271E−05	X_{37}	2.794E−09
X_2	1.789E−03	X_{11}	6.717E−08	X_{20}	1.522E−01	X_{29}	1.271E−05	X_{38}	6.028E−12
X_3	1.796E−03	X_{12}	6.717E−08	X_{21}	3.494E−02	X_{30}	1.271E−05	X_{39}	1.187E−11
X_4	9.695E−02	X_{13}	3.902E−02	X_{22}	1.973E−02	X_{31}	8.651E−03	X_{40}	2.776E−09
X_5	1.246E−01	X_{14}	1.384E−01	X_{23}	1.841E−03	X_{32}	2.971E−03	X_{41}	2.048E−04
X_6	1.670E−02	X_{15}	1.099E−04	X_{24}	2.658E−02	X_{33}	1.515E−05	X_{42}	2.048E−04
X_7	4.032E−05	X_{16}	1.099E−04	X_{25}	1.108E−01	X_{34}	1.515E−05	X_{43}	2.048E−04
X_8	2.077E−05	X_{17}	1.099E−04	X_{26}	2.853E−02	X_{35}	2.794E−09	X_{44}	7.594E−04
X_9	2.658E−02	X_{18}	6.799E−02	X_{27}	2.853E−03	X_{36}	2.794E−09	X_{45}	7.594E−04

通过对战略性新兴产业成果转化知识对接障碍的临界重要度进行排序，得到以下结论。

（1）成果受让方的技术系统制约是战略性新兴产业科技成果转化知识对接的关键障碍。由于战略性新兴产业科技成果的尖端性和前沿性，必然要求成果受让方具有高水平的技术系统才能完成科技成果转化任务。因此，应增加资金投入以提高成果受让方组织的信息化水平、装备现代化水平，同时还要重视技术人才的引进。

（2）成果受让方的吸收动力是战略性新兴产业科技成果转化知识对接无法顺利实施的原因之一。成果受让方的态度与积极性直接影响着科技成果转化知识对接的深度、广度及效率。因此，在知识对接之初，就要明确成果受让方的知识需求，增强其吸收意识，充分发挥其主导作用。

（3）战略性新兴产业科技成果转化政府部门障碍是知识对接过程中不可忽视的影响要素。战略性新兴产业科技成果转化具有明显的政策引导性，政府部门应重点加强知识产权保护力度，构建科技成果转化的知识管理运行体系，为科技成果转化的知识对接提供有力的政策支撑和环境保障。

（4）科技成果转化中介组织障碍是战略性新兴产业科技成果转化知识

对接的主要障碍之一。目前，中介职能仅集中于中介咨询与代理服务，随着战略性新兴产业科技成果转化体系的建立，应广泛延伸和扩展中介机构职能，为转化双方提供跟踪式的服务；同时，应加强中介机构自身知识管理能力，避免在知识传递中的理解偏差。

5.5　本章小结

本章首先介绍了战略性新兴产业科技成果转化知识对接的内涵、目标与功能，揭示了科技成果转化知识对接的动因、特征，提出了科技成果转化知识对接的过程模型，在此基础上，建立了科技成果转化知识对接的传导模式、对流模式、辐射模式；运用事故树分析法对战略性新兴产业科技成果转化知识对接的障碍进行分析，为提高战略性新兴产业科技成果转化知识对接效率提供了客观依据。

第6章 战略性新兴产业科技成果转化的知识学习

6.1 战略性新兴产业科技成果转化知识学习的内涵与目标

6.1.1 战略性新兴产业科技成果转化知识学习的内涵

战略性新兴产业科技成果转化知识学习的内涵可以概括为：战略性新兴产业中高新技术企业、高校、科研院所及中介机构等创新主体为建立科技成果转化的竞争优势，通过转化组织或个人，利用各种途径和方式，充分汲取组织内部知识，广泛搜寻组织外部知识，通过对内外知识的获取、吸收、记忆与利用，增强组织及个人的知识创新能力，以适应组织内外环境的变化，有效提高科技成果转化效率的活动。可见，知识学习是个人学习与组织学习、内部学习与外部学习的交叉融合，在科技成果转化过程中，知识学习体现为通过获取成果转化核心知识提升组织核心竞争力的动态过程。知识学习体系如图6.1所示。

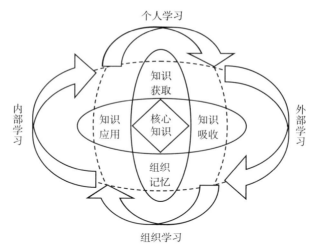

图6.1　战略性新兴产业科技成果转化知识学习体系构成

6.1.2　战略性新兴产业科技成果转化知识学习的特征

战略性新兴产业科技成果转化知识学习的特征分别体现为学习源、学习内容、学习主体、学习层次四个维度的多重性，如图6.2所示。

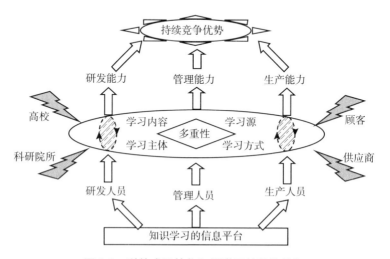

图6.2　科技成果转化知识学习的行为特征

（1）学习源的多重性体现为内部学习源和外部学习源：前者包括研发、生产、市场、管理等职能部门以及数据库、专家库、知识库等信息平台提供的知识等；后者包括高校、科研院所、顾客、供应商等机构或群体以及网络等公共资源提供的信息与知识，具有获取成本较高和知识异质性高的特点。

（2）学习内容的多重性体现在原理知识、技能知识、工艺知识、管理知识、市场知识等方面，以满足科技成果转化过程中多元化的知识需求。其中的关键稀缺知识决定着科技成果转化组织能否获取竞争优势。

（3）学习主体的多重性体现为个体学习、团队学习和组织学习。这三者并非简单逐级叠加的关系，而是能够产生非线性集聚效应，实现 $1+1>2$ 的目标。在战略性新兴产业科技成果转化的实践过程中，个人同团队、组织复合而成的社会网络才是知识学习的真正主体。

（4）学习层次的多重性体现为战略层次、战术层次和操作层次。战略层次的知识学习要与科技成果转化组织的战略方向有机结合，从长远视角为组织未来发展提供知识储备和支撑；战术层次的知识学习应着眼于科技成果转化目标，有针对性地满足科技成果转化项目的知识需求；操作层次的知识学习应更多地关注学习方式、学习过程等具体行为。

6.1.3 战略性新兴产业科技成果转化知识学习的目标

（1）获取科技成果转化的持续竞争优势。科技成果转化的过程也是科技成果转化组织不断赢得竞争优势的过程。而知识是竞争优势的源泉。如果把组织比喻为有机体，那么决定其生命力的支配力量则是组织学习基因的遗传和变异。当外部环境发生变化或存在随机涨落时，组织学习基因就会发生支配性作用，使组织战略、组织结构、文化、制度、管理和人员发生适应性变化，从而推动组织形成新的有序结构。组织既可以通过学习基因的遗传和变异从组织内外汲取新知识，进行知识创新，又能够借助其支配力量提高组织的环境适应能力。

（2）增加科技成果转化组织知识存量。组织知识学习是个人知识学习产生累积效应后发生的涌现行为，是组织知识由量的累积向知识结构优化转变的升华。组织知识学习具有马太效应，组织知识存量又决定了组织未来的知识学习能力与知识创新能力，此时，组织知识存量是组织知识"发酵"的"菌株"，通过组织的自组织融合转化过程孕育出一片组织知识的"绿洲"。即组织学习过程存在着一个超循环，组织知识学习能力与组织知识存量通过正反馈机制互相催化，最终表现为科技成果转化组织知识库的内涵式超速发展。

（3）提升科技成果转化组织人员素质。科技成果转化的组织学习具有全员性、全程性的特点，即要求所有转化人员在科技成果转化的各个环节积极参与，转化实践为转化人员的知识学习提供了动力与目标。转化人员通过在转化实践中的观察性学习和活动性学习，提高工作技能，提升知识价值转化的能力；转化人员以解决转化难题为契机进行符号性学习，提高个人知识文化素养，优化个人专业知识结构。这种知识量与知识结构既是个人学习和积累的结果，又是后续学习的基础和出发点。

6.2 战略性新兴产业科技成果转化的知识学习机理

乔治·休伯（1991）认为组织学习是一个经历信息获取（acquisition）、信息分发（dissemination）、共同解释（interpretation）三个阶段，最终通过组织记忆（retention）进行知识信息贮存，并在需要时对知识信息重新提取以及再加工，从而形成持续向外或向新阶段延展的过程。战略性新兴产业科技成果转化的知识学习亦遵循这一规律，学习主体置身于科技成果转化庞大的知识体系中，仿佛进入一个超大型的虚拟图书馆，以科技成果转化各阶段的知识需求为"索引"，通过知识定位、搜寻、感知、捕获、吸收、应用、反馈、加工、提炼、记忆等一系列流程，实现个人知识存量的累积增长效应和组织知识库的扩充增容效应。战略性新兴产业科技成果转化知识学习机理包括知识流转、知识固化和知识深化，如图6.3所示。

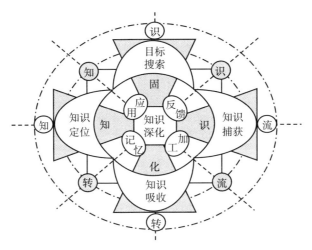

图6.3　战略性新兴产业科技成果转化知识学习机理

6.2.1　知识流转机理

知识流转是科技成果转化知识学习的前提和基础。科技成果转化过程中的知识流动形成一个以网络神经状结构分布的动态知识库，成为知识学习的不竭之源。知识流转机理的目标是构筑基于科技成果转化链的"虚拟图书馆"。

6.2.1.1　科技成果转化知识流转体系形成

战略性新兴产业科技成果转化的知识流是指与科技成果相关的技术、工艺、管理、产品、市场等知识在参与主体或个体节点之间的流动。企业、高校、科研院所、中介等组织与其他组织或个体节点间的知识流回路构成了科技成果转化知识流的外循环，形成外循环载体的是组织之间和个体之间所具有的物质与信息交流网络，如成果的流转网络、生产要素的流转网络、产品的流转网络和 Internet 网络等（闵秀辛等，2001）。转化组织内的知识流回路构成了科技成果转化知识流的内循环，形成内循环载体的是组织内部的物质与信息交流网络，如组织内部信息网络等。战略性新兴产业科技成果转化知识流的外循环与内循环共同作用，形成一种大小循环嵌套的、可反馈的知识流回路，从而构成知识流转体系。

6.2.1.2 科技成果转化的知识流转过程模拟

科技成果转化的知识流转是一个复杂过程，参与成员的关系错综复杂，流转形式变化多端，本书由简单到复杂，分别用直线型流转、发散型流转、交叉型流转三种形式对科技成果转化知识流转过程进行模拟（刘希宋等，2009）。

（1）直线知识流转模型。当科技成果转化知识以显性编码形态表示时，科技成果转化的知识流转以单向直线型为主。科技成果转化直线型知识流转模型如图6.4所示。

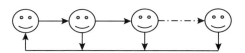

图6.4　科技成果转化知识流转的直线模型

（2）发散知识流转模型。当科技成果转化知识表现为一种新技术、新工艺、新流程甚至是一种隐性知识时，科技成果转化的知识流转就不只表现为单项直线运行，而是可以同时向多个方向以发散循环形式流转，如图6.5所示。

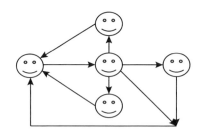

图6.5　科技成果转化知识流转的发散模型

（3）交叉知识流转模型。实践中的科技成果转化知识流转往往是直线型流转与发散型流转的结合，即知识流转交叉形式，如图6.6所示。

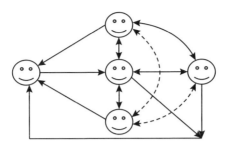

图6.6　科技成果转化知识流转的交叉模型

6.2.1.3　知识流转与科技成果转化知识学习的双向作用机理

知识流在知识供给、知识需求以及知识中介间流转，这种流转需要知识库、知识需求、知识用户等节点的"加压或聚能"，使知识在网络节点间形成一定的"流转动能和流转能级差"（司训练和陈金贤，2003），以便形成畅通无阻的知识网络体系。在科技成果转化过程中，知识需求是知识学习的启动机，也是知识流转循环的动力源。知识流转体系与科技成果转化链虚实相生，是载体与实质的关系，通过有效互动形成相互影响、相互支撑、流转方向趋同的交互机制。

（1）知识推送。知识推送是指知识流转体系对科技成果转化知识学习的主动推送。战略性新兴产业科技成果转化的知识流转体系运行越快、流转动能越大，转化组织或个体的知识学习动力也越大，越有利于推进科技成果转化进程，形成了基于知识流指向的科技成果转化知识推送模式。

（2）知识牵引。知识牵引是指科技成果转化知识学习对知识流转体系的主动牵引。战略性新兴产业科技成果转化的知识需求先形成了产业化市场信息，并通过网络传导作用进入知识流转体系的知识库，然后又形成知识创新的市场牵引力，导致知识网络节点上组织或个体知识创新动能加大，促进新知识的形成和在网络间的流转。

6.2.2　知识固化机理

知识固化是科技成果转化知识学习中承上启下的环节，是指在动态的知识流转体系中，根据科技成果转化的知识需求搜索、捕获、吸收目标知识的过程。知识固化机理的目标是将新知识纳入学习者（组织或个人）的边界，这里的边界并非物理意义上的边界，而是相对广泛的、逻辑意义上的边界。

6.2.2.1 知识搜索

（1）知识定位。所需要学习的新知识可以源于某一高新技术成果转化项目的知识需求，也可以是出于转化组织长远的技术战略考虑而确定的新知识。科技成果转化组织的知识学习有时甚至可以是在对新知识不是很明确的条件下开始，通过学习的逐渐深入而不断对所学知识的定位进行调整。

（2）目标搜索。知识流转体系是一个动态的多维知识库，其维度主要包括：一是主体维度，如企业、高校、科研院所、政府、客户等；二是性质维度，如人际性的、非人际性的；三是内容维度，如技术、工艺、市场、管理等。学习者应根据知识定位，进行面向知识主体、性质、内容等角度的多维搜索，并通过搜索结果的比较锁定知识目标。知识地图即是一种有效的知识搜索工具。

6.2.2.2 知识捕获

知识捕获需要解决的问题是以何种方式获取目标知识。综合考虑知识的稀缺性、增值性、显性化程度、获取成本、知识拥有者的协商程度等因素，选择直接方式或间接方式获取目标知识。直接方式包括购买专利、与顾客交流等手段；间接方式包括通过情报获取知识、招聘拥有组织需要的知识的员工、员工外部培训以及通过与其他转化组织合作获取目标知识等手段。

6.2.2.3 知识吸收

知识吸收是指对已获取的知识进行理解和消化的过程。知识捕获仅仅是将异质性的新知识纳入组织知识边界并拓展知识存量的过程，但无法使组织内员工有效理解新知识并将其服务于实践和转化为生产力。因此，仅仅依靠"知识捕获"的知识固化行为是无效的，只有将引进的新知识加以消化吸收，才能将其高效地应用于科技成果转化的实践之中，并增加组织知识积累，即形成知识学习→消化吸收→知识积累的正向循环反馈机制。知识吸收实现了将新知识纳入组织逻辑边界的目标。

（1）内部知识积累有利于知识吸收。在科技成果转化过程中，组织引进的新知识将不断与其现有存量知识发生联系，进而为组织所用。因此，组织需要相关的知识积累对新知识进行有效的消化和吸收。近年来的研究认为，组织吸收能力在很大程度上表现为现有知识结构和知识水平的函数（汤敏慧等，2023）。

（2）为知识吸收设置"知识中转站"或"缓冲区"。在知识中转站内可以对新知识进行尝试性的消化、吸收、再评价，然后在此基础上作出取舍决策。这种新知识的二次吸收机制能够避免"一刀切"，从而为创新人才提供一个追踪学习、尝试想法的机会和空间。

6.2.3　知识深化机理

知识深化是指将固化的新知识进行应用、反馈、加工、提炼后升华为智慧的过程，其实质是知识的再学习与升华过程。知识深化机理的目标是将新知识真正融入学习者自身的知识体系。

6.2.3.1　知识应用与反馈

"实践是检验真理的唯一标准"。消化、吸收并非知识学习的终点，应在知识应用过程中结合实践不断对其进行调整，使之适应战略性新兴产业科技成果转化任务情境。科技成果的开发与转化活动本身对创新主体、实现路径、开发环境等因素具有一定的依赖性，因此，对于引入的新知识必须根据转化组织自身环境和科技成果转化流程等具体情况进行"应用→反馈→调试→再应用→再反馈→……"的循环控制，对知识的有效性作出不间断的评估。

6.2.3.2　知识加工与提炼

根据新知识与组织环境、科技成果转化情境的磨合情况的反馈，可能发现它虽然具有应用价值，但也存在一定疏漏、矛盾、不严谨或不一致的地方，需要对这些知识进行净化、标识、索引、排序、标准化、重新分类和注释等加工提炼过程，目的在于提升知识的质量、价值以及可操作性（廖开际，2007）。

（1）提升知识正确性。检查所获得知识的正确性，主要目的在于解决知识的矛盾与冲突、知识的不一致与重复、知识的错误、知识时效性等问题。此外，还应建立知识标准化制度，对相关领域的名词、术语进行标准化定义，以利于组织员工在共同标准上学习和共享知识（李玥等，2013）。

（2）提升知识附加值。具体包括：一是显性知识的加工。对于一些设计蓝图、财务报表、程序手册等显性知识，由专家在这些结构化的知识上加以注解：有何含义、该如何应用、并提出分析看法。例如，Monsanto公司数据库中的一些金融资料，由金融财务专家为这些资料标注其所代表的外部环境变化的含义，以及对本公司经营有何影响，使用户从这些文件中获得更有价值的知识。二是隐性知识的加工。例如，由优秀专家针对不同员工在Internet和BBS上所交换的心得、意见和所提供的知识进行整理、评估与分析，判断哪些意见或内容在何种情况下不能使用、在何种情况下最有价值、对哪个部门具有增值的潜力，并将分析结果整理后提供给用户参考。

（3）提高知识便捷性。通过对知识进行编辑、分类、索引和提供适当的呈现方式提高知识使用的方便性。

6.2.3.3　知识积累与记忆

知识积累与记忆是知识学习的"存储"环节。个人知识积累既是组织知识记忆的基础，也是组织记忆中以人为存储载体的组成部分。

（1）个人知识积累。个体是科技成果转化知识学习的执行主体，通过知识学习的循环过程，员工自身的知识存量得以扩展，知识结构得以改善，知识深度得以加强。

（2）组织知识记忆。组织知识记忆就是将新知识内化并逐步深化。将经过加工与提炼后的新知识运用知识地图和信息技术等工具，整合到转化组织的科技成果转化流程中，并以显性知识的形式将新知识深入落实于组织的内部资源上，如知识地图、规则库、案例库、模型库、数据库等均体现出了知识管理外在化的职能。组织利用这些工具存储、传递和共享重要的知识，让有需求的用户快速获得存储的知识，实现有用知识重复利用的目的。

实现组织知识记忆的技术系统是知识中心，它是由多个知识库相互联结而形成的网络，各知识库的建设维护责任和管理权仍归属组织各业务部门，但快速的数据传输、强大的检索软件和统一的用户界面形成了单机数据库的整体效果。组织知识中心的主要任务就是实现各知识库的无缝结合、管理评测知识的运行规律和运行效果，确保知识在组织内部的最大化利用。

从广义的组织记忆来讲，还包括将新知识融入组织文化、组织制度等软环境中，形成组织中"无形"组织记忆的一部分。

6.3 基于获取持续竞争优势的知识学习模式

从获取科技成果转化持续竞争优势的视角来看，知识学习既是一个面向转化过程的响应学习过程，又是一个面向竞争对手和合作伙伴的交互学习过程，还是一个面向动态竞争环境的断续学习过程。据此，本书构建了基于转化过程、转化主体、转化战略逐步升级的科技成果转化知识学习模式（李玥等，2009）。

6.3.1 基于转化过程的响应学习模式

6.3.1.1 断点学习的跟踪模式

断点学习是针对战略性新兴产业科技成果转化过程提出的一种跟踪组织学习模式，其思想源于信息技术领域。在大型数据库管理中，管理员的职责之一就是维护系统日志文件，其中保存着对数据库的操作及其执行结果，这样系统发生故障时就可以依据日志文件分析故障原因，据此恢复数据库，并可以制定相应对策避免类似问题发生。程序员设计程序时，也常有目的地插入变量设置断点，以便查找程序错误，从而进一步提高程序性能（刘希宋和张长涛，2002）。

将这种思想引入战略性新兴产业科技成果转化过程中，即面向转化组织知识学习的需要，在小试中试、批量生产、市场推广等关键阶段以及其子阶段设置一些逻辑上的断点，在断点处记录下转化项目的进度、所处的环境、面临的障碍，以及采取的技术路线、解决对策和各方面的意见与建议等信息。断点记录的内容要求客观、准确、概括、全面，不仅能真实反映科技成果转化项目当时的综合状况，为科技成果转化的组织记忆提供可能，同时也为提高转化组织和人员对创新知识的获取和积累能力奠定基础。

6.3.1.2 迭代学习的优化模式

（1）迭代学习的主导思想。迭代学习是针对战略性新兴产业科技成果转化行为提出的一种优化式组织学习模式。迭代学习采用的是一种"在重复中学习"的策略，它以系统的实际输出与期望输出之间的偏差修正不理想的控制信号，产生新的控制信号，使得系统的跟踪性能得以提高，如此迭代若干次后，系统的输出就会逼近理想的期望轨迹，并且要求整个控制过程快速完成（许建新和侯忠生，2005；陈杨泉和温常云，2003）。

将这种思想引入战略性新兴产业科技成果转化过程中，即通过技术、生产、管理等转化人员在重复行为中进行"修正→学习→修正→学习→……"的循环，实现各自行为的优化。这种"重复"并非机械、毫无变化的反复，每次行为结束，都要比较此次输出与上次输出的差距，然后调整输入值，以期得到更接近目标值或者最优值的输出，如此反复可以不断优化科技成果转化人员的行为效果，提高科技成果转化效率。

（2）迭代学习的主要类型。

①"研发中学"。主要适用于科技成果研发阶段和试验阶段。一方面，通过反复试验，逐步积累经验、技能知识，不断摸索最佳的产品设计方案；另一方面，通过"研发中学"，可以不断接近高可靠性、高适用性、低成本的产品目标，使反复的试验向这一明确的目标收敛。

②"干中学"。主要适用于科技成果转化生产阶段。工人重复性地操作设备以及应用制造工艺、生产流程、技术规范等活动，能够提高产品市场竞争力。一方面，反复修正可以改善产品的精度参数、提高产品质量、逐步逼近"零缺陷"的目标；另一方面，反复操作可以提高生产效率、缩短

科技成果转化的生产周期。

③ "用中学"。主要适用于科技成果转化市场推广阶段。转化组织通过客户获取关于产品的质量、性能、外观以及售后服务等方面的反馈信息，根据用户需求对产品的核心技术进行渐进性改进。这不但有利于持续地完善产品性能，提高客户满意度和忠诚度，实现品牌效应，还能够直接捕捉市场需求信息，掌握技术发展动态，为转化组织发展提供导航。

6.3.2　基于转化主体的交互学习模式

6.3.2.1　竞争性学习

竞争性学习是指转化主体向直接的竞争对手学习新产品与新知识，以获取竞争优势并维持自身竞争地位的交互学习方式，具体包括基于模仿的竞争性学习、基于创新的竞争性学习两种。

（1）基于模仿的竞争性学习。模仿是指一个企业发现并复制另一企业的新产品或新工艺的活动。模仿的产品与被模仿者的产品并不完全相同，它追求的是与被模仿者具有相同的效率水平。基于模仿的竞争性学习适用于双方技术能力相当或者模仿方稍弱于被模仿方的情况，一方为争夺市场份额，但又没有实力一步超越竞争对手，此时如果企业找到可以实现同样功能的替代方法就会模仿学习。

（2）基于创新的竞争性学习。如果一个企业技术能力超越竞争对手，则适用基于创新的竞争学习模式。产品创新一般有两种方式：完全创新和反求创新，前者是一种"从无到有"的创新，后者则是一种"从有到新"的创新。由于反求创新可使产品研制周期缩短40%，很多企业选择反求创新方式。即从形象思维开始，对实物有一定了解，并以此为参考，发扬其优点，克服其缺点；中间采用抽象思维方式，凭借基础知识、洞察力、灵感与丰富的经验进行思考；最后又返回到形象思维的学习方式，开发和制造产品，如此反复。世界各国利用反求创新进行竞争性学习的实例很多，例如，在日本，SONY 公司从美国引进军事领域应用的晶体管专利技术后，进行反求工程设计用于民用，从而开发了晶体管收音机，迅速占领国际市场，获得了显著的经济效益；本田公司从世界各国引进 500 多种型号摩托车，通过反求工程设计，综合其优点，研制出耗油少、噪音低、成本低、性能好、造型美的新型本田摩托车，后者风靡全世界，垄断了国际市场。

6.3.2.2 合作性学习

当双方不存在根本性竞争或长期不相容利益时，就会产生合作性学习。

（1）面向联盟合作的学习。在战略联盟、知识联盟等紧密的合作关系中，当合作双方处于共同利益背景下，两者之间不存在根本性竞争，而会把知识分享和积累看作是联盟的财产。这样联盟成员就可能接触到合作伙伴的知识技能，具体包括产品和工艺技术、组织管理、市场运作知识等，而且能够通过数据设备交换、关键人员借调等多种方法，将新知识嫁接到组织自身的业务流程中，实现合作性学习。

（2）面向顾客支持的学习。顾客是使用产品的专家。面向顾客支持的学习是指从顾客群获取关于产品使用情况、产品服务等方面的反馈信息及改进意见，从而将其融入产品改进与创新过程中。同时，顾客对不同产品及不同企业的评价与态度可以作为转化组织领导者判断竞争形势的重要依据。如微软公司 1993 年就明确提出"客户支持哲学"的理念，强调每一次客户支持活动都是改进产品设计的好机会，并成立了产品支持服务部门，专门就客户对微软产品、客户支持及公司整体的满意状况进行调查。

6.3.3 基于转化战略的断续学习模式

组织发展在不同时期通常会制定不同的技术战略，而科技成果转化项目则是组织在其技术战略背景下的重大选择。技术战略的转变必然对转化组织的学习能力提出挑战，要求组织不仅具备连续的常规学习能力，而且要有应对技术战略变迁的知识体系重构能力。因此，本书提出基于技术战略的学习模式包括持续学习模式和忘却学习模式。如图 6.7 所示，当组织知识存量变化和组织流程变动都相对较小时，组织学习表现为以渐进性积累为主的持续学习；当组织知识存量发生较大变化，同时需要组织流程作出较大调整或更改时，组织学习表现为以打破原有路径和规则为主的忘却学习（吴晓波等，2004）。从持续学习到忘却学习是组织从知识的渐进性积累到知识结构的根本性变革的发展过程，同时也是组织流程从不断改进到关键环节的变革或全新组织流程重构的发展过程。

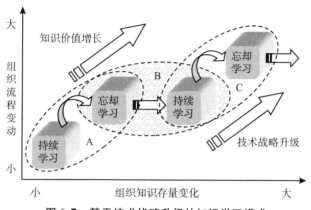

图 6.7 基于技术战略升级的知识学习模式

6.3.3.1 持续学习的渐进性模式

持续学习是一个线性的量变过程，学习目标明确而持久，且没有根本性的知识突变，强调的是经验、知识和能力的逐步积累与同向增长。如科技成果转化的生产制造阶段，转化组织主要进行持续学习：不断优化生产线上的各个工艺环节，对操作工序、操作时间、操作人员进行明确规定；使原材料、工人、场地等资源在老产品与新产品之间达到最优配置；培训工人操作技能，使之趋于熟练；继续改造工艺以降低生产成本，实现规模化大生产。可见，这一系列学习行为都是以低成本、高质量、高效率地将产品推向市场为目标，是生产工艺知识和管理流程知识日趋规范化、标准化的渐进过程。

6.3.3.2 忘却学习的转换性模式

（1）忘却学习的主导思想。忘却学习的主导思想是"推陈出新"和"扬弃"，不能将成功模式作为一种固有思维模式存贮于组织，否则会导致决策时更多地倚重历史，而不是专注于未来。当前产业化环境变化速度如此之快，这种现象足以颠覆一个企业。丰田公司曾多年领导日本汽车市场，然而在 1996 年，其市场份额却史无前例地降到 40% 以下。究其原因，主要是丰田公司管理高层过分偏重于曾为其带来辉煌的小轿车生产，但此时日本中产阶层家庭的兴趣已转向了小型货车、旅行车以及运动车等其他车型。丰田公司惯性的生产思路令其竞争对手本田公司成为最大受益者。本田适时地推出了一系列适应消费者变化的车型，从而达到 20% 的年增长率，以致从丰田手中抢走了可观的市场份额。

忘却学习正是帮助组织摆脱陈旧和过时的思维模式，从全新的角度评判、发现、解决问题，辅助组织完成"跨越"或"升级"，如转化项目更替、技术战略转型等，而后再次进入持续学习阶段，两者是更替与交融的关系。

（2）忘却学习的具体措施。科技成果转化忘却学习的具体措施主要有：一是转化人才的吐故纳新。针对转化项目和组织需要引进新的人才，这一过程既能获取新的知识，又有助于催生新创意和改进行为方式。二是组织结构调整。在组织内部成立新的转化项目团队能够促进组织或团队层面工作流程和管理规范的改变。三是技术规范的推陈出新。管理规章制度的改变、组织经营理念的进步、获取知识网络的更新、组织知识的重新分配等措施也将推进科技成果转化过程中的忘却学习。

6.4　战略性新兴产业科技成果转化学习型组织建设

6.4.1　科技成果转化学习型组织的内涵与特征

（1）科技成果转化学习型组织的内涵。

1990 年，圣吉出版了《第五项修炼——学习型组织的艺术与实务》一书，提出学习型组织是一个不断创新、进步的组织。在这种组织中，组织成员不断扩展学习能力，促使新形态的思考方法得以孕育，共同愿景能够实现，成员能够不断地学习如何学习（彼得，2001）。"十多年来中外学者从不同角度探讨学习型组织的定义，但仍不脱离圣吉这个定义的范畴。

以此为基础，本书将科技成果转化学习型组织的内涵概括为善于学习，不断创新，能够系统思考并解决科技成果转化过程中遇到的各种问题，进而强化并扩充个人知识与经验，增强组织适应性与革新能力的组织模式。学习型组织源于组织学习，依托于丰富的知识资源，实行目标管理，能根据组织既定的战略目标进行自我学习、自我发展和自我控制，是一种具有完善的反馈控制回路与强大再生能力的组织形式。

（2）科技成果转化学习型组织的特征。

①以转化任务为共同使命。共同使命是基于共同愿景提出的任务和责任，科技成果转化学习型组织的共同使命来源于转化组织和创新人才对科技成果转化项目的远景规划。共同使命使具有不同专业或不同特长及个性的人才凝聚在一起，形成转化人才群体，这一群体朝着共同的科技成果转化目标前进。

②以转化团队为基本单元。在科技成果转化学习型组织中，转化项目团队是最基本的学习单元，也是最具爆发力的创新单元。科技成果转化的各阶段目标都是直接或间接通过转化项目团队联合作战而实现的。

③以持续学习为演进动力。科技成果转化学习型组织正是通过持续不断地学习，丰富个人和组织知识库，提升获取和应用知识的能力，不断突破成长极限，进而实现科技成果转化组织的演进与可持续发展。

④以扁平结构为主要模式。科技成果转化学习型组织能够尽最大可能将决策权下移，贯彻"以下层单位为主"的原则，使下层单位拥有充分的自主权，并对所产生的结果负责，实现组织结构扁平化。

⑤以精英体制为有效激励。科技成果转化学习型组织应实行基于精英体制的自主管理，如采取在职学习方式或允许创新精英利用5%～15%的时间研究他们感兴趣的问题，而无须上级批准等，实现对创新精英最有效的激励。

⑥以弹性边界为发展趋势。科技成果转化学习型组织边界的确定建立在组织要素与外部环境要素互动的基础上，它将超越转化组织职能部门的"法定"边界，向柔性化、信息化、网络化的方向发展。

⑦以环境变化为调整指针。科技成果转化学习型组织由于不断吸收新

信息和新知识，能够始终站在时代前端，快速响应外部环境变化，及时调整组织发展方向，提高其转化产品的适应能力，保持组织竞争优势和核心能力。

6.4.2 以"新华三大学"为例的学习型组织实践[①]

新华三技术有限公司（以下简称新华三）主要提供 IT 基础架构产品及方案的研究、开发、生产、销售及服务，是数字化解决方案领导者。截至2022 年末，公司共有员工 5000 人，其中研发人员占 55%，累计专利申请总量超过 13900 件，其中 90% 以上为发明专利，且已在中国设立 38 个分支机构，公司以不断创新的产品和解决方案得到了市场的高度认可，这些成功也离不开学习型组织的实践。

（1）新华三学习型组织架构。新华三典型的学习型组织就是新华三大学，新华三大学人才研学中心部主要由七大学院构成，分别为：领导力训练院、IT 管理研修院、认证渠道研修院、技术认证研修院、ICT 技术研修院、智能技术研修院、安全技术研修院。新华三学习型组织架构如图 6.8 所示。

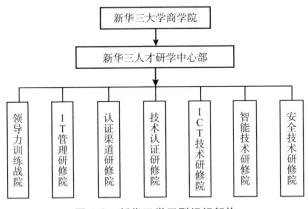

图 6.8 新华三学习型组织架构

---

① 组织与人才研究院. 企业学习组织设计指南［M］. 北京：清华大学出版社，2022.

（2）新华三学习型组织建设目标。数字化时代企业最重要的战略就是通过数字化转型实现"熵减"，而企业大学的使命也不仅仅是培养数字化复合型人才，还要助力企业布局和践行"耗散结构"。耗散结构就是企业要建立一个跟外界进行信息交换的学习型组织，通过不断地学习、不断地跟外界进行交流，及时地分享企业的核心成果，与外界进行信息共享，由此才能让企业长期保持比较有优势的竞争力。新华三大学是新华三企业在数字化时代实现"熵减"所构建的学习型组织。

（3）新华三学习型组织实践活动。

一是新华三大学坚持做一家"外向型企业大学"，通过产教融合和生态融合，助力新华三集团保持企业开放融合的格局，打造企业数字化转型的领航者。其中，在产教融合方面，新华三大学荣获教育部认定的"1＋X"证书培训评价组织称号，这为国家培养技能型人才起到了很好的作用，此外，H3C 的技术认证也成为了进入全球 34 个主流技术认证体系的唯一中国品牌；在生态融合方面，新华三每年和生态圈中的合作伙伴以及客户展开各种研讨会、研修班和多种多样的工作坊，覆盖人次近万人，促进了整个教育培养生态圈的进一步开放。

二是新华三大学通过智库建设来实现广泛的能量和信息交换。目前，新华三大学已形成智库输出机制，例如，出版了专著《数字化转型之路》，翻译出版了《数字化时代企业 AI 的优势》等，同时还针对学习、培训、技术、行业、产业等衍生领域也开发了许多相应的课程。

三是新华三大学积极探索企业管理方法论，通过方法论的普及来推进企业内部不断变革、创新和持续改进。例如，新华三集团成功整合的过程被写入商学院的案例，而其中对方法论的总结就是新华三大学具体负责和承担的部分，类似方法论在企业内部形成共识，形成通用的管理和工作语言，帮助企业形成巨大的"熵减"力量。

四是新华三大学在企业内部积极践行"立体式学习"的理念。新华三大学是新华三集团的企业大学，它从企业中来，必须为企业服务。因此，新华三的人才技能发展路线是立体的，而不是线性的，而作为新华三大学而言，日常的教育和培训工作也是非线性的，这种"非线性"主要体现在跨部门同主题的培训上以及跨岗位工作坊等多种多样的交付方式上。

（4）新华三学习型组织启示。

首先，在校企合作方面，新华三大学依托新华三在 ICT 领域的强势地位和行业资源，强化企业主体作用，不断创新数字化人才的培养模式，同时在产教供需双向实现更好的沟通与交流，形成了 ICT 产业资源与高校教育资源的有机结合。这让新华三企业大学为企业培养更多数字化创新人才，为学生职业发展提供更多机会奠定了基础。目前，新华三大学针对研究型、应用型、职业型的人才培养都建立起了与之相适应的模式。例如，在面向研究性人才培养方面，新华三与清华大学等合作，面向未来技术的研究合作构建产业技术的前瞻能力；在面向开发性人才培养方面，新华三与偏应用型的院校合作，在技术项目创新上引入高校力量的参与；此外，在面向技术技能人才的培养方面，新华三也与众多高职院校合作，倡导"授课、学习与动手"一体化的培训理念，为大学生提供更多社会实践与实习机会。

其次，在产教融合方面，新华三大学此前继承了惠普大学商学院、IT 管理学院的经验，能够为整个行业数字转型提供从规划到管理的上层支撑；在具体的业务层，新华三大学也拥有专门的数字学院，如智能技术学院、安全技术学院、ICT 技术学院等；而在此基础上，依托紫光集团芯云产业优势，新华三大学还建设了"芯云产业学院"，进一步实现了产业与院校的深度融合。而"芯云产业学院"所聚焦的正是产教融合 3.0 阶段的需求。在此过程中，"共建"成为关键词：一方面是资源共建，新华三与学校双方都投入新技术、资源、设备等，共同提升学校的硬件装备和科研水平；另一方面是科研共建，通过与学校一起做科研，申请教育部的产教融合基地、教师培训基地等，在人才培养上深入布局，同时助力学校的应用开发，如智慧校园建设等。

最后，形成了人才联盟，通过举办人才双选会、就业直通车，不断提升就业质量。而下一步，新华三将继续向产教融合 4.0 升级，逐步打造"生产型的产业学院"，从以学习、培养为主，转向与产业相联系，使培训最终服务于实际生产。

6.5　本章小结

本章首先阐明了战略性新兴产业科技成果转化知识学习的内涵、特征与目标。其次，揭示了科技成果转化知识学习的知识流转机理、知识固化机理、知识深化机理，并从获取持续竞争优势的视角提出基于转化过程、转化主体、转化战略逐步升级的科技成果转化知识学习模式。最后，以"新华三大学"为战略性新兴产业科技成果转化学习型组织的典型案例，进行了具体实践探讨。

第7章 战略性新兴产业科技成果转化的知识共享

7.1 战略性新兴产业科技成果转化知识共享的内涵与功能

7.1.1 战略性新兴产业科技成果转化知识共享的内涵

知识共享是战略性新兴产业科技成果转化知识管理活动的核心，战略性新兴产业科技成果转化知识共享的内涵可以概括为：战略性新兴产业科技成果转化知识的占有者（组织或个人）通过中介或不通过中介直接向知识接受者（组织或个人）转让知识并进行双向互动，共同享有知识成果的活动（徐岸峰等，2022）。它包括两个层次的含义：一个层次是基于核心关键稀缺知识的共享，是指拥有原创性知识或独特知识和技能的知识占有者和知识接受者之间的知识共享活动；另一个层次是基于社会网络的知识共享，是指拥有不同知识的组织或个人相互进行知识交流、实现知识互补的活动。

7.1.2 战略性新兴产业科技成果转化知识共享的功能

（1）推进科技成果转化核心知识的开发利用。知识共享是科技成果转化具有关键性、稀缺性的核心知识开发的助推器。通过知识共享，将科技成果转化个人所拥有的隐性知识或独有的技术诀窍与技能转化为组织知识资本，形成科技成果转化的核心知识资源，这是形成科技成果转化核心竞争力的有效途径。而潜藏在个人头脑中的原创性知识和技术诀窍属于个人知识资本，只能在知识拥有者自觉、自愿的前提下才能进行交流和转让，这就要求在互利互惠、公平合理基础上进行知识共享。

（2）优化科技成果转化知识资源宏观配置。从本质上讲，知识共享就是知识在不同地点、不同主体、不同时间、不同用途之间进行转移，这种转移使得知识由"静止"状态变成"流动"状态，同样的知识可以在不同时间、不同地点发挥不同作用，实现知识的倍增效应。战略性新兴产业科技成果转化的参与主体，如政府、企业、高校、科研院所、中介具有功能互补性和知识互补性，通过知识共享可以打破这些知识主体各自为战的格局，对其优势知识资源进行整合与挖掘，从而优化知识资源配置，使有限的知识资源发挥出最大效用，提升战略性新兴产业科技成果转化效率和效果。

（3）激活和增加科技成果转化微观主体知识存量。在战略性新兴产业科技成果转化过程中，一方面，通过内部知识共享促进组织、团队、个人之间知识的相互传递和转化，激活组织知识存量，实现组织知识资源在团队和个人间的优化配置；另一方面，通过外部知识共享促进转化主体从高校、科研院所、中介机构等组织获取关于成果的原理知识、专业技术等知识资源，增加组织知识存量，为科技成果转化的顺利实施做好知识储备。

（4）有效避免科技成果转化重复开发的风险。知识共享能够避免重蹈覆辙的风险和损失。如果科技成果转化组织对已经发生且已取得的知识和经验没有传递和共享，那么当其他部门或转化团队发生类似问题时，就可能浪费这些宝贵资源而重复开发相同的知识。如福特公司生产的第一代金牛汽车非常成功，但由于没有保存、传递与共享这方面的数据，第二代团队只能一切从头摸索，最后以失败告终。可见，转化组织积极推进知识共享，能够有效降低科技成果转化的经济成本、人力成本和时间成本，缩短转化周期，增加转化效益，促进科技成果转化成功实现。

7.2 战略性新兴产业科技成果转化的知识共享机理

7.2.1 科技成果转化关键稀缺知识的共享行为逻辑

7.2.1.1 基于提供者意愿的共享行为逻辑

关键稀缺知识不仅对科技成果转化具有决定性作用，而且与掌握此类知识的人才的利益休戚相关，它往往对科技成果转化人才的地位、职务提升、报酬等方面产生重要的影响。因而实现关键稀缺知识的共享，提供者意愿具有不可替代的作用。从提供者意愿分析科技成果转化关键稀缺知识共享行为逻辑的关键在于对知识共享后个人效益的预期，具体包括以下三个方面的内容。

（1）对科技成果转化项目成功率的预期。如果预期科技成果转化项目成功率高，从项目成功中获取收益的预期可能性提高，则知识共享意愿增强。

（2）对科技成果转化项目利益分配机制的满意度。如果对利益分配机制满意，则知识提供者贡献知识后从成果转化效益中获取收益的预期可能提高，知识共享意愿增强。

（3）相关合作伙伴对知识共享的态度。如果其他人都能主动将其知识进行共享，那么采取共享策略可能是最优的，因为成功实现科技成果转化可以使自己和他人都获益。而如果其他人都不愿将知识进行共享，那么采取不共享策略可能是最优的，一是因为对科技成果转化前景预期不明朗，二是由于共享后可能使其他人分享自己的知识导致知识稀缺性和预期效用降低。

战略性新兴产业科技成果转化关键稀缺知识提供者基于共享意愿的行为逻辑，是对成果转化项目成功率、利益分配机制满意度、合作伙伴共享态度三种不确定性因素的预期进行分析，并对三者导致的个人收益与损失进行权衡，从中选择预期收益最大的方案而进行决策的过程。

7.2.1.2 基于知识稀缺性的共享行为逻辑

从知识稀缺性分析科技成果转化关键稀缺知识共享行为逻辑主要包括以下三个方面的内容。

（1）知识分布不均引发共享知识源难以搜索。科技成果转化的关键稀缺知识一般为少数创新精英人才掌握，此类人才数量稀少，在各组织中分布极不均衡，而且关键稀缺知识一般属于隐性知识，知识源的披露性较差，因此，科技成果转化关键稀缺知识源的搜寻存在一定难度。

（2）知识价值高引发共享收入预期高。西方经济学认为，效用是形成价值的必要条件，但效用必须和物品的稀缺性相结合，才能构成价值形成的充分条件。价值量以物品的稀缺程度为标准，物品越稀缺，价值量越大。未转让的稀缺知识是拥有者的个人知识资本，由于其效用大、科技含量高，获取难度大、成本高，知识拥有者必然以获取满意的收入作为共享条件。

（3）知识垄断性引发知识共享意愿低。由于知识资源的稀缺性，科技成果转化共享知识的提供者通常在供给中处于独占或寡占地位，他们往往要在独占的基础上自行进行科技成果转化或在知识共享的基础上分得利益两者之间进行决策，导致知识共享意愿低。

7.2.1.3 基于知识准公共物品性的共享行为逻辑

基于知识的准公共物品性的共享行为逻辑带有明显的集体选择的性质。公共物品同时符合两个特征：一是消费的非竞争性；二是消费的非排他性。基于知识准公共物品性的科技成果转化知识共享行为逻辑具有双重性。

（1）基于准公共物品性的知识共享优势。战略性新兴产业科技成果转化过程对于知识的使用是非竞争性的，个人对知识的使用并不影响其他人对同一知识的使用。使用知识并不会消耗知识本身。在科技成果转化过程中，某种新知识一旦被共享而公开后，增加更多的使用者基本上没有边际成本。因此，知识的准公共物品性对扩大科技成果转化的知识共享范围和深度是有利的。

（2）基于准公共物品性的知识共享难点。战略性新兴产业科技成果转化过程中的知识使用具有部分排他性。科技成果转化的知识能为很多个人和组织同时使用，如果没有相应的知识产权保护制度，无法制止其他组织或个人也使用同样的共享后的知识来创造价值，避免这种情况的最直接的途径就是不共享。因此，对战略性新兴产业科技成果转化关键稀缺知识的共享，必然要求建立相应的知识产权制度作为保障，这为知识共享带来了一定的限制条件。

7.2.2 基于社会网络的科技成果转化知识共享要素

与关键稀缺知识共享相对应，战略性新兴产业科技成果转化知识共享还包括转化主体共同参与的科技成果转化知识共享，即基于科技成果转化的知识需求将战略性新兴产业科技成果转化主体的知识共享的"点"和"链"连接为一体，形成纵横交错的知识共享网络化组织，并以此为载体进行科技成果转化知识交流与互补。

7.2.2.1 科技成果转化知识共享主体要素结构

战略性新兴产业科技成果转化知识共享，是各主体行为要素综合作用的结果，是以知识提供者行为、知识接收者行为、中介行为三者之间耦合关联，进行科技成果转化知识交流、扩散、开发、获取的过程。

（1）共享知识提供主体行为 B_s。共享知识提供主体是共享知识源的占有者和传播者，其行为由知识源 h_s、共享意愿 w_s、知识传播能力 t_s 三要素构成，是三要素综合作用的结果。共享知识提供主体行为函数如式（7-1）所示。

$$B_s = F_s(h_s, w_s, t_s) \tag{7-1}$$

（2）共享知识接收主体行为 B_d。共享知识接收主体是共享知识的接收者，其行为由接收主体共享意愿 w_d、存量知识水平 e_d、知识接收能力 r_d 三要素构成，是三要素综合作用的过程。共享知识接收主体行为函数如式（7-2）所示。

$$B_d = F_d(w_d, e_d, r_d) \tag{7-2}$$

（3）知识共享中介行为 B_m。知识共享中介是知识提供主体与接收主体的联结者，其行为由中介意愿 w_m、共享知识认知能力 u_m、知识传导能力 c_m 三要素构成，是三要素综合作用的过程。知识共享中介行为函数如式（7-3）所示。

$$B_m = F_m(w_m, u_m, c_m) \tag{7-3}$$

7.2.2.2 科技成果转化知识共享联结要素构成及特征

战略性新兴产业科技成果转化知识共享的联结要素是指知识共享主体要素的联结方式，表现为科技成果转化知识共享的"点→链→网"结构。

（1）知识共享联结要素构成。

①科技成果转化知识共享"点"。"点"是知识共享联结结构的最小单位，是独立决策主体和行为主体，其形式可以是个人、团队或组织。"内点"包括转化组织内的研发、技术、生产、销售、管理人员等个体知识共享源，以及转化团队等群体知识共享源；"外点"包括高校、科研机构等成果源知识共享方，政府、中介等政策及信息共享方，客户和供应商等市场信息共享方。

②科技成果转化知识共享"链"。"链"是"点"的连接，根据点的位置可以分为内部知识共享链和外部知识共享链。内部知识共享链以组织内员工或团队之间的信任机制、知识共享激励机制以及组织文化氛围等为形成基础；外部知识共享链依赖于共享双方的风险利益关系连接而成，如通过技术合作、企业联盟、技术贸易等合作或交易方式进行共享。

③科技成果转化知识共享"网"。"链"的交叉与发散形成"网"状结构，科技成果转化组织内外存在多条相互交叉，功能各异的知识共享"链"，内部知识链与外部知识链的纵横交错形成了复杂的开放式的知识共享"网"。如技术部门与外部科研院所、销售部门与客户、公关部门与相关政府部门等若干知识"链"，共同编织了庞大的科技成果转化知识共享网络体系。

（2）知识共享联结要素特征。

①"点"的移动性和价值增值性。"点"是战略性新兴产业科技成果转化知识共享中最活跃的主体要素。一方面，由于科技成果转化项目的周

期性以及人员流动性，知识共享"点"也具有周期性移动特征；另一方面，通过持续的知识学习和共享，无论个人或组织，其知识存量都在逐渐增加，形成更强的知识学习与共享能力，实现知识共享"点"的知识价值增值。

②"链"的延续性和稳定性趋势。"链"是战略性新兴产业科技成果转化知识共享中的重要联结要素。科技成果转化个人或团队之间随着知识共享次数的增多，双方的信任程度提高，建立起越来越强的协作关系；随着频繁的知识共享活动，相互之间提供的知识越来越多，从而会激发更强烈的知识共享意愿。可见，知识共享"链"在科技成果转化中具有延续性、稳定性和牢固化的特征和趋向。

③"网"的收缩与拓展柔性。通过知识共享"网"的收缩，可以将间接关系转变为直接关系，如 A 企业通过中介获取 B 高校的成果源知识后，可与 B 形成长期直接合作关系，提高知识共享效率；通过知识共享"网"的拓展能够创造知识共享机会，如通过咨询会等知识交流活动，将与某专家或组织的"偶然"关系通过构建转变为长期合作关系，实现知识共享"网"的延拓。

7.2.3　强弱联结交叉融合的科技成果转化知识共享路径

在战略性新兴产业科技成果转化过程中，知识都是沿着知识共享"网"流动的，而知识共享"网"的实质就是社会网络，即存在于社会中的组织之间和个人之间由多种关系结合而成的网络关系。格兰诺维特·马克（1973）在《美国社会学》杂志上发表的《弱关系的力量》一文中最先提出联结强度的概念，他从互动频率、感情力量、亲密程度和互惠交换四个维度，将社会网络的联结强度分为强弱两种。强联结是指那些彼此之间进行互动的次数和时间越多、感情越紧密，相互信任程度越深、互惠交换的范围越广的关系；弱联结则相反。

（1）强联结与弱联结的优势与局限性。基于社会网络的强联结进行知识共享，可以通过频繁的沟通和互动使共享双方建立起稳定的信任关系，有利于形成一致的价值观和意识，提升整体的团结性和凝聚力，促进科技成果转化过程中信息、知识的流动，但强联结有可能导致信息循环流动形成冗余，且管理和维系也要耗费大量的时间成本。比较而言，基于社会网络的弱联结进行知识共享，能够以低成本获取具有较强异质性的信息和知识，但其结构相对松散，信任度不高。

（2）强联结与弱联结的适用性。战略性新兴产业关系国家军事利益，大部分高新能技术企业都强调保密性、安全性，且战略性新兴产业科技成果具有高、精、尖的特点，这就要求组织内部成员之间、团队之间建立较强的信任关系，创造更多的知识共享机会，才可能实现科技成果的顺利转化。因此，强联结适用于转化主体内部、跨部门的重大转化项目、基于产权关系的知识联盟核心与骨干成员之间的知识共享。

战略性新兴产业科技成果转化参与主体之间松散性的外部知识联合旨在满足转化组织自身知识存量无法满足的知识需求。外部知识获取要求具有知识源异质性，且不能增加成本负担。弱联结方式既可以获取异质性知识源，促进不同参与主体之间的知识交流，又因其松散的结构，无须承担过多的维持成本。因此，转化主体外部松散型的联合组织之间适用于弱联结的知识共享。

（3）强弱联结交叉融合的知识共享路径。基于强弱联结交叉融合的知识共享路径是指在战略性新兴产业科技成果转化知识共享体系中，将强联结与弱联结有机结合，在不同的环境和条件下，综合运用，有主有从，这种强弱联结耦合关联你中有我、我中有你，这种相互渗透的耦合关联形式就是强弱联结交叉融合的知识共享路径，具体表现为：

①以强联结为主、弱联结为辅的知识共享路径；

②以弱联结为主、强联结为辅的知识共享路径；

③在同一组织内部兼顾强联结和弱联结的知识共享路径。

总之，在战略性新兴产业科技成果转化过程中，应实现强联结与弱联结的交叉融合，充分发挥科技成果转化组织的社会网络优势，促进科技成果转化知识共享。强弱联结交叉融合的科技成果转化知识共享路径如图 7.1 所示。

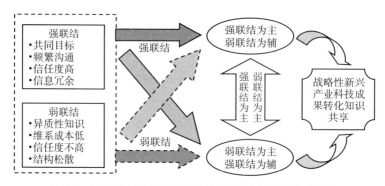

图 7.1　强弱联结交叉融合的科技成果转化知识共享路径

7.3　战略性新兴产业科技成果转化知识共享的障碍识别

知识共享的障碍已成为战略性新兴产业科技成果顺利转化的关键"瓶颈"。而战略性新兴产业科技成果转化知识共享的障碍因素错综复杂，如何使这个复杂系统中的因素条理化、清晰化，以寻找根本原因和关键问题所在，是本书要解决的关键问题。本书应用解释结构模型对战略性新兴产业科技成果转化的知识共享障碍进行科学识别和深入分析（李玥和刘希宋，2009），为有效推进科技成果转化的知识共享提供发展思路。

7.3.1　解释结构模型原理

解释结构模型（interpretative structural modeling，ISM）技术由美国学者杰沃菲尔德"于 1973 年提出，主要用于分析组成复杂系统的大量要素之间存在的关系（包括单向或双向的因果关系、大小关系、排斥关系、相关关系、从属或领属关系等），利用专家实践经验以及数学处理，最终构成一个多级递阶的结构模型（王龙等，2018；常玉等，2003）。该技术使系统要素之间交错的关系条理化、清晰化，从而发现主要（关键）因素和因素间的本质联系，为揭示系统结构的内在规律、提取有用信息提供借鉴。ISM 的主要步骤是：组织实施 ISM 小组，要求小组成员对所要解决的问题发表各自较为成熟的看法；设定关键问题，选择构成系统的影响关键问题的导致因素；列出各因素相关性，并根据各因素相关性建立邻接矩阵和可达矩阵；对可达矩阵分解后，建立解释结构模型。

7.3.2 基于 ISM 的影响因素分析

（1）成立 ISM 小组。结合战略性新兴产业创新主体多样性特征，并遵从数据全面性、数据代表性、数据可获取性、专家权威性等原则，本书从中国船舶集团经济研究中心、中国航空集团工程咨询中心、703 研究所、哈航集团、哈尔滨博实自动化设备有限公司、哈尔滨工业大学科技园、哈尔滨工程大学科技园等单位中选择并聘请 10 位负责科技成果转化工作的资深专家以及知识管理领域知名专家，辅助分析战略性新兴产业科技成果转化知识共享的障碍因素。

（2）确定关键问题与障碍因素。通过文献借鉴和调查研究，结合科技成果转化过程对知识共享障碍因素进行归纳总结，结论以调查问卷的形式呈交 ISM 小组。经小组成员多轮讨论研究，确定"战略性新兴产业科技成果转化知识共享能力弱"为关键问题，同时确定 12 个导致要素，形成科技成果转化知识共享系统要素如表 7.1 所示。

（3）列举各障碍因素的相关性，建立可达矩阵。ISM 小组成员经多次分析讨论，确定上述障碍因素之间的关系，并按照以下原则填写表 7.2：第一，如果 S_i 对 S_j 有影响，则在表中相应位置填 1；否则填 0（i，j = 0，1，…，12）；第二，尽可能反映各障碍因素之间的主要关系，倾向取影响比较明显的数据。根据表 7.2 建立可达矩阵，如式（7-4）所示。

（4）寻找各级的最高级要素集。

①可达集：要素 S_i 可以到达的要素集合定义为要素 S_i 的可达集，用 $R(S_i)$ 表示，由可达矩阵中第 S_i 行所有矩阵元素为 1 的列所对应的要素组成。

②前因集：可以达到要素 S_i 的要素集合定义为要素 S_i 的前因集，用 $A(S_i)$ 表示，由可达矩阵中第 S_i 列中的所有矩阵要素为 1 的行所对应的要素组成。

③最高要素集：是指除了可以到达自己本身外，不能到达其他要素的要素组成的集合。其可达集 $R(S_i)$ 中只包含其本身的要素集，而前因集中，除包含要素 S_i 本身外，还包括可以达到它的下一级要素。

若 $R(S_i) = R(S_i) \cap A(S_i)$ ，其中 $i = j$ ，则 $R(S_i)$ 为最高要素集。找出最高要素集后，即可从可达矩阵中划去其相应的行和列，然后从剩下的可达矩阵中继续寻找新的最高要素集。以此类推，可以找出各级所包含的最高要素集。

表 7.1   科技成果转化知识共享障碍因素

序号	关键问题：战略性新兴产业科技成果转化知识共享能力弱的原因	S0
	障碍因素	
1	缺乏适应性和灵活性组织结构	S1
2	知识共享的激励机制缺失	S2
3	知识共享渠道不通畅	S3
4	知识共享的文化氛围缺失	S4
5	知识共享意愿不强	S5
6	缺乏知识共享的产权保护制度	S6
7	知识共享利益分配机制不完善	S7
8	知识共享双方信任机制不健全	S8
9	共享双方知识势差较大	S9
10	提供方知识传播能力较差	S10
11	接受方知识吸收能力较差	S11
12	知识共享平台尚未建立	S12

表 7.2   专家评判关系表

	S_0	S_1	S_2	S_3	S_4	S_5	S_6	S_7	S_8	S_9	S_{10}	S_{11}	S_{12}
S_0	1	0	0	0	0	0	0	0	0	0	0	0	0
S_1	1	1	0	1	0	1	0	1	0	1	1	1	1
S_2	1	0	1	0	0	1	0	1	1	0	1	1	0

	S_0	S_1	S_2	S_3	S_4	S_5	S_6	S_7	S_8	S_9	S_{10}	S_{11}	S_{12}
S_3	1	0	0	1	0	0	0	0	0	0	0	0	0
S_4	1	0	0	1	1	1	0	0	1	1	1	1	1
S_5	1	0	0	0	0	1	0	0	0	0	0	0	0
S_6	1	0	0	0	0	1	1	1	1	0	1	1	0
S_7	1	0	0	0	0	1	0	1	0	0	1	0	0
S_8	1	0	0	0	0	1	0	0	1	0	1	1	0
S_9	1	0	0	0	0	0	0	0	0	1	0	0	0
S_{10}	1	0	0	0	0	0	0	0	0	0	1	0	0
S_{11}	1	0	0	0	0	0	0	0	0	0	0	1	0
S_{12}	1	0	0	1	0	0	0	0	0	1	1	1	1

$$
\begin{array}{c|ccccccccccccc}
 & S_0 & S_1 & S_2 & S_3 & S_4 & S_5 & S_6 & S_7 & S_8 & S_9 & S_{10} & S_{11} & S_{12} \\
S_0 & 1 & 0 & 0 & 0 & 0 & 0 & 0 & 0 & 0 & 0 & 0 & 0 & 0 \\
S_1 & 1 & 1 & 0 & 1 & 0 & 1 & 0 & 1 & 0 & 1 & 1 & 1 & 1 \\
S_2 & 1 & 0 & 1 & 0 & 0 & 1 & 0 & 1 & 1 & 0 & 1 & 1 & 0 \\
S_3 & 1 & 0 & 0 & 1 & 0 & 0 & 0 & 0 & 0 & 0 & 0 & 0 & 0 \\
S_4 & 1 & 0 & 0 & 1 & 1 & 1 & 0 & 0 & 1 & 1 & 1 & 1 & 1 \\
S_5 & 1 & 0 & 0 & 0 & 0 & 1 & 0 & 0 & 0 & 0 & 0 & 0 & 0 \\
S_6 & 1 & 0 & 0 & 0 & 0 & 1 & 1 & 1 & 1 & 0 & 1 & 1 & 0 \\
S_7 & 1 & 0 & 0 & 0 & 0 & 1 & 0 & 1 & 0 & 0 & 1 & 0 & 0 \\
S_8 & 1 & 0 & 0 & 0 & 0 & 1 & 0 & 0 & 1 & 0 & 1 & 1 & 0 \\
S_9 & 1 & 0 & 0 & 0 & 0 & 0 & 0 & 0 & 0 & 1 & 0 & 0 & 0 \\
S_{10} & 1 & 0 & 0 & 0 & 0 & 0 & 0 & 0 & 0 & 0 & 1 & 0 & 0 \\
S_{11} & 1 & 0 & 0 & 0 & 0 & 0 & 0 & 0 & 0 & 0 & 0 & 1 & 0 \\
S_{12} & 1 & 0 & 0 & 1 & 0 & 0 & 0 & 0 & 0 & 1 & 1 & 1 & 1 \\
\end{array}
\qquad (7-4)
$$

第一级的可达集与前因集如表 7.3 所示，该级只有 $R(S_0) = R(S_0) \cap A$

（S_0），则该级最高级要素为 0，即第一层要素为 $\{S_0\}$，划去可达矩阵中 S_0 所对应的行和列，得到第二级的可达集与前因集，如表 7.4 所示。

原理同上，可以得到第二层要素集合为 $\{S_3，S_5，S_9，S_{10}，S_{11}\}$、第三层要素集合为 $\{S_7，S_8，S_{12}\}$，以及最底一层要素集合为 $\{S_1，S_2，S_4，S_6\}$，如表 7.5、表 7.6 所示。

表 7.3　　　　　　　　　　第一级的可达集与前因集

S_i	$R(S_i)$	$A(S_i)$	$R \cap A$
S_0	0	0, 1, 2, 3, 4, 5, 6, 7, 8, 9, 10, 11, 12	0
S_1	0, 1, 3, 5, 7, 9, 10, 11, 12	1	1
S_2	0, 2, 5, 7, 8, 10, 12	2	2
S_3	0, 3	1, 3, 4, 12	3
S_4	0, 3, 4, 5, 8, 9, 10, 11, 12	4	4
S_5	0, 5	1, 2, 4, 5, 6, 7, 8	5
S_6	0, 5, 6, 7, 8, 10, 11	6	6
S_7	0, 5, 7, 10	1, 2, 6, 7	7
S_8	0, 5, 8, 10, 11	2, 4, 6, 8	8
S_9	0, 9	1, 4, 9, 12	9
S_{10}	0, 10	1, 2, 4, 6, 7, 8, 10, 12	10
S_{11}	0, 11	1, 2, 4, 6, 8, 11, 12	11
S_{12}	0, 3, 9, 10, 11, 12	1, 4, 12	12

表 7.4　　　　　　　　　　第二级的可达集与前因集

S_i	$R(S_i)$	$A(S_i)$	$R \cap A$
S_1	1, 3, 5, 7, 9, 10, 11, 12	1	1
S_2	2, 5, 7, 8, 10, 12	2	2
S_3	3	1, 3, 4, 12	3
S_4	3, 4, 5, 8, 9, 10, 11, 12	4	4
S_5	5	1, 2, 4, 5, 6, 7, 8	5

S_i	R (S_i)	A (S_i)	R∩A
S_6	5, 6, 7, 8, 10, 11	6	6
S_7	5, 7, 10	1, 2, 6, 7	7
S_8	5, 8, 10, 11	2, 4, 6, 8	8
S_9	9	1, 4, 9, 12	9
S_{10}	10	1, 2, 4, 6, 7, 8, 10, 12	10
S_{11}	11	1, 2, 4, 6, 8, 11, 12	11
S_{12}	3, 9, 10, 11, 12	1, 4, 12	12

表 7.5 第三级的可达集与前因集

S_i	R (S_i)	A (S_i)	R∩A
S_1	1, 7, 12	1	1
S_2	2, 7, 8, 12	2	2
S_4	4, 8, 12	4	4
S_6	6, 7, 8	6	6
S_7	7	1, 2, 6, 7	7
S_8	8	2, 4, 6, 8	8
S_{12}	12	1, 4, 12	12

表 7.6 第四级的可达集与前因集

S_i	R (S_i)	A (S_i)	R∩A
S_1	1	1	1
S_2	2	2	2
S_4	4	4	4
S_6	6	6	6

（5）建立解释结构模型。根据各级的最高要素集，建立战略性新兴产业科技成果转化知识共享障碍因素的解释结构模型，如图 7.2 所示。

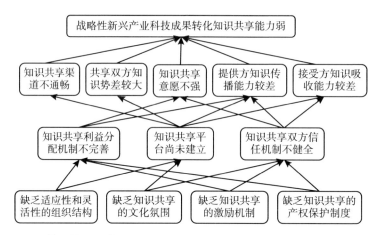

图 7.2　战略性新兴产业科技成果转化知识共享障碍因素的解释结构模型

（6）结果分析。由图 7.2 的 ISM 模型可知，战略性新兴产业科技成果转化知识共享的障碍因素是一个具有四层的多级递阶结构，最低一级的障碍因素有四个：缺乏适应性和灵活性的组织结构、缺少知识共享的文化氛围、缺乏知识共享的激励机制、缺乏知识共享的产权保护制度。可见，机制和环境问题是战略性新兴产业科技成果转化知识共享的障碍根源，要提高战略性新兴产业科技成果转化知识共享的效率和效果，应以此为切入点，通过完善知识共享机制和营造知识共享环境，有效地推动战略性新兴产业科技成果转化。

7.4　基于主体边界的科技成果转化知识共享模式

战略性新兴产业科技成果转化知识共享的主体边界具有明显的层次性：第一层以战略性新兴产业科技成果转化参与组织为边界，即企业与高校、科研院所及中介服务机构之间的知识共享；第二层以战略性新兴产业科技成果转化参与项目团队为边界，即处于不同时间点或不同空间点的转化团队之间的知识共享；第三层以战略性新兴产业科技成果转化参与个体为边界，即科技成果研发人员与生产人员、营销人员及管理人员之间的知识共享。本书从主体边界的视角出发构建战略性新兴产业科技成果转化知识共享模式（刘希宋等，2009；李玥等，2017），如图 7.3 所示。

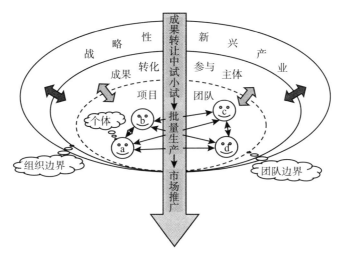

图 7.3　战略性新兴产业科技成果转化知识共享模式的层次结构

7.4.1　参与组织间知识共享模式

7.4.1.1　不同类型参与主体间的知识共享

不同类型参与组织间的知识共享是指战略性新兴产业系统内企业、科研院所、高校、政府、中介机构等具有不同知识优势的参与组织之间的知识共享。企业在科技成果转化知识共享中占据主体地位，分别与高校、科研院所、政府、中介构成了双主体知识共享单元，不同类型组织间知识共享的旋转体如图 7.4 所示。在此基础上的多主体知识共享具有更强的知识集成、扩散与整合的功能，如产学研知识共享模式，既能实现企业、高校、科研机构的知识优势互补，又有利于降低和分散科技成果转化风险。典型的全面互补知识共享形式是"官产学研中"，进一步强化了科技成果转化知识共享中政府部门的导向作用和环境营造作用以及中介机构的"桥梁"作用，有利于缩短科技成果转化周期。

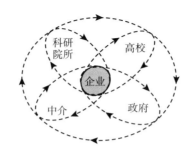

图 7.4   战略性新兴产业科技成果转化不同类型主体间知识共享

7.4.1.2   同类型参与组织间的知识共享

同类型参与组织间的知识共享是指战略性新兴产业系统内的企业之间、科研院所之间、高校之间的知识共享。同类型科技成果转化参与组织功能相似，但在专业结构、知识水平、创新能力上又各有优势，其知识共享具备广阔的实施空间。同类型参与组织间知识共享主要有技术联盟、标准联盟、产品联盟等形式，以这些形式为依托，推动大中小企业的知识协同与互动，促进技术知识、标准知识、产品知识等在战略性新兴产业科技成果转化过程中的流动和共享。例如，通过建立以大型企业为核心、大中小企业结合的创新集群，实现知识共享。IBM 在 20 世纪 80 年代出现危机时，就同许多企业建立了知识联盟：在微型机方面与 NEC 建立了联盟、在远程通信上与 NTT 建立了一系列合作关系、与尼桑汽车公司合作开发汽车电器方面的软件、与日本第二大钢铁厂商 Nippon Kokan 合作开发人工智能系统等。哈尔滨博实自动化设备有限责任公司凭借自身设计优势，发展并培养了哈尔滨市 50 多家委托加工企业，充分利用其生产优势，形成产业集群并积极进行知识共享，成功实现了军用科技成果向民用的转化，同时带动了区域产业经济的发展，产生了巨大的社会效益。

7.4.2   转化团队间知识共享模式

7.4.2.1   并行知识共享

并行知识共享是指存在于同一时期的科技成果转化团队之间的知识共

享。由于项目团队之间有时间交集，科技成果转化组织可以通过转化团队之间知识、人才的交流和互动，促进转化团队间在同一时间截面上的知识共享，如创新绩效突出的团队进行成功经验分享、联合其他团队共同攻关重点难题、借助人员的重叠实现团队间信息互通和知识交流等。战略性新兴产业科技成果转化团队间可以建立互动计划，形成知识共享的网络化组织，如图 7.5 所示。

7.4.2.2　串行知识共享

串行知识共享是指不存在于同一时期的科技成果转化团队之间的知识共享。因为项目团队之间没有时间交集，所以无法进行面对面的交流。因此，本书提出知识回顾和知识总结的串行模式，促进团队间跨越时间的知识共享，如图 7.6 所示。

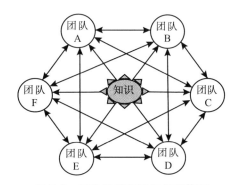

图 7.5　团队间并行知识共享截面

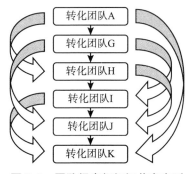

图 7.6　团队间串行知识共享序列

（1）知识回顾。是指结合当前科技成果转化项目的知识需求，对以往转化项目的知识进行回顾，以获取时间效益，缩短科技成果转化周期。一方面，避免重复性知识创新活动。搜寻并充分利用以往转化项目的知识资源，如积累和沉淀下来的技能、诀窍、经验等知识，减少人力、物力、财力的浪费；另一方面，吸取失败经验和教训。通过对以往转化项目的案例分析，找出转化项目的关键节点，预测可能面临的困难，事先做好充分的知识和人才储备。

（2）知识总结。知识总结是知识回顾的基础和前提。战略性新兴产业中创新组织将知识共享作为科技成果转化的标准部分，并建立"行动后知识总结"（after action reviews，AAR）数据库，将高新技术成果转化的经验或者教训，利用多媒体技术进行总结、保存，并与他人共享，直到整个技术项目逐渐退出市场。知识总结不仅为以后的转化项目提供知识资源储备，对该转化团队成员也是一种知识梳理。另外，知识总结的方式有效地将个人知识、团队知识转化为组织知识，实现了科技成果转化知识的升级共享。

7.4.3 转化个体间知识共享模式

7.4.3.1 最佳实践的标杆式知识共享

最佳实践原指行业中的领先企业在经营管理中所推行的最有效的措施和方法。从知识共享贡献突出的个体员工中汇集有价值的知识和经验，形成组织知识共享的最佳实践。该种方式既能够鼓励员工以此为标准查找差距，向最佳实践看齐或超越它升级为更高层次的最佳实践；同时树立知识共享贡献突出的员工为标杆，以简报、演讲等方式挖掘其专业知识和共享经验，实现最佳实践在组织内部的全面共享。

7.4.3.2 报告制的沉淀式知识共享

报告制的沉淀式知识共享是指科技成果转化个体员工将从组织外部获得的知识进行沉淀，供组织内其他员工学习与共享，其实质是外部知识内部化和个人知识组织化的过程。典型案例是摩托罗拉公司要求外训或研习人员通过部门会议或研讨会的方式，报告并分享所学得的技术与知识；工程人员出差返国后，必须完成差旅出差汇报，同时将所学内容以专题报告呈现。战略性新兴产业科技成果转化过程中也需要从组织外部获取大量知识，如市场知识、客户知识等都由市场营销人员经过调查获取，然后被整理成调研报告，并被研发人员、生产人员分享，便于他们根据客户喜好和市场需求改进生产工艺及产品外观，这样就形成了知识获取、共享、反馈、创新的知识流的良性循环。

7.4.3.3 导师制的传承式知识共享

本书"导师制"中的"导师"是指组织中资历较深且具有丰富岗位工作经验的员工，而"学生"则指组织中资历、学识较浅的或缺乏经验的员工。导师制是指导师和学生在共同工作、学习以及生活中形成的关系模式，是一种有效的心智分享制度。学生从导师那学到的不只是显性知识，而是诸如工作标准和思维模式等更大范围的倾向性态度和无法用文字描述的思维以及工作方法等隐性知识。其优点表现在：一是导师以学生个人整体的智能与技能发展为焦点，通过日常工作的讲解、示范、训练，有利于学生知识存量的可持续增长；二是导师制是一种灵活的对应关系，表现为"一对一""一对多"或"多对多"的形式。战略性新兴产业科技成果转化中也应充分发挥导师制的作用，尤其是中试、小试和批量生产阶段，资深的研发人员、生产技术人员很难将那些复杂、细致的工艺知识，设备操作知识等经验类知识显性化后再与他人共享，但通过导师制能够成功实现传承式知识共享。

7.4.3.4 知识社区的自由式知识共享

知识社区是指组织中具有相同工作经历或共同兴趣和目标的个体人员组成的非正式群体，通过一定的基础设施建立知识人性化、技术化的社区环境。知识社区的自由式知识共享是知识社区为实现信息互换和知识共享的目的，通过讨论区、聊天室等形式进行持续性互动的过程。例如，微软公司通过为员工提供聚餐、午休时间讨论的场所，鼓励员工之间聚会与交流。知识社区有利于增加科技成果转化人员间面对面的交流机会，促进员工间知识共享，因为思想的碰撞更能激发群体思维和创新灵感。

7.5 战略性新兴产业科技成果转化知识共享案例

7.5.1 百度 AI 融通创新研学工坊科技成果转化知识共享案例①

（1）百度 AI 融通创新研学工坊简介。百度 AI 融通创新研学工坊（以下简称 AI 研学工坊）隶属于百度学习发展中心，起源于 2016 年开始的百度内部科学家、管理者之间的跨部门知识交流活动。2017 年，由百度 AI 领域多位高阶管理者做理事，共同发起成立了"Alpha 学院"（AI 研学工坊的前身），以 CEO、大组织业务条线直接负责人等综合管理者为主要对象，侧重于综合性产业智能化创新领军人才的发掘，定位于产业融通创新的前沿地带，通过互动交流学习场域的搭建，促进跨界、隐性知识的 SECI 螺旋，并非单向的百度专有知识的溢出，旨在通过互动实现跨组织的企业专有知识外溢与协同，提升产业专有知识的共享水平。百度 AI 融通创新研学工坊的高新技术科技成果转化知识共享模式主要表现为转化个体间知识共享模式，具有较为出色的科技成果转化知识共享实践经验，在我国战略性新兴产业中具有一定代表性。

（2）百度 AI 融通创新研学工坊科技成果转化知识共享实践。

第一，要求多样化的学员构成。为确保跨界学习共享质量和目标达成，对创新主体来说，要求是已经完成 A 轮融资、企业人数在 100 人以上的创业公司，或在 AI 技术及应用方面已经有所布局或者探索的国企或政府机构。对学员个人来说，要求是创业公司的 CEO、CTO、CIO 等主要负责人，或国企、政府机构 AI 技术及应用方面相关的负责人。为保证学员的可靠性，要求进入面试名单的学员至少有一位合格推荐人（百度高管或往届校友）。

---

① 崔桂林，初雪峰．"融通创新"中的跨组织知识协同共享场域的建设探索——以"百度 AI 融通创新研学工坊"为例［J］．清华管理评论，2021（12）：22 - 30.

AI 研学工坊极为重视学员的多样化。在每期约 40 名学员之中，百度内部和外部学员比例约为 1∶3。百度内部学员均是智能技术相关高阶专家或业务负责人，拥有较为充分的业务和技术知识；生态企业学员来自智慧交通、智能（自动）驾驶、智能家居、金融科技、智慧医疗、云服务等不同领域，既有创业企业，也有政府、国企或其他大型组织。这种以外为主、不拘一格的学员组合，不但为百度内外部知识交互提供了条件，更凸显了大企业搭建场域，大、中、小企业及不同所有制企业之间知识共享与协同的融通创新特征。

第二，要求差异性的模块，通过线上线下相结合的教学形式构建了丰富的课程活动，包含了专家分享、实际案例、游学参访、线上平台四个模块。专家分享以建立学员对业界技术前沿认知的共识为具体目标。邀请业界顶尖的专家、科学家、著名学者，针对与智能化相关的技术、产业、管理、创新等多个主题进行教学演讲，辅之以主题性开放式讨论。实际案例以研究性学习、产业创新知识共创为具体目标。AI 研学工坊以创新理论为工具，结合企业自身数字化、智能化创新实践，通过学员生态企业调研，征集案主，打磨案例，以问题为引导进行极具互动性、挑战性的研习会式行动学习，萃取真实智能化创新案例。游学参访以共同的学习和生活带来更深入的交流为具体目标。AI 研学工坊设计了与产业智能化紧密相关主题的国内外游学活动，通过参观、授课、互动、分享等环节，促进认知与交流的深化。线上平台以丰富、精致的线上学习内容保持交互学习的持续性。持续的线上"思想汇"主题课程与线下课程紧密衔接，AI 研学工坊提供在线平台的课程管理服务，学习效果与学员互动交流同为教学管理目标。

第三，要求培育知识协同文化的场域，新的知识协同文化是通过破冰期—共识期—行动期—自觉期建立起来的。在破冰期建立对"知识协同"的统一概念。这个过程一般从第一次课到第二次课前，通过作业的完成情况可以得到确认。在开学之初，学员之间较为陌生，AI 研学工坊以重量级专家的知识分享为抓手，为大家讲解和定义具体的协同，共享价值观，并通过"专家分享"模块一起帮助学员建立对"知识协同"的理解。在共识期，形成对"知识协同"的共同意识。从第二次课开始，所有的模块活动都紧紧围绕着"共学"和"共享"展开，通过自身总结与分享、案例讨论和出谋献策，学员们能够在不断切磋中完成知识交叉体验，从而带来对"知识协同"的认同和主动行为。在行动期培养"知识协同"的行为习惯。通过班级的设定建立集体概念；在实际案例、参访游学中，有意识的设计促使每一位学员参与到分享行动中。在自觉期保持"知识协同文化"的主动性。以"共创未来"为主题的毕业仪式结束后，由于前期的铺垫使得学员之间在熟悉和信任的基础上形成了"分享就是价值"的理念，更多的人愿意把困难和可分享的资源拿出来讨论。这样的文化有利于更高频率的"知识共创"尝试，从而促进新知识、新合作的诞生。

（3）百度 AI 融通创新研学工坊科技成果转化知识共享案例启示。

①融通创新中的跨组织知识协同与共享，终究需要落实到资源融合互补、价值共创的产业创新中来。百度 AI 融通创新研学工坊围绕 AI 落地的潜在创新情境，在跨界的学习中，从企业创新的实际问题出发，以共学—共享—共创的方式，实践了 SECI 知识创造的螺旋，提升了产业专有知识的共享水平，为解决产业问题提供了帮助。

②产业数字化、产业智能化实际是一个数字、AI 技术与既有产业大范围、深度融合的过程，涉及极为广泛的前沿性新知识的构建，不可能一蹴而就。目前，类似百度 AI 融通创新研学工坊这样的跨界主题学习项目仍然还是小规模的探索，且只是较为初级阶段的知识协同与共享。促进不同规模、不同所有制企业之间的融通创新产业生态，还需要更多、更大规模的跨界知识共享与学习。

③从知识管理 SECI 螺旋的角度看，由于涉及较多的跨界，大量的知识共享仍然处于从隐性知识到隐性知识的经验分享与从隐性知识到显性知识的外显表达阶段。面对产业融合创新前沿，融合性、系统性的知识成果还不多，仍然需要投入力量进行进一步的沉淀、整理和发掘，以实现融合化的知识生产以及在此基础上的内隐化（可实践、可操作）进程。

④从企业知识结构的角度看，当前的跨界学习多是不同行业间产业专有知识的共享，以及在互动中企业专有知识外溢形式的对产业专有知识共享的补充，为了加速产业智能化的深入，还需要更多地从产业专有知识到企业专有知识的反哺与升级（即推进融合后的本地化创新、形成新的 know-how），这仍然有赖于深入的沉淀、研究与切实的创新实践。

7.5.2 "天华院"科技成果转化知识共享案例①

（1）"天华院"简介。

"天华院"全称是天华化工机械及自动化研究设计院有限公司，作为我国战略性新兴产业中的影响力较大的代表性科技型企业，曾获得重大科技成果463项，首批甘肃省创新型企业、甘肃省技术创新先进企业。近年来，"天华院"以"共创共享共赢"为目标，驱动公司研发、设计、制造过程，深入实施协同创新发展战略。"天华院"在高新技术科技成果转化知识共享过程中，涉及了参与主体间知识共享模式、转化团队间知识共享模式、转化个体间知识共享模式。

（2）"天华院"科技成果转化知识共享实践。

第一，针对内部，"天华院"提出"聚合资源、共享共赢"思路，并从这一思路出发推出以下三条举措：一是"天华院"进一步强化顶层设计与推动，把知识共享与协同创新作为重要议题，建立了由党委书记、董事长牵头挂帅、经理层出谋划策、分管负责人披挂上阵、各部门承办落实的一体化联动体系，大大提升了各类资源的配置效率。二是依托中国中化、装备公司搭建的协同共享平台和支持保障，主动聚合公司内各专业室所的创新积淀、市场资源和人才力量，以提高多专业知识协同与共享效率为切入点，强力推动协同创新，向管理要效益，用效益促提升，推动实现全面共享共赢。三是每个月的经营分析会上，"天华院"各业务单元每完成一项重要任务，便会就自己的协同优势、订单资源、创新成果、专业领域、核心产品、合作现状、潜在合作机会等知识、信息、资源进行全面分享，以积极推进核心专业创新引领、拳头产品市场协同、功能装备组合配套，促进公司内各专业知识的资源整合。

第二，针对外部，"天华院"强调"强化外部协同，攻关核心技术"思路，并从这一思路出发推出以下三条举措：一是"天华院"持续收获市场

---

① 天华院.深入实施协同创新战略实现共创共享共赢［EB/OL］.（2023－05－11）［2024－06－3］. https://mp. weixin. qq. com/s/qG-oBoVwLBG7gSdU7_YB1w.

和客户的积极反馈，并将其作为科技成果转化的重要创新知识借鉴。二是"天华院"协同公司内各室所专业优势，携克劳斯玛菲一起，与万华化学就技术合作、产品研发和知识资源共享等签订战略合作协议，合作成立万华化学联合研究中心，以知识技术共享为基础，陆续在塑料改性技术、干燥工程技术、原煤预处理及水回收技术、污泥无害化处理技术、废热锅炉回收技术、管道防腐保温工程技术、重大装备质量监检等 13 个领域开展了核心前沿技术的知识交流与探索。三是"天华院"在跨企业、跨专业的协同创新方面积累了成功经验，作为中国中化内部供应商，"天华院"主动把这些经验应用推广到集团公司系统内，积极参与中国中化产业链的上下游，分享自身的知识与经验。

通过采取以上两方面的举措，"天华院"攻克获取了多项技术并完成了科技成果的成功转化，如 2018 年 12 月，团队成功突破德国科倍隆公司的垄断打入 PC 粉和絮片造粒领域。2019 年初，团队中标万华化学塑料改性项目近 3 亿元合同订单，克劳斯玛菲的产品首次进入万华化学。自 2020 年至今，双方密切配合争取到国内 6 套 POE 装置的直接脱挥造粒设备订单，基本确立了"天华院"及克劳斯玛菲在 POE 这一市场潜力巨大的新型高端新材料挤压造粒领域的先发优势。2021 年，在团队的努力下，克劳斯玛菲高性能挤出设备被成功集成到双向拉伸薄膜挤出系统中，由此成功进入长期由德日企业控制的高端双向拉伸薄膜领域。

（3）"天华院"科技成果转化知识共享案例启示。

第一，高新技术在科技成果转化过程中，知识共享对科技成果转化具有关键推动作用，需要各方协调与合作，通过知识共享攻克核心技术难关，知识的获取和交流机制可以帮助提升高新技术在科技成果转化过程中所需的知识存量以及知识异质性，进一步为技术成果的攻克提供新思路与新方法，同时也为进一步研制、开发其他高新技术积累丰富的知识理论基础。

第二，在组织等系统内部，通过以下方式可提高知识共享效率：一是搭建有利于知识共享的运作平台，如完备的信息技术系统等，帮助内部高效地知识共享。二是制定各种规章制度和激励政策，鼓励员工进行知识交流，并将绩效考核与知识分享挂钩，特别是建立一种旨在促进知识交流和知识分享的技术规范。三是通过定期举办职业培训、组织经验交流会、年会、联欢会、安排非正式的会面和交谈等活动，使员工获取多项技能，减少知识供应者和知识接受者之间的知识梯度，同时也能营造有利于知识共享的文化氛围。

第三，在组织等系统外部，知识共享应从以下几方面开展：一是构建产学研合作模式，积极通过与学校、企业、科研院所等共同申报课题、联合研发等形式，全面深化新产品、新技术领域的持续研发，促进整体性、战略性、长期性的知识协作创新。二是重视市场用户的需求与反馈，通过挖掘客户知识促进科技成果的成功转化。三是重视产业链的纵向合作共享，通过与上下游的知识和经验共享，能够快速解决科技成果转化的瓶颈问题。

7.6 本章小结

本章首先阐明了战略性新兴产业科技成果转化知识共享的内涵与功能，从关键稀缺知识的共享行为逻辑和基于社会网络的知识共享两个维度对科技成果转化知识共享机理进行分析，提出强弱联结交叉融合的知识共享路径；其次，应用解释结构模型对科技成果转化知识共享的障碍进行识别，在此基础上，提出基于主体边界的战略性新兴产业科技成果转化知识共享模式；最后，探讨了百度 AI 融通创新研学工坊及"天华院"两个典型案例的科技成果转化知识共享实践活动。

第8章 战略性新兴产业科技 成果转化的知识整合

8.1 战略性新兴产业科技成果转化知识整合的内涵与目标

8.1.1 战略性新兴产业科技成果转化知识整合的内涵

战略性新兴产业科技成果转化知识整合是指战略性新兴产业中产、学、研等创新主体在科技成果转化过程中，对不同层次、不同门类的知识进行加工、聚合，使它们能够相互作用与融合并形成优化的、系统的知识体系，以满足战略性新兴产业科技成果转化知识需求的知识管理过程和活动（李玥等，2018）。战略性新兴产业科技成果转化知识整合包括三方面的内容。

（1）知识扩张整合：将新学习的知识纳入已有的知识体系，使科技成果转化组织的整个知识体系保持一致性；遵守知识原型不变原则，将旧知识重新挖掘使之跃迁到新知识的层次，产生新的解释、新的意义和发挥新的效用；将新旧知识融合构成新的知识体系，发挥知识指导科技成果转化实践的功能，实现战略性新兴产业科技成果转化总体战略目标。

（2）目标与知识概念的整合：战略性新兴产业科技成果转化的知识需求包括成果源知识、试验知识、生产工艺知识、市场营销知识等各方面的知识，各种知识之间的连接构架是通过概念和目标实现的，其中，概念的整合可使知识内部建立起有机的联系，形成知识的主体构架；目标的整合与统一可使知识体系有清晰的服务对象，形成系统的知识链与知识网。

（3）知识门类的整合：根据科技成果转化知识结构复杂化、多样化的特征，将不同学科或同一学科不同专业门类的知识进行有效组合，形成优化的复合型知识体系，产生知识的组合效应，以满足战略性新兴产业科技成果转化知识复合化、融合化的需求。

8.1.2 战略性新兴产业科技成果转化知识整合的目标

战略性新兴产业科技成果转化知识整合是一个系统有序的过程，它嵌入于科技成果转化的业务流程中，旨在做到"整以致用"，即任何知识整合行为都要以服务科技成果转化总体战略为宗旨。战略性新兴产业科技成果转化知识整合的目标包括构建动态有序的科技成果转化知识体系、实现科技成果转化主体知识资源的优化组合、提升战略性新兴产业核心竞争力。

8.1.2.1 构建动态有序的科技成果转化知识体系

构建动态有序的知识体系是战略性新兴产业科技成果转化知识管理的一项基础性建设。战略性新兴产业科技成果转化的知识需求包括显性知识和隐性知识、内部知识和外部知识、个体知识和组织知识、生产知识和营销知识等，由此形成一个复杂的知识系统。随着成果转化知识的积累和环境的变化以及系统知识的新陈代谢，知识体系呈现出一种动态变化的失稳结构。因此，通过科技成果转化知识的内在概念连接关系将知识分类、融合，通过建立完善、有序、动态的知识体系，能够有效提升其对科技成果转化项目的服务能力。

8.1.2.2 实现科技成果转化主体知识资源的优化组合

战略性新兴产业科技成果转化知识体系具有复杂系统的特征，是多元知识资源要素融合的体系。通过知识整合，实现系统开放性、远离平衡态、涨落机制和内部知识资源与外部知识资源的非线性相互作用，通过自创生、自复制、自生长、自适应模式，使科技成果转化知识系统内外资源有效整合，满足科技成果转化主体的知识需求。知识整合对组织知识资源优化组合的作用表现在以下方面。

（1）建立转化目标与主体知识水平耦合的知识体系。通过知识整合有效分解科技成果转化的战略目标，实现转化目标与主体知识水平的统一，对成果转化主体知识进行择优弃冗、互补相容，实现转化主体知识体系的合理性和有效性，避免知识缺口和知识资源浪费，有效提高科技成果转化效率。

（2）有效解决科技成果转化过程中的关键问题。科技成果转化过程必然面临难以解决的关键性问题，相应的知识需求往往具有复杂性、复合性特征，需要通过知识整合进行跨团队、跨组织、跨系统的知识协作，使知识基础不同、知识结构不同的转化组织、团队、个人进行知识互补和融合，实现知识扩张整合，以满足成果转化过程解决关键性问题对多样化知识融合的需求。

8.1.2.3 提升战略性新兴产业核心竞争力

科技成果转化知识整合对提升战略性新兴产业核心竞争力的作用表现为将各种知识有效集成并固化于战略性新兴产业科技成果转化产品和服务之中，形成并不断提升产品和服务的国内外市场竞争力。科技成果转化组织的知识整合能力是经过长期的实践逐渐积累形成的，它深嵌于成果转化组织的文化、体制与流程中，具有路径依赖性与因果关联性。科技成果转化主体通过强大的知识整合能力提高科技成果转化知识整合的广度和深度，可以有效地开发和利用内外知识资源、提高战略性新兴产业科技成果转化效率、降低科技成果转化成本、增加科技成果转化产品的知识附加值，为培育战略性新兴产业竞争优势开拓核心知识来源。

8.2 战略性新兴产业科技成果转化的知识整合机理

战略性新兴产业科技成果转化知识整合，是围绕科技成果转化战略目标，产、学、研等转化组织通过择优弃冗、组织忘却、互补相容、沉淀净化多种复合知识选择机制，有效融合个人知识与组织知识、隐性知识与显性知识、原有知识和新增知识、内部知识和外部知识，并构建动态有序的知识体系的过程，该过程会产生知识集聚效应和涌现效应，能为战略性新兴产业科技成果转化提供知识保障（李玥等，2017）。

战略性新兴产业科技成果转化知识整合机理包括知识选择机理、知识融合机理和知识契合机理（刘希宋等，2009；李玥等 2023），其框架如图 8.1 所示。

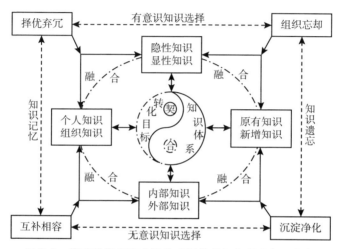

图 8.1　战略性新兴产业科技成果转化知识整合机理框架

8.2.1　知识选择机理

知识选择是知识整合的首要环节，通过对各种不同的知识去粗取精、去伪存真，得到科技成果转化组织真正需要的知识体系。知识选择机理的目标是"获得组织想要的知识"。

8.2.1.1　知识盘点与识别

知识盘点与识别是科技成果转化组织在确定了知识的需求取向后，通过对组织的现有知识进行系统清点、选择与过滤，以摸清组织知识现状及更新知识库的过程。其作用一方面是印证组织的实际知识结构与需求是否合理；另一方面是为成果转化关键环节的知识整合提供科学依据。知识盘点与识别的主要内容包括以下方面。

（1）对组织知识存量进行盘点与清理。通过盘点与清理，随时把握知识的动态信息，识别组织存量知识的类型、分布、结构和新度。如果对组织的知识存量没有详细的把握，那么知识整合必然成为无水之舟、无本之木。因此，战略性新兴产业科技成果转化组织必须通过知识盘点与清理，掌握组织知识存量的广度和深度，辅助科技成果转化的实施。

（2）对组织知识进行选择、过滤。以科技成果转化战略目标为导向，对组织知识进行科学的选择与过滤，通过组织知识库的优化更新、知识检索等工具和手段，使组织做到"知道自己知道的知识"。

8.2.1.2　择优弃冗

随着成果转化进程的深化和环境的变化，新知识层出不穷，组织原有知识与新知识、新技能不断混合、冲突、组合，组织需要对知识进行分析、比较和整理，筛选出能有效促进科技成果转化目标实现的知识，摒弃与成果转化战略目标相悖的知识，去除成果转化组织的冗余知识，从而优化战略性新兴产业科技成果转化知识体系，提升成果转化知识元素的内涵与知识产品的附加值。

8.2.1.3　组织忘却

在组织领域中，忘却是指组织放弃旧的知识以获得新知识的过程。组织所积累的知识越多，在科技成果转化过程中所表现出的竞争优势就越强，但当组织环境发生剧烈变化时，组织知识存量的一部分知识凸显陈旧，成为适应新环境的障碍，因而必须有相应的忘却机制来促进知识的更新换代。科技成果转化组织的知识忘却要以有利于当前或未来的科技成果转化为原则，摒弃与科技成果转化战略目标不一致的新旧知识，遗忘不能创造转化绩效的旧知识，避免组织的知识刚性。

8.2.1.4　互补相容

知识互补是将不同学科分类、形态、层面、来源、作用的知识相互补充与融合。互补知识在知识库中并不是以单个知识元素的形式存在，而是以知识团、知识簇的形式被存储，知识团簇内的知识形成共同作用的功能单元，可被知识检索人员全部、同时析取。组织通过激励知识员工的主观能动性，利用知识势差的吸收能力，以系统外、组织外、团队间的互补知识为营养，充分吸收其与组织现有知识体系兼容的新知识，并与体系内的原有知识相互补充与强化，填补知识缺口，发挥知识的协同效应，产生巨大的知识价值。

8.2.1.5 沉淀净化

随着知识体系的不断扩张，知识存储容量对新知识吸收与旧知识存储的限制日趋显著。新知识的进入将对旧知识产生压力，使部分旧知识沉淀，进入到过刊、过库与过时知识状态，最终被科技成果转化组织遗忘，脱离科技成果转化知识体系。知识的净化是由知识的自然形态所决定的，知识有流动态与沉淀态两种形态，但只有流动的知识才能响应科技成果转化战略目标，即动态的知识才有价值。知识净化就是组织自然选择流动知识、自动遗弃沉淀知识的过程。在知识净化过程中，一些处于休眠状态的知识可能被当作沉淀知识被组织遗忘，也可能被互补知识激活，重新变成流动状态。

8.2.2 知识融合机理

经过知识选择后，组织知识库中留存的知识是组织需要的知识，但此时知识处于一种松散状态，需要组织进一步地加工才能成为科技成果转化"助推剂"的"原材料"。即科技成果转化组织需要将不同形态、不同层面、不同来源的知识"搅拌融合"，使知识体系成为有机系统，并将加工好的"知识原料"有序存储于员工头脑、组织文化、知识文本、知识库中。知识融合的目标是"将零散的知识加工成知识原料，并使其各就各位，处于待命状态"。战略性新兴产业科技成果转化知识融合机理框架如图 8.2 所示。

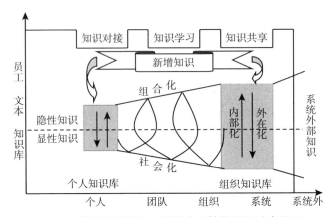

图8.2　战略性新兴产业科技成果转化知识融合机理

8.2.2.1　个组融合

个组融合是指战略性新兴产业科技成果转化过程中组织知识与个人知识的融合。科技成果转化的个人知识具有专有性与互补性，是个人长期积累和创造的结果；科技成果转化组织的知识既不能脱离个人知识而独立存在，但又不是个人知识的简单累加，它具有非线性的整体性特质。在科技成果转化过程中，个人知识与组织知识以多种形式持续融合，一方面，零散的个人知识能够不断融入到组织知识之中；另一方面，组织知识也能被迅速应用于个人科技成果转化活动中。这种融合使个人知识与组织知识的存量不断增加、品质不断提升，个人知识库和组织知识库都得到扩充和发展，引致知识创新不断发生。

8.2.2.2　显隐融合

显隐融合是指战略性新兴产业科技成果转化过程中显性知识与隐性知识的融合。在科技成果转化过程中，各种隐性知识与显性知识之间存在着复杂的相互作用，并不断融合与相互转化（马拉维利亚斯·赛尔吉奥和马丁斯·乔贝托，2019）。主要包括：个人、团队和组织自身隐性知识与显性知识的融合；个人、团体和组织之间隐性知识与显性知识的融合。知识融合过程主要表现为两类知识的不断转化，不同层次知识主体拥有的隐性知识通过外部化过程，不断转化为各种新的显性知识；不同层次知识主体拥有的显性知识通过内部化过程，不断转化为各种新的隐性知识；隐性知识和显性知识融合是组织知识内在化、组合化、外在化、社会化交互循环的过程。

8.2.2.3 新旧融合

新旧融合是指战略性新兴产业科技成果转化组织积累的原有知识与新知识、新技能的融合，它贯穿科技成果转化全过程。实现组织新旧知识融合的基础平台是：①建立完善的组织知识库。组织必须对分属不同知识主体的、分散而无序的原有知识进行重新整理，组织知识库是必要的承载体。②对知识体系进行更新和重构。在原有知识整理的基础上，及时将新知识和新技能增加到组织知识体系之中，以实现原有知识与新知识的不断融合。总之，知识融合是知识量的积累和质的突破相结合的过程，通过新旧知识的有效融合，战略性新兴产业科技成果转化组织的知识结构不断完善与优化，逐步形成新的知识体系。

8.2.2.4 内外融合

内外融合是指战略性新兴产业科技成果转化参与主体内部知识与外部知识的融合。战略性新兴产业科技成果转化组织需要开放自身的知识体系，与外部进行信息和知识交流，充分利用系统内和社会上的科技力量，弥补转化组织的知识缺口。科技成果转化过程中，转化组织内部和外部关于各种信息和知识的互动、协同、融合等关系日益强化，组织从外部吸收的知识不断转化为组织内部知识，从而使知识积累增加，知识结构不断完善。组织应加快建立高效的外部信息和知识网络，跨越战略性新兴产业科技成果转化的组织边界、文化边界与知识边界，将外部的客户知识、供应商知识、合作伙伴知识以及相关的科技、政策等方面的知识，高效地整合到科技成果转化组织知识体系之中。

8.2.3 知识契合机理

战略性新兴产业科技成果转化的知识契合，是指战略性新兴产业成果转化的知识体系与科技成果转化目标的耦合。经过知识融合过程后，知识已经成为可用的"原材料"，此时需要分解科技成果转化的战略目标，并以此为指南将"待命"的"知识原料"串结起来，组成以科技成果转化为核心的知识链与知识网，契合科技成果转化进程，提高科技成果转化效率。知识契合的目标是"知识串结以成果转化为中心，知识体系对转化进程零时滞响应"。战略性新兴产业科技成果转化知识契合机理框架如图 8.3 所示。

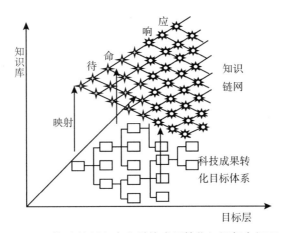

图 8.3　战略性新兴产业科技成果转化知识契合机理

8.2.3.1　目标映射

战略性新兴产业科技成果转化目标分为直接目标和战略目标，直接目标是科技成果转化项目的成功实施，战略目标是提升战略性新兴产业科技成果转化主体的核心竞争力。科技成果转化的直接目标可分解为成果对接成功、成果试制成功、成果批量生产成功、成果商业化产业化成功等具体目标，并能进一步细分为转化项目团队和个人的直接目标，直到每一个细分目标都能明确界定其知识需求。这样，当战略性新兴产业科技成果转化推进到相应的目标层次时，组织和员工将知识体系中"待命"的"知识原料"迅速集结，与成果转化的细分目标形成映射关系，响应科技成果转化的知识需求。

8.2.3.2 知识串结

当战略性新兴产业科技成果转化进程提出知识需求时,"待命"的"知识原料"需要进行有机串结。由于经过知识融合过程后,知识存在的状态都不是零散的知识元素,而是有序的"知识原料",因此,将"知识原料"串结成知识链和知识网就升华为一个"艺术过程"。一个好的知识链和知识网不仅能有效推进科技成果转化项目的实施,而且能产生延拓效应,优化组织结构,对其他的成果转化项目起到规范与示范作用。知识串结可以通过职位轮换、团队交叉、部门膜化、知识联盟等方式实现,通过人才流、信息流的联系,实现战略性新兴产业科技成果转化知识链和知识网上的"暗流汹涌"。

8.3 战略性新兴产业科技成果转化知识整合的影响因素

8.3.1 知识整合的影响因素

知识整合贯穿战略性新兴产业科技成果转化全过程,受个人、组织、制度、内外部环境等多方面影响,是一个复杂的运行过程。其中,整合意向、技能水平、整合平台、人际关系、产权意识是其中最为重要的影响因素。整合意向是知识整合活动发生的前提,技能水平是知识整合有效实施的基础,整合平台为知识整合创造了有利条件,协调的人际关系是知识整合的润滑剂,产权保护意识对知识整合环节具有重要的保障作用。

8.3.1.1 整合意向

战略性新兴产业科技成果转化组织与人员的整合意向由两方面决定:一是转化组织与人员的素质水平,这是整合意向的内在来源;二是转化组织激励措施的有效程度,这是整合意向的外在来源。在良好的文化氛围下,建立完善的知识整合激励机制,鼓励员工积极进行知识整合,增强转化过程的知识能力；提升员工知识素质，对转化员工进行知识型塑造，增强员工的自我激励与自我完善的追求。从内外激励相容视角，提升转化组织与员工的知识整合意向水平。

8.3.1.2 技能水平

战略性新兴产业科技成果转化组织与人员的知识整合技能水平由两方面决定：一是转化员工自身的专业知识存储量，只有在知识势差不超过一定阈值时，才能将现有知识与新增知识融合；二是转化员工的知识整合能力，即员工吸收、领悟新增知识的技能。首先，转化组织应对知识员工的业务技能与专业知识水平进行培训与提升，扩大知识员工的知识面，深化知识员工的知识深度，使知识员工具备新知识的学习基础与整合能力；其次，转化组织对知识员工获取新知识的手段、途径、方法等进行专业培训，使员工掌握知识整合工具的使用方法，提升知识员工知识整合的效率。

8.3.1.3 整合平台

随着信息化技术在战略性新兴产业技术领域与工作领域应用的不断深入，知识整合平台成为战略性新兴产业科技成果转化知识整合不可或缺的有力工具。通过知识整合平台，组织员工可以获得更多的知识来源，从众多知识中去粗取精，并互相印证与激发思维；知识员工利用知识整合平台进行知识沟通、仿真试验、数据分析、理论推导等，智能化提升组织员工的知识整合效率。建设科学的知识整合平台应注意：首先，要与科技成果转化业务流程相配套，使知识难题及时被解决；其次，重视知识整合平台的便捷性，提高利用率；最后，将知识整合平台做到跨部门、跨团队甚至跨组织，充分整合各种知识来源。

8.3.1.4 人际关系

人际关系主要影响隐性知识的整合与外部知识的整合。战略性新兴产业科技成果转化需要整合大量知识员工与知识型组织的知识，其中有大量的隐性知识。因此，建立良好的人际关系网络，促进各种专业知识员工的交流，提高知识员工掌握转化知识的广度与深度；建立各种知识型组织之间的知识交流联系，通过组织间的知识合作，实现跨组织的隐性知识转移，是知识整合的基础。处理知识整合人际关系时应注意：第一，尽量扩大知识来源数量；第二，拓宽知识种类；第三，提高人际关系网络的紧密程度，维护稳定的知识合作联系；第四，提高人际关系网络的使用技巧，尽量做到公平合作；第五，提高宏观把握人际关系网络中知识流动的能力，提升知识整合与利用水平。

8.3.1.5 产权意识

产权保护既是知识整合的激励机制又是知识整合的约束机制。一方面，有效的知识产权保护能提高组织员工的知识地位与竞争优势，组织员工既有知识整合的积极性又有贡献知识的自我实现需求；另一方面，知识产权保护增加了知识的获取难度，构成了知识整合的障碍。理顺知识产权关系，构建完善的知识产权保护制度体系，增强知识员工的产权保护意识，对知识整合能力培育机制的长期发展具有重要的意义。建立知识产权体系应注意：首先，清晰界定知识利益分配关系；其次，制订完善的知识使用机制；再次，建立公平透明的执法机制；最后，完善知识产权侵犯的责任追究机制。

8.3.2 影响因素的关系分析

在不同的转化组织、转化项目中，战略性新兴产业科技成果转化知识整合的影响因素对知识整合的影响程度不同，在同一转化项目的不同转化阶段，影响因素的作用效果也有区别。因此，本书对某高新技术企业的某一科技成果转化项目进行追踪调查，并利用灰色关联分析方法研究在该转化组织中各影响因素对知识整合的作用系数及其内在相互作用关系。

8.3.2.1 影响因素指标设计

首先将该科技成果转化项目分为若干阶段，每一阶段设置相应的标志，其次在每一阶段结束时考察并记录知识整合效果和各影响因素的状态，知识整合的效果由个组融合、显隐融合、新旧融合和内外融合及知识契合五个指标反映，影响因素指标分别为整合意向、技能水平、整合平台、人际关系、产权意识，各指标设立相应的标准和问卷，指标值由项目内外专家共同打分综合得出，各阶段的权重由专家打分结合 AHP 方法确定，经计算分别得到该转化项目知识整合的指标权重、影响因素值、整合效果值，如表8.1 所示。

表 8.1　　　某科技成果转化项目知识整合的影响因素值与整合效果值

效果与影响因素		对接阶段		试验阶段		批量生产			商业化		产业化
		对接准备	成果交易	小试	中试	工艺设计	试生产	流水线生产	试销	全面推广	
		0.10	0.10	0.15	0.15	0.10	0.05	0.05	0.10	0.10	0.10
整合效果	知识契合	0.80	0.88	0.50	0.70	0.77	0.85	0.90	0.90	0.99	0.85
	个组融合	0.33	0.35	0.70	0.80	0.88	0.88	0.90	0.72	0.88	0.88
	显隐融合	0.40	0.30	0.90	0.92	0.98	0.96	0.78	0.88	0.70	0.70
	新旧融合	0.80	0.80	0.90	0.98	0.99	0.80	0.70	0.90	0.90	0.70
	内外融合	0.90	0.89	0.92	0.93	0.95	0.80	0.73	0.92	0.96	0.99
影响因素	整合意向	0.95	0.93	0.80	0.83	0.85	0.70	0.40	0.89	0.95	0.91
	技能水平	0.50	0.40	0.88	0.94	0.98	0.95	0.97	0.97	0.94	0.91
	整合平台	0.82	0.46	0.88	0.91	0.94	0.94	0.71	0.88	0.79	0.78
	人际关系	0.77	0.65	0.94	0.95	0.98	0.91	0.78	0.99	0.99	0.99
	产权意识	0.98	0.98	0.86	0.89	0.91	0.90	0.80	0.82	0.60	0.50

8.3.2.2　灰色关联分析的基本步骤

由于战略性新兴产业科技成果转化的阶段划分具有明显的模糊性，且科技成果转化知识整合的影响因素复杂，整合效果不易测度，应属灰色系统理论范畴。而灰色关联分析是灰色系统理论应用最广泛的一种方法，其基本思想是根据数列曲线几何形状的相似程度来判断其联系的紧密程度，曲线形状越接近，相应数列之间的关联度就越大，反之就越小（韦保磊和谢乃明，2019）。因此，本节选用灰色关联分析方法对战略性新兴产业科技成果转化的知识整合影响因素与整合效果进行研究，其基本步骤如下。

（1）选择参考数列。比较数列为 $d_i = \{d_i(1), d_i(2), \cdots, d_i(n)\}$，$i = 1, 2, \cdots, m$，参考数列为 $d_0 = \{d_0(1), d_0(2), \cdots, d_0(n)\}$。

（2）指标数据规范化处理。将原始数据转化为无量纲、同级、正向可加的数据。各类指标数据转化方法如下：设 d_{ij} 为原始数据，u_{ij} 为标准数型，M_j 和 m_j 分别为第 j 项指标的最大值和最小值。

极大型指标转换：$u_{ij} = d_{ij}/M_j$

极小型指标转换：$u_{ij} = 1 + m_j/M_j - d_{ij}/M_j$

点型指标转换，设理想点为 r，则有：

$$u_{ij} = \begin{cases} d_{ij}/r & d_{ij} \in [m_j, r] \\ 1 + r/M_j - d_{ij}/M_j & di_{ij} \in [r, M_j] \end{cases}$$

域型指标转换，设适宜的值域范围为 $[r_1, r_2]$，则有：

$$u_{ij} = \begin{cases} d_{ij}/r & d_{ij} \in [m_j, r] \\ 1 & d_{ij} \in [r_1, r_2] \\ 1 + r_2/M_j - d_{ij}/M_j & d_{ij} \in [r_2, M_j] \end{cases}$$

（3）计算灰色关联系数。将规范化后的数列 $u_0 = (u_{01}, u_{02}, \cdots, u_{0n})$ 作为参考数列，$u_i = \{u_i(1), u_i(2), \cdots, u_i(n)\}$ 作为比较数列，灰色关联系数计算公式为（郭秀云，2004）：

$$\xi_{ik} = \frac{\min\limits_i \min\limits_k |u_{0k} - u_{ik}| + \rho \max\limits_i \max\limits_k |u_{ok} - u_{ik}|}{|u_{0k} - u_{ik}| + \rho \max\limits_i \max\limits_k |u_{ok} - u_{ik}|} \qquad (8-1)$$

式中，$i = 1, 2, \cdots, m$；$k = 1, 2, \cdots, n$。ρ 是分辨系数，$\rho \in [0, 1]$，本书中取 $\rho = 0.5$。

利用式（8-1）计算关联系数 ξ_{ik}，得到下列关联系数矩阵：

$$E = (\xi_{ik})_{m*n} = \begin{bmatrix} \xi_{11} & \xi_{12} & \cdots & \xi_{1n} \\ \xi_{21} & \xi_{22} & \cdots & \xi_{2n} \\ \vdots & \vdots & \ddots & \vdots \\ \xi_{m1} & \xi_{m2} & \cdots & \xi_{mn} \end{bmatrix} (i = 1, 2, \cdots, m; k = 1, 2, \cdots, n)$$

式中，ξ_{ik} 表示第 i 个评价单元的第 k 个指标与第 k 个参考指标的关联系数。

（4）计算单层次的关联度。考虑到各指标的重要程度不一样，所以关联度计算采取权重乘以关联系数的方法。根据专家法结合层次分析法，得到某一层的各指标相对于上层目标的优先权重为 $W=(w_1, w_2, \cdots, w_n)$。

式中，$\sum_{k=1}^{n} w_k = 1$，n 表示该层中的指标个数。则关联度的计算公式为：

$$R=(r_i)_{1\times m}=(r_1, r_2, \cdots, r_m)=WE^T \qquad (8-2)$$

（5）计算多层评价系统的最终关联度。对一个由 L 层组成的多层评价系统来说，最终关联度的计算方法如下：将第 k 层各指标的关联系数进行合成，分别得到它们所属的上一层即 k−1 层各指标的关联度；然后把这一层所得到的关联度作为原始数据，继续合成得到第 k−2 层各指标的关联度，依次类推，直到求出最高层指标的关联度为止。

8.3.2.3 知识整合影响因素的作用关系与内在关系分析

（1）作用关系分析。作用关系分析是测量各影响因素对知识整合效果的影响程度，即分别以每个知识整合效果指标为参考数列，以影响因素指标为比较数列。

例如，考察各影响因素对"知识契合"指标的影响程度，则有：

$$d=\begin{bmatrix} 0.95 & 0.93 & 0.80 & 0.83 & 0.85 & 0.70 & 0.40 & 0.89 & 0.95 & 0.91 \\ 0.50 & 0.40 & 0.88 & 0.94 & 0.98 & 0.95 & 0.80 & 0.97 & 0.94 & 0.91 \\ 0.82 & 0.46 & 0.88 & 0.91 & 0.94 & 0.94 & 0.71 & 0.88 & 0.79 & 0.78 \\ 0.77 & 0.65 & 0.94 & 0.95 & 0.98 & 0.91 & 0.78 & 0.99 & 0.99 & 0.99 \\ 0.98 & 0.98 & 0.86 & 0.89 & 0.91 & 0.90 & 0.80 & 0.82 & 0.60 & 0.50 \end{bmatrix}$$

$$d_0=[0.80, 0.88, 0.50, 0.70, 0.77, 0.85, 0.90, 0.90, 0.99, 0.85]$$

由于各指标值已经在 [0, 1] 之间，不需要进行规范化处理。依据灰色关联系数计算公式，得到关联系数矩阵：

$$E=\begin{bmatrix} 0.63 & 0.83 & 0.45 & 0.66 & 0.76 & 0.63 & 0.33 & 0.96 & 0.86 & 0.81 \\ 0.45 & 0.34 & 0.40 & 0.51 & 0.54 & 0.71 & 0.71 & 0.78 & 0.83 & 0.81 \\ 0.93 & 0.37 & 0.40 & 0.54 & 0.60 & 0.74 & 0.57 & 0.93 & 0.56 & 0.78 \\ 0.89 & 0.52 & 0.36 & 0.50 & 0.54 & 0.81 & 0.68 & 0.74 & 1.00 & 0.64 \\ 0.58 & 0.71 & 0.41 & 0.57 & 0.64 & 0.83 & 0.71 & 0.76 & 0.39 & 0.42 \end{bmatrix}$$

根据专家咨询结果并结合 AHP 法，得到权重向量为：

$W = [0.10, 0.10, 0.15, 0.15, 0.10, 0.05, 0.05, 0.10, 0.10, 0.10]^T$

将关联系数矩阵与权重进行综合，得到各影响因素对"知识契合"指标的灰色关联度：

$$R = WE^T = [0.699, 0.584, 0.622, 0.637, 0.574]$$

同理，可以得到各影响因素对其他知识整合效果指标的灰色关联度，并将各影响因素对不同知识整合效果指标的影响程度进行等权综合，得到各影响因素对知识整合效果的综合作用系数，如表 8.2 所示。

表 8.2　　　　　　　影响因素对知识整合效果的作用系数

整合效果	影响因素				
	整合意向	技能水平	整合平台	人际关系	产权意识
知识契合	**0.699**	0.584	0.622	0.637	0.574
个组融合	0.749	**0.788**	0.746	0.686	0.678
显隐融合	0.664	0.828	**0.835**	0.734	0.744
新旧融合	0.648	0.707	**0.830**	0.760	0.675
内外融合	0.765	0.754	0.752	**0.825**	0.703
综合效果	0.705	0.732	0.757	0.728	0.675

由此可见，在五个影响因素中，对知识整合效果影响程度的大小顺序为：整合平台 > 技能水平 > 人际关系 > 整合意向 > 产权意识，即知识整合平台是影响战略性新兴产业科技成果转化知识整合效果程度最大的因素，技能水平和人际关系对知识整合效果也具有重要影响，而整合意向和产权意识对知识整合效果的影响相对较弱。其中，影响知识契合的最重要的因素是整合意向，影响个组融合的最重要的因素是技能水平，影响显隐融合和新旧融合的最重要的因素都是整合平台，影响内外融合的最重要的因素是人际关系。

因此，从单项影响因素对提高知识整合效果的视角考察，战略性新兴产业科技成果转化组织应重视知识整合平台的建设和完善，为知识整合提供前提条件；加强转化人员的专业知识和技能的培训，促进个人知识与组织知识的融合；同时发展转化组织及员工人际关系网络的范围及紧密程度，促进组织内外知识的融合，提高知识整合的效率和效果。

（2）内在关系分析。内在关系分析是测量各影响因素之间的相互作用关系。在计算各影响因素与其中某一影响因素的关系时，以该影响因素指标值为参考数列，以各影响因素指标值为比较数列。例如，考察各影响因素与"整合意向"的内在关系时，参考数列和比较矩阵分别为：

$$d_0 = [0.95, 0.93, 0.80, 0.83, 0.85, 0.70, 0.40, 0.89, 0.95, 0.91]$$

$$d = \begin{bmatrix} 0.95 & 0.93 & 0.80 & 0.83 & 0.85 & 0.70 & 0.40 & 0.89 & 0.95 & 0.91 \\ 0.50 & 0.40 & 0.88 & 0.94 & 0.98 & 0.95 & 0.80 & 0.97 & 0.94 & 0.91 \\ 0.82 & 0.46 & 0.88 & 0.91 & 0.94 & 0.94 & 0.71 & 0.88 & 0.79 & 0.78 \\ 0.77 & 0.65 & 0.94 & 0.95 & 0.98 & 0.91 & 0.78 & 0.99 & 0.99 & 0.99 \\ 0.98 & 0.98 & 0.86 & 0.89 & 0.91 & 0.90 & 0.80 & 0.82 & 0.60 & 0.50 \end{bmatrix}$$

依据关联系数计算公式，得到关联系数矩阵：

$$E = \begin{bmatrix} 1.000 & 1.000 & 1.000 & 1.000 & 1.000 & 1.000 & 1.000 & 1.000 & 1.000 & 1.000 \\ 0.371 & 0.333 & 0.768 & 0.707 & 0.671 & 0.515 & 0.398 & 0.768 & 0.964 & 1.000 \\ 0.671 & 0.361 & 0.768 & 0.768 & 0.746 & 0.525 & 0.461 & 0.964 & 0.624 & 0.671 \\ 0.596 & 0.486 & 0.654 & 0.688 & 0.671 & 0.558 & 0.411 & 0.726 & 0.869 & 0.768 \\ 0.898 & 0.841 & 0.815 & 0.815 & 0.815 & 0.570 & 0.398 & 0.791 & 0.431 & 0.393 \end{bmatrix}$$

将关联系数矩阵与权重综合，得到各影响因素与"整合意向"指标的灰色关联度：

$$R = WE^T = [1.000, 0.678, 0.683, 0.661, 0.710]$$

同理，可得到各影响因素对其他影响因素的灰色关联度，如表 8.3 所示。

表 8.3　　　　　　　　　知识整合影响因素的内在关联系数

参考影响因素	影响因素				
	整合意向	技能水平	整合平台	人际关系	产权意识
整合意向	1.000	0.678	0.683	0.661	0.710
技能水平	0.693	1.000	0.802	0.823	0.666
整合平台	0.680	0.787	1.000	0.747	0.731
人际关系	0.645	0.802	0.736	1.000	0.633
产权意识	0.725	0.666	0.748	0.665	1.000

从表 8.3 可以看出，人际关系、整合平台与技能水平之间存在着较强的关联关系，即人际关系和整合平台的强弱对知识整合技能水平具有重要影响，而技能水平对人际关系和整合平台的反作用也较大，同时，人际关系与整合平台之间也具有较强的相互影响。另外，人际关系与整合平台、整合平台与产权意识之间也存在一定的相互影响。而整合意向与其他影响因素之间的内在关系则相对较弱，即整合意向这个因素的独立性较强。

因此，从各影响因素的相互联动关系考察，战略性新兴产业科技成果转化组织应充分重视人际关系网络对知识整合其他影响因素的带动作用，尤其是利用人际关系、整合平台和技能水平之间的联动关系，同时强化转化组织及员工的知识整合意向，全面提升战略性新兴产业科技成果转化知识整合的效果。

8.4 战略性新兴产业科技成果转化的知识整合模式

战略性新兴产业科技成果转化过程大致可以分为四个阶段：对接阶段、试验（小试、中试）阶段、批量生产阶段、商业化产业化阶段，对应这四个阶段，科技成果转化的知识整合既要遵循知识流运行的一般规律，又要遵循各阶段对知识形态的特殊要求。因此，本书从成果转化最终产品形成过程的视角对战略性新兴产业科技成果转化知识整合模式进行分析。

成果转化最终产品是指科技成果转化为满足市场需求最终提供给顾客的产品，成果转化最终产品形成过程是指科技成果从成果源形态变化为样品形态，再变化为产品形态，进而转化为商品形态的全过程。基于成果转化最终产品形成过程的整合模式，即在成果转化最终产品形成的过程中，将不同知识状态的知识进行整合，使不同知识状态的知识嵌入成果转化最终产品形成的相应阶段，从而保证成果转化最终产品形成全过程对知识的需求（李玥等，2010）。基于科技成果转化最终产品形成过程的知识整合模式框架如图 8.4 所示。

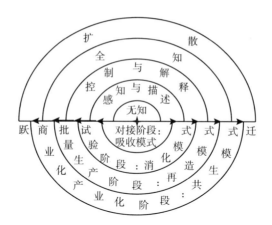

图 8.4 战略性新兴产业基于成果转化最终产品形成过程的整合模式框架

8.4.1 基于成果转化最终产品形成过程的知识状态

对应于战略性新兴产业科技成果转化最终产品形成过程，科技成果转化主体对最终产品的认知也明显呈现出阶段性特点，可分为五种主要知识状态：无知状态、感知与描述状态、控制与解释状态、全知状态和扩散状态（魏江等，2005）。

8.4.1.1 无知状态

在科技成果转化对接阶段，科技成果转化的最终产品尚处于成果源状态，对于受让方而言，对转让方所提供的成果源的消化吸收尚未建立知识联系，知识尚处于离散状态。组织目前的知识积累哪些可供利用？哪些人具备相关领域的知识储备？哪些知识应从外部获取？如何实现从成果源到样品、产品、商品的转化？后续阶段又将面临哪些关键问题？总之，受让方获得成果源之初，对于将成果源知识转化为最终产品的过程与方案，基本处于无知状态。

8.4.1.2 感知和描述状态

在科技成果转化对接向样品试制的过渡阶段，科技成果转化的最终产品尚处于成果源状态向蓝图和构想状态跃升的阶段。通过成果源的知识对接、相关资料的收集和知识的接触,转化人员对成果转化目标和"概念产品"有了"感知",开始在头脑中形成产品图像,着手对产品图像进行"描述",使用一系列的符号、数字和文字等表达所构想的产品的方案或设想。通过研制人员不断地沟通、讨论,集思广益,就转化过程的关键问题攻关并达成一致见解,最终实现突破,找到将成果源转化为最终产品的基本构想。

8.4.1.3 控制和解释状态

在科技成果转化进入试验试制阶段,科技成果转化的最终产品处于由概念产品向样品状态跃升的阶段。在感知和描述的基础上,转化人员开始实验和测试,试图对所转化的最终产品的核心功能进行"控制和解释"。根据产品蓝图的描述,提出最终产品的功能参数,制作试验样品,对样品运行的参数进行记录和整理分析,转化人员不仅掌握各参数间的关联和变化,还要揭示各参数的影响因子,对所采集到的不同数据和结果作出解释,并为这些解释找到理论依据,用理论知识指导下一步转化工作。

8.4.1.4 全知状态

所谓"全知"是一个相对的概念,是指对成果转化最终产品所需的知识处于全面掌控的状态。进入产品制造阶段后,成果转化的最终产品处于由样品向产品状态跃升的阶段。这一阶段是全面掌握成果转化最终产品所需的技术、市场、管理知识的阶段。此时转化组织已完成工业原型的开发,需要进行新产品试生产和现场工艺试验,以及由此引发的制订完整的技术规范的需求,并在形成最终产品物质形态的基础上,以专利、专有技术等形态形成知识资本。该状态可理解为转化人员对成果转化最终产品知识追求的理想目标。

8.4.1.5 扩散状态

经过全知状态,科技成果转化的最终产品以新产品、新技术的形态首次投入市场,创新成果向市场扩散。伴随着新产品、新技术的扩散,同时实现了嵌入在最终产品中的知识的扩散。但对于科技成果转化主体而言，扩散不是简单的知识传播，而要在市场的竞合关系中实现知识的持续创新，知识扩散源和模仿者或在竞争中推陈出新实现双赢互动，或在竞争中毁灭淘汰出局。

8.4.2 基于成果转化知识状态跃迁的知识整合模式

在战略性新兴产业科技成果源向最终产品转化过程中，各阶段知识的原始状态与可达状态是不同的，这些原始状态与可达状态即是科技成果转化各阶段的输入与输出，知识整合的结果表现为知识状态的跃迁。本书根据各阶段知识输入的原始状态与知识输出的可达状态，构建科技成果转化知识整合模式。

8.4.2.1 对接阶段的吸收型知识整合模式

（1）该阶段的知识整合目标：旨在促进成果转化方与成果提供方的成果源知识对接，实现成果转化组织由对成果转化最终产品的"无知状态"向"感知与描述状态"的跃迁。

（2）该阶段的知识整合策略。

①知识吸收策略：是指尽可能吸收成果提供方的成果源知识与组织外部知识。该阶段转化组织通过交易等方式承接了成果提供方的专利、专项技术等方面的大量知识，转化人员的主要任务是通过学习与培训尽可能全盘复制与挖掘成果提供方的显性知识与隐性知识，为科技成果转化奠定知识基础。

②内外融合策略：是指尽可能将成果源知识和外部知识与自身知识体系相融合。该阶段转化组织的知识库处于迅速扩张但欠组织管理的状态，其对于成果转化最终产品的知识状态也经历了由基本无知向感知描述状态转变。但这种融合尚停留在"感知"层次，真正地消化外部知识还需要在下一阶段的转化实践中逐渐深入，经过实践才能将显性知识彻底转变成组织隐性知识。

③组合化整合策略：主要是科技成果转化组织和人员利用各种渠道收

集大量信息尤其是专业知识，尽可能扩大科技成果转化的知识接触面，将成果转让方提供的成果源知识及外部显性知识转化为组织内部显性知识。

8.4.2.2 试验阶段的消化型知识整合模式

（1）该阶段的知识整合目标：旨在满足科技成果由概念产品向样品转化的知识需求，使成果转化组织的知识状态由对成果转化最终产品的"感知与描述状态"向"控制与解释状态"跃迁。

（2）该阶段的知识整合策略。

①知识消化策略。该阶段主要是将成果源知识与组织内部知识有效整合，并通过小试、中试不断地检验和试错，在实践中消化和完善成果源知识。首先，对有关最终产品核心功能的成果源知识进行消化，可邀请成果提供方进行专门培训或参与转化，将成果源知识融入转化组织知识库；其次，通过内部学习、交流、研讨和辩论等整合机制，将离散、无序和分属不同主体的知识系统化；最后，对成果源知识进行扬弃，对于与转化主体环境及变化的市场需求不适应的知识进行知识沉淀。此时转化组织知识库是一个扩张与收缩并存的状态，知识整合过程可能催生很多新知识，同时对接阶段吸收的部分知识也可能因试验证明对成果转化无用而被摒弃。

②创造性知识整合策略。该阶段转化组织还需进一步开发转化人员专业知识与经验，将成果源知识、转化组织搜索的相关知识、试验人员的实践知识相融合，通过试验探寻样品研制方法，最终将整合的知识凝聚成产品雏形。转化人员通过知识的新旧融合、内外融合、显隐融合与个组融合，汇集出对成果转化最终产品概念的描述和初步见解，形成转化的蓝图。该阶段将直接导致成果转化组织的知识大量增加，进一步丰富成果转化组织的知识体系。

8.4.2.3 批量生产阶段的再造型知识整合模式

（1）该阶段的知识整合目标：旨在实现科技成果由样品向产品转化的知识需求，使成果转化组织的知识状态由对成果转化最终产品的"控制与解释状态"向产品制造"全知状态"跃迁。

（2）该阶段的知识整合策略。

①多元化知识整合策略。在科技成果转化的批量生产阶段，成果转化组织将在试验阶段获取的知识与生产知识、管理知识、销售知识、客户知识整合，创造出工艺知识，进而将知识凝练成产品，实现科技成果由知识形态向实物形态的转变。其中生产知识与市场知识和科技知识的联结，是实现知识产品使用价值的关键环节。该状态形成的标志是成果转化组织的知识库几乎存储了成果转化所需的全部知识。

②多主体知识整合策略。在科技成果转化的批量生产阶段，知识整合范围明显扩大，研发部门与生产、销售和管理等部门的交流将大为增加，以保证新产品的工艺可行性和市场前景。该阶段转化组织需要成立跨职能知识团队，团队成员包括技术、制造、管理、市场营销等人才，甚至需要客户、供应商的参与，并采取组织结构调整、人员交叉任职、组织知识学习等多种形式，将以上多主体的知识纳入科技成果转化知识体系。

③工艺再造及产品知识整合策略。该阶段要求生产出功能齐全、成本低、使用便捷、外表美观的产品，关键在于工艺再造与产品开发。转化人员通过对个人角色的认知，相互协调，利用常规整合实现沟通的规模性和不同场景下应用的广泛性，通过隐性知识整合创造出生产制造所需的工艺知识，并使产品知识由核心产品的适用性、经济性、安全可靠性等知识，向形式产品的外观、质量、品位等知识扩展，进而向扩增产品的包装、服务等知识延伸。同时，转化组织对工艺再造和产品开发涉及的学科公共知识和专业知识进行重构，其中部分知识通过编码、记录等手段转化为显性知识，而对核心知识则采取专利、技术秘密等形式实现知识资本化，进一步完善转化组织知识库。

8.4.2.4 商业化产业化阶段的共生型知识整合模式

（1）该阶段的知识整合目标：实现战略性新兴产业科技成果转化的技术扩散，使成果转化组织的知识状态由对成果转化最终产品制造的"全知状态"向产业化"扩散状态"跃迁。

（2）该阶段的知识整合策略。

①面向客户需求的知识整合策略。该阶段主要是以客户需求为牵引，

整合转化组织与客户、投资者、供应商、渠道商的知识，实现共生型知识整合，使之为新产品商业化产业化服务，以全面实现新产品的经济效益和社会效益。商业化产业化阶段的知识整合主要是市场参与主体的知识整合，成果转化组织的宏观协调和战略掌控能力对市场扩张将会起决定性作用。科技转化组织通过利益协调，与供应商、渠道商、客户在竞争环境中进行共生型知识整合，协调外部知识并使其契合转化目标、响应新产品商业化产业化的知识需求，最终形成繁荣的产业群内外知识链与知识网的知识整合。

②敏捷响应市场的知识整合策略。新产品的商业化产业化，面临复杂多变的市场环境，实现向市场"惊险的一跃"，因为并非所有新产品都能顺利完成。成功的新产品和新技术，需要对瞬息万变的市场信息迅速作出响应。此时，科技成果转化组织将产品的市场信息及时反馈到生产制造部门，技术人员与市场人员共同组成跨部门团队，促进技术、市场知识的整合，形成响应市场变化的新产品技术策略与市场策略，有效培育新产品适应市场竞争的核心知识优势，如此循环往复，新的知识扩散和应用又为组织后续转化提供雄厚的知识基础，在更广泛的应用中找寻问题，开始新一轮的知识整合。

8.5 战略性新兴产业科技成果转化知识整合案例

8.5.1 朗科科技科技成果转化知识整合案例①

（1）朗科科技简介。

朗科科技全称为深圳市朗科科技股份有限公司，成立于 1999 年 5 月，总部位于广东省深圳市。截至 2020 年 12 月 31 日，朗科科技专利申请总量

---

① 罗洪云，张庆普. 知识管理视角下新创科技型小企业突破性技术创新过程研究 [J]. 科学学与科学技术管理，2015，36（3）：9.

为 328 项，已授权专利 317 件，且开发了一些系列产品，已经覆盖固态硬盘、内存条、移动硬盘、存储卡、闪存盘及外设产品六大产品领域，这些专利为企业创造了巨大的经济效益，朗科科技是战略性新兴产业中科技成果转化的典型代表。

（2）朗科科技科技成果转化知识整合实践。

第一，优盘创意产生过程中的知识整合。邓国顺是在自身知识认知的基础上，充分获取和整合外部知识，最终产生了优盘创意想法，体现了知识整合对突破性创意想法的重要作用。邓国顺通过对原有存储设备的深入剖析，总结出其存在易损坏、需要专门驱动器、数据传输效率低等缺点，并将这些宝贵的经验转化为自己独有的个体知识，也正是个体独有知识促使邓国顺产生了开发新存储器的想法。邓国顺对市场上可用的存储介质进行调查后发现，Flash 存储介质可以取代现有存储介质，USB 接口可以将 Flash 存储介质与计算机连接起来。这些外部知识为开发新存储器想法的实现提供了有用的知识储备。邓国顺通过内外部知识的整合认为开发专门的控制程序将 Flash 存储介质和 USB 接口集成起来能最终将优盘创意想法转化为新产品。因此，邓国顺提出的开发一种大容量和容易携带的移动存储设备的创意想法开始进入正式研发阶段。

第二，研究开发与中试过程中的知识整合。1999 年 5 月，邓国顺和成晓华回国，在深圳注册了朗科科技并开始研究与开发优盘工作。起初由于资金的限制，研发团队主要由邓国顺和成晓华构成，从专业知识的角度看，两个人中一个是软件知识专家（邓国顺），一个是硬件知识专家（成晓华），实现了优盘开发所需软硬件知识的结合。通过对自身掌握的技术知识、从外部获取的软硬件相关知识加以整合后解决了开发移动存储设备的三个核心问题：Flash 存储介质、USB 接口和专有的控制程序，即通过内外部知识的获取、整合与创新（增加全新的控制程序）形成了闪存盘的概念模型和初步的开发流程设想。概念模型形成后，邓国顺等不断寻找能用于频繁擦写的存储设备的 Flash 存储介质，经过多次试验后都失败了。由于当时 Flash 芯片种类较少，价格昂贵，邓国顺和成晓华试图利用其他设备中的 Flash 芯片进行试验。通过不断更换 Flash 芯片进行测试，两个人历时半年多完成了研发工作并申请了专利。而如今，实力雄厚的朗科科技组建了自己的研发中心和研发团队，从国内外吸纳行业精英参与新技术和新产品的研发工作。通过组建研发中心和研发团队，来自不同技术领域的员工之间能不断共享技术知识，通过彼此的互通有无、取长补短实现突破性技术创新目标。正如谷歌和苹果，甚至从用户互动社区源源不断汲取创新技术和灵感。研发出优盘产品后，通过实验室的多次测试（用坏了 4 台计算机）发现存在的技术缺陷并搜寻相关知识解决技术缺陷后，朗科科技开始寻找投资者进行批量生产和商业化。

第三，优盘产品商品化过程中的知识整合。朗科科技寻找投资者的过程并不是一帆风顺，而是经过了从深圳到北京、上海、美国硅谷和新加坡的艰难历程，最终获得投资开始产品的批量生产。新产品推出后，朗科科技优盘进入了商业化阶段。朗科科技主要通过两种方式推进商业化进程：一是"教育用户，培育市场"。朗科科技大量投入人力、物力，花大力气进行营销宣传和新产品试用活动，通过领先用户对优盘及其相关产品和解决方案的使用和体验，使领先用户能够对优盘有更深刻的认识，赞同优盘的优点而最终接受和使用优盘。由于朗科优盘是首创产品，经过领先用户使用后的反馈和宣传，市场份额迅速扩大，潜在用户不断转化为优盘的使用者。朗科科技借力领先用户跨越"大峡谷"开发早期潜在用户，借力早期潜在用户跨越"次峡谷"开发大量潜在用户的方法迅速将新产品推向目标市场，加速了相关产品的商业化进程。二是朗科科技同合作伙伴联盟，捆绑销售。朗科科技首先与国际知名的 IBM 公司建立了联盟，通过 IBM 公司向用户推荐使用朗科优盘，其后联想、DELL、方正各大电脑厂商掀起了一场捆绑销售朗科优盘的热潮。2001 年，朗科科技与联想合作，在联想商用机中捆绑新一代存储盘——朗科优盘，将其灵巧便携的移动存储概念巧妙地融入商务办公功能之中，既增加了朗科优盘的销量，也为联想商用机促销增加了新的亮点。朗科科技与联想的合作也标志着基于 USB 接口的移动存储器已经开始大规模进入办公领域，优盘将会获得更多的潜在用户。通过合作伙伴的推荐和捆绑销售使朗科优盘销量猛增，朗科优盘的商业化道路彻底打开了。

第四，新技术标准普及过程中的知识整合取代软盘和光盘存储技术后，闪存盘这种新技术的使用中面临的一个问题就是新技术标准的普及。在朗科优盘商业化的过程中，朗科科技主要通过两种方式实现新技术标准的普及和使用。一是积极申请发明专利，实施知识产权保护战略。截至 2013 年 9 月 30 日，朗科科技专利申请总量为 328 项，拥有已授权专利 228 项（其中发明专利 210 项，数据来源于朗科官网：http://www.netac.com.cn），上述发明专利及专利申请分布于中国和欧美等全球多个国家及地区。上述专利的申请，除了保护知识产权外，也是朗科科技创新知识的积累过程，为后续突破性技术创新增加了知识积累。二是推行移动存储技术与安全标准——U–SAFE 标准。U–SAFE 标准解决了用户对信息的安全和保密提出的新要求。朗科科技通过与利益相关者建立联盟关系，借助行业标准的建立和推广，加速实现新技术标准的市场化和国际化。朗科科技曾是新创科技型小企业突破性技术创新的典范，其开发优盘的过程较好地诠释了新创科技型小企业突破性技术创新的过程，为我国各行业的新创科技型小企业开展突破性技术创新提供了可借鉴的做法。从优盘创意的产生、研究开发、中试生产，到商业化、新技术标准的推广环节都蕴含着各种知识的共享、整合与创新，充分体现了知识整合对突破性技术创新的重要作用。具体地说，在技术方面，朗科科技已经逐步将独有的数据智能恢复与备份的技术应用到后续的绝大部分产品中，从而在业界建立起闪存盘的一个更高的技术标准；在营销方面，朗科科技整体的市场运作能力提高，不仅投入不断增多，朗科科技还更加注重营销的短期效果与品牌的长期利益相结合，将终端建设与品牌建设放在了同等重要的位置。在国际化方面，除了与 IBM、DELL、罗技等大客户的合作进一步加强外，朗科的国际分销渠道也得到进一步完善。此外，朗科科技还与美国本土最大的闪存盘厂商 JMTEK 公司成立合资公司，以强强联合的互补优势共同拓展欧美市场。

（3）"朗科科技"科技成果转化知识整合案例启示。

朗科优盘创意之所以能快速转化为新技术和新产品，知识整合活动起到了重要的作用。首先是个体间知识的整合。众所周知，朗科优盘的开发者邓国顺和成晓华分别是计算机软、硬件专家，而优盘的开发恰好是需要利用软件技术将现有的硬件进行有效集成，因此两人所具有的软硬件知识的整合是开发优盘成功的关键因素之一。其次是内部知识与外部知识的整合。除了两人所具备的内部软硬件知识外，如何将外部的 Flash 芯片作为存储介质，利用 USB 接口代替原有的驱动器，缩小移动存储设备的体积，大幅度增加存储容量，需要将两人的内部知识与外部相关知识进行整合，开发出相应的控制程序实现软硬件的集成和使用。因此，个体之间的知识整合、内部知识与外部知识的整合、显性知识和隐性知识的整合是优盘创意转化为新技术、新产品的重要手段。

8.5.2 "哈尔滨东安发动机集团有限公司"科技成果转化知识整合案例①

（1）哈尔滨东安发动机集团有限公司简介。

哈尔滨东安发动机集团有限公司（以下简称东安集团）隶属于航空工业第二集团公司，是主要生产航空发动机、直升机减速传动系统、航空发动机及飞机附件传动系统、航空机电产品、燃气轮机发电机组等产品的高科技企业。20 世纪 90 年代，东安集团抓住市场机遇，开发出了小型燃气轮机发电机组系列产品，小型燃气轮机发电机组是一些国民经济重要部门为了应付突然出现的停电事件而准备的备用电源，这一技术当时在我国还是空白。该产品涉及空气动力学、材料、控制、机械、电机等多学科知识和实用技术，企业靠自身知识基础很难完成这项创新，而又无法获取国外先进技术，难度较大。在这种情况下，东安集团选择了自主开发，并通过有效的知识整合活动成功实现了科技成果的自行转化，取得了较好的商业化产业化绩效。

（2）东安集团科技成果转化知识整合实践。

第一，企业原有知识积累及创意来源。东安集团从 20 世纪 50 年代就一直承担国家航空发动机的维修和生产任务，在几十年的发展中积累了丰富的发动机生产制造经验，拥有一支门类齐全、技术过硬的技术队伍，为企业的知识库积累了较为丰富的内容。由于航空发动机对可靠性的苛刻要求，

① 孟庆伟，刘铁忠. 自主创新与知识整合案例分析 [J]. 科学学与科学技术管理，2004（2）：78－82.

一些达到使用寿命的航空发动机虽然运转基本正常，也不允许在飞机上继续使用，但从其各项性能指标上看，仍然可以为动力机械使用，所以航机陆用一直是东安集团致力于解决的问题。在 20 世纪 80 年代末期，他们就曾尝试把两台淘汰的国产运七飞机发动机改装用于大庆油田的火力发电，取得了成功。1998 年，当得知邮电部在国内订购小型备用电源的决定后，东安集团凭借雄厚的技术基础以及类似产品的开发经历，成功中标。可以说，外部市场信息是企业获取产品开发及转化任务的前提，而已有的知识积累则是企业抓住机遇的保证。

第二，深入挖掘企业内部知识，突破技术难关。为保证转化活动顺利进行，东安集团成立了由总经理宋金刚领衔的技术小组，由已退休的原总工程师杜昌年担任技术总负责人，从各部门抽调精干技术人员加入小组，以求充分利用企业积累的知识和经验。在人员配备上，企业原设计所中参与过大庆油田供电设备开发的技术人员成为小组的中坚力量；服务于大庆油田火力发电现场的技术人员由于对电站设备的运行具有丰富的实践经验而被吸收到小组中；东安集团机械设备厂的一位技术人员是公认的控制系统方面的技术专家，也成为小组的重要成员。此外，转化过程中小组还可以根据需要申请抽调其他部门优秀技术人员参与。这样，小组集中了企业优秀技术人才，能够充分发掘和利用他们的知识和经验，攻克技术难关。一是发动机能耗问题。小组根据以往生产发动机的经验，对现有发动机进行技术改进，开发出以柴油或天然气为燃料的新型发动机，提高了产品经济性；对提高燃料热效率和减少燃料浪费两方面的知识进行收集和综合，最终从增加柴油喷油雾化率、提高控制系统动作精确程度等方面降低了能耗。二是发动机噪声问题。转化人员凭借航空发动机制造的知识积累，发现噪声主要来源于燃气轮机的进气、燃烧、排气等过程。为此，通过封装并加装隔音装置、开发共振消音装置等措施，使整个机组噪声达到低于 60 分贝的国际标准。可见，转化人员的知识整合在这一问题的解决中发挥了重要作用。

第三，充分利用企业外部知识，加快转化速度，确保产品质量。在机组转化过程中需要很多基础理论与前沿科学知识，而企业对这些知识不可能掌握得面面俱到。因此，东安集团委托大学或专业研究所解决转化中的一些关键技术问题，以充分利用企业外部知识资源，促使企业内部知识与外部知识的有效整合，提高企业知识积累的速度和水平。一是在燃气轮机进气蜗壳内部形状设计过程中，企业选定哈尔滨工业大学能源学院的王仲奇院士和韩万金教授等人作为委托方。依靠这些专家，企业不仅获得了流体通过进气蜗壳时的流体力学方程，明确了气体流场状态，而且还得到了关于进气蜗壳内部形状设计的有价值的建议。二是控制系统的研发又是一个关键问题。为了获得高水平的成果并缩短研发时间，企业将控制系统的设计任务委托给航空二集团 606 研究所，并派技术人员参与对方的活动，这使得转化人员在合作中获取了丰富的隐性知识。因此，企业外部知识在整合中也纳入了企业知识库，增加了企业知识储备。

第四，实施强强联合策略，提高市场开发能力。东安集团是专门生产发动机的企业，对于发电设备的市场领域并不十分熟悉。为了弥补市场知识的欠缺，东安集团与在我国机电产品市场开发方面具有显著优势的加拿大大成电讯有限公司合作，组建东安大成机电有限公司，负责小型燃气轮机发电机组的市场开发。与加拿大大成电讯有限公司的强强联合，充分利用了合作方的销售经验与销售渠道，顺利地开拓了市场，实现了知识与市场的良性嫁接。与该公司的合作，也是合作双方实现知识共享的过程。东安集团既获得了大成公司的营销知识，又充实了企业的内部知识库，增强了企业的核心竞争力。

（3）东安集团科技成果转化知识整合案例启示。

第一，任何一项具体的创新活动都需要汇集多学科、多专业的知识，在各种知识综合的基础上才能完成。为了实现多学科、多专业知识的整合，企业的创新组织应该由各种学科专业的人才组成，东安集团的跨职能产品开发团队就是这样一种组织形式。来自各个部门和各个专业的技术人员在创新目标的指引下，在他们熟悉的领域内搜集创新需要的专业知识，并从不同的角度来思考创新中的问题。不同专业知识彼此交流与融合，实现了知识的整合。

第二，创新人员能否得到所需要的各种知识，是个体层次上知识实现整合的关键。企业应该采用一些信息技术措施，使员工能够方便及时地了解到企业内部的各类信息（知识），使个体层次上的知识整合顺利发生。此外，企业还应该调整企业的组织结构和办公环境，使之变得更有助于企业各个部门员工之间的交流与沟通。这些方法都可以使企业的创新人员容易接触到企业内外的各种知识资源，进而通过对获得的知识的整理来提高自身的知识水平。

第三，组织层次上的知识整合是通过组织中所有成员在技术创新活动中的合作实现的，即通过"从干中学"或"从用中学"获得的。通过组织学习，知识在整个组织中进行传播与转移，最后形成的问题的解决方案被整个组织的全体成员接受，提高了组织的创新水平。此外，创新组织在完成某一项技术创新任务后，组织中所有成员都会形成一些经验类知识，如果不及时整理，很多不系统的、有价值的经验就会无结果地消失，所以在技术创新项目结束后，企业应当组织创新人员进行有意识的经验回顾，使创新个体的知识能够记录下来并在整个组织中实现共享，成为组织的"共有知识"。

第四，技术创新不是仅靠企业自身的知识就能实现的，在技术创新过程的每一个阶段，都需要大量来自企业外部的知识支撑。为了使产生于不同组织的知识能够实现较好地契合，企业的创新人员在吸收某一外部知识后，除了要关注该知识的表面内容，还应尽力掌握该知识核心内容背后的技术原理、技术开发过程、产品生产制造技术等外延性知识，也就是要获得与该知识相关的"冗余信息"。不同来源知识的冗余部分往往就是这些知识彼此能够进行交叉、扩展、重构的条件。借助与这些不同来源知识相互关联的冗余信息，创新人员可以明了该外来知识与企业自有知识之间的联系，从而较好地把外来知识与企业内部知识结合，发挥外来知识应有的作用。

8.6　本章小结

本章首先阐明了战略性新兴产业科技成果转化知识整合的内涵与目标，揭示了科技成果转化知识整合的知识选择机理、知识融合机理、知识契合机理；其次，运用灰色关联分析法对战略性新兴产业科技成果转化知识整合影响因素的作用关系及内在关系进行分析；再次，提出基于成果转化知识状态跃迁的知识整合模式：吸收型模式、消化型模式、再造型模式、共生型模式；最后，探讨了朗科科技与东安集团两个典型案例的科技成果转化知识整合实践活动。

第9章 战略性新兴产业科技成果转化的知识创新

9.1 战略性新兴产业科技成果转化知识创新的内涵与功能

9.1.1 战略性新兴产业科技成果转化知识创新的内涵和特征

战略性新兴产业科技成果转化的知识创新，是指以科技成果转化战略目标为导向，通过高新技术企业、高校、科研院所等创新主体（产学研），在知识的对接、学习、共享、整合基础上，创造新知识，探索新规律，并将知识应用于科技成果转化全过程，直至最终完成新产品、新技术开发及实现产业化的活动。战略性新兴产业科技成果转化知识创新主要包括技术知识创新、管理知识创新与市场知识创新三方面内容，如图9.1所示。

战略性新兴产业科技成果转化知识创新是一个复杂系统，它具有复杂系统的四个特性和三个机制（兰筱琳等，2018；吴彤，2001；罗文军和顾宝炎，2004）。四个特性：一是聚集。知识创新系统是多创新主体的聚集体。二是非线性。在知识创新系统中，各创新主体的关系是包括各种反馈的非线性关系。三是流。知识创新个体与环境之间、个体之间的物质、能量、信息、知识流的畅通影响着系统演化。四是多样性。多样性是复杂性的体现，在适应环境发展过程中，创新个体之间差别发展扩大，最终形成分化。三个机制：一是标识。标识是为了实现主体之间相互识别和选择，而

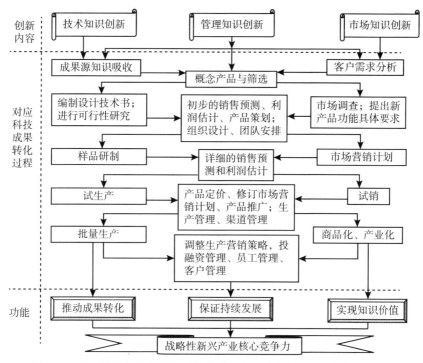

图 9.1 战略性新兴产业科技成果转化知识创新的内容及对应转化过程

为各创新主体建立的标志。二是内部模型。内部模型指每个创新个体具有复杂的内部机制。三是积木。积木指的是组成知识创新系统网络的模块。知识创新总是在相互联系和相互反馈的网络中频繁发生，因此，战略性新兴产业科技成果转化的知识创新是一个复杂的网络系统，网络系统的运行具有对管理知识创新的路径依赖，管理知识的创新需要一个战略性的系统规划。

9.1.2 战略性新兴产业科技成果转化知识创新的功能

战略性新兴产业科技成果转化的知识创新是一个战略实施过程，其功能既在于推动现有科技成果转化项目的成功开发，更注重从知识管理视角完善战略性新兴产业科技成果转化主体的内部创新机能，提升科技成果转化能力，为实现战略性新兴产业长期战略发展目标奠定坚实基础。战略性新兴产业科技成果转化知识创新的功能具体包括：

（1）推动战略性新兴产业科技成果转化。战略性新兴产业科技成果转化的知识创新具有情境嵌入特性，科技成果转化过程是新知识向新技术、新产品转化的过程，知识创新为技术创新提供知识基础。战略性新兴产业科技成果转化知识创新主要通过以下方式推动科技成果转化：挖掘具有市场潜力的成果源，将有市场前景的技术知识加以推广应用；将不同来源、不同层面的知识进行创新，形成科技成果转化的知识体系；在关系网络上组织大范围的协同创新，实现知识的规模效应，促进科技成果转化技术的扩散；知识创新推动科技成果转化技术创新、制度创新与管理创新，并为科技成果转化提供完善的管理机制与市场引导机制。

（2）实现科技成果转化知识价值。追求知识价值是成果转化组织的原动力，是科技成果转化组织生存与发展的基础性功能。科技成果转化知识价值包括：成果源知识的交易转让价值；技术咨询与技术合作的利益分享价值；知识商业化、产业化过程实现的新产品附加价值和知识资本价值。

（3）推进产学研融合的科技成果转化体系持续发展。知识创新是战略性新兴产业可持续发展的源泉，产学研融合的持续知识创新体系，是战略性新兴产业系统技术领先性、产业主导性、竞争优势持续性的保证。主要体现在：一是有效的产学研技术知识整合与协作。通过创造产学研互动的新技术、新工艺，增加产品的知识含量，提升转化产品的功能，降低转化成本。二是发掘产学研融合的潜在需求知识。引导产学研融合科技成果转化实践，创造推动科技成果转化的新领域。三是挖掘客户知识和市场竞争知识。通过市场竞争情报系统和对客户知识的提取，把握市场脉搏，创造改进产品的新知识，保证产品的市场竞争能力。四是创新组织管理知识。通过对组织结构、体制的知识整合与创新，完善组织的科技成果转化功能，提升科技成果转化效率。五是完善知识员工、团队与组织的知识结构。通过共享互补、整合融合、知识创新，丰富战略性新兴产业科技成果转化个人与组织的知识积累。

9.2 战略性新兴产业科技成果转化知识创新的主体要素

9.2.1 科技成果转化的知识创新人才

9.2.1.1 知识创新人才的类型

（1）创新型技术人才。创新型技术人才是战略性新兴产业科技成果转化工艺、生产知识创新的关键行为主体，企业能够通过创新型技术人才的技术创新活动，解决成果源知识向样品知识直到产品知识转变过程中的关键问题，完成科技成果转化的产品开发过程。创新型技术人才应具有广博的基础理论知识、尖深的专业技术知识，能够及时掌握领域内国际前沿知识，具备知识学习与整合能力，拥有创新意识与创新精神。创新型技术人才通过将自身现有知识与获取的成果源知识融合，创造出工艺、生产知识，并将其注入产品，指导工人批量生产。因此，创新型技术人才是科技成果转化的"推进器"，是转化组织知识库的重要知识来源。

（2）创新型市场人才。创新型市场人才是科技成果转化市场知识创新与产品知识扩散的行为主体，解决市场分析、产品创意、产品结构优化、产品功能完善、产品反馈信息分析等问题，对科技成果转化的商业化产业化过程具有关键知识支持作用，对产品工艺改进与生产运作具有重要指导作用。创新型市场人才应具备市场信息洞察能力、市场潮流把握能力和市场知识整合能力，需挖掘现有客户与潜在客户需求，掌握产品外观设计和产品结构组装知识。在知识与能力融合的基础上，发挥创新精神与才能，进行市场知识创新。因此，创新型市场人才是科技成果转化的"敏感器"，是科技成果转化取得重大经济效益的保证。

（3）创新型管理人才。创新型管理人才是科技成果转化实施过程的协调者，通过战略与计划的制订、组织与人员的配置、激励与保障措施的引导等方面的创新，完善转化组织知识创新体系，充分发挥组织知识创新潜能，提升科技成果转化效率。创新型管理人才应具有创新精神、竞争意识、人才意识与效益观念，能够通过创新机制促进和引导创新型技术人才、创新型市场人才的知识创新活动，提高劳动生产率，降低生产成本与营销成本。因此，创新型管理人才是战略性新兴产业科技成果转化组织的"导航仪"，引领转化组织的知识创新方向。

9.2.1.2　知识创新人才创新行为产生过程及要素

知识创新人才的创新行为产生过程，是一系列人的思维过程和实践过程的耦合关联，即对信息和知识进行加工后并在实践中反复应用和验证，不断提高创新人才能力，持续开发创新人才智慧的过程。战略性新兴产业科技成果转化知识创新，就是依靠创新人才的智慧在转化实践中创造新知识的活动。创新人才个体创新行为产生过程包括信息元素→信息→知识→能力→智慧五个递进层次。

（1）信息元素→信息。创新人才的一个完整的知识创新过程是从信息元素开始的。信息元素以数据为其典型形态，其本身没有专门意义，然而创新人才可以通过赋予数据意义，使其转换成信息。也就是说数据一旦经过某种排序和连贯，便成了有意义的信息。

（2）信息→知识。信息被创新人才有意识地或创造性地应用到实践活动中，并在实践过程中反复证明其有效性，通过创新人才的思维和行动将信息内在化和形象化，这部分信息就会与应用环境、活动过程相互融合形成知识，在创新人才的记忆中储存下来，并用来指导创新人才的科技成果转化活动。

（3）知识→能力。知识可以被定义为经过人类智力改造，并被人类记忆所储存，能引致有效行为的信息。创新人才通过对知识反复应用，经过一个熟能生巧的过程，最终会达到能够发生本能反应的程度，这时知识就转变成了能力。比较而言，信息元素具有很强的客观性，信息次之；知识因内含较多的智力劳动，有较强的主观性，能力的主观性更强。能力的形成与行为主体的关系极为密切。同样的知识种类和总量经过不同主体运用后，所形成的能力大小各异，其中除了行为主体对知识运用的频度、强度以及特殊的实践路径之外，还与行为主体自身的智商、思维类型等主观因素有关。

（4）能力→智慧。创新人才个体能力向智慧的递进，就是个体在运用知识和能力的基础上，形成对客观事物的分析、判断、预测、决策能力，知识和运用知识的能力最终共同形成创新人才主体智慧。智慧既是隐含在创新人才头脑中的知识和能力的升华，又是创新过程中创新人才知识和能力的凝结。现实生活中每个人的"判断力""活动能力""实践能力"各有差异，所以"智慧"也就在这种差异中显示出高低之分。可以说"智慧"依赖"人"来完成，其价值体现应该回归到以"人"为主体。

9.2.2 科技成果转化的知识创新团队

战略性新兴产业科技成果转化知识创新团队，是科技成果转化群体知识创新的基本单元，它以科技人才为主要成员，以特定的科技成果转化任务为牵引，以知识、技能的共享、交叉为手段，将团队成员各自拥有的特定知识资源重构、整合成为具有特定创新能力的团队的知识能力，是解决复杂的知识性任务的组织动态创新单元（王晓红和徐峰，2009）。知识创新团队通过异质性知识交叉融合的方式，实现对外部环境变化的快速反应，最终科技成果转化为新产品服务。

9.2.2.1 知识创新团队的素质特征

（1）科技成果转化知识创新团队的一般特征。

①互补性。在科技成果转化知识创新团队中，成员之间存在较强互补性，主要是才能互补、知识互补、性格互补、年龄互补、综合互补。科技成果转化项目都涉及多学科、多领域，这要求创新团队需要具有丰富、系统、完整的知识结构。

②梯队性。科技成果转化知识创新团队具有衔接紧密的梯队组织架构：以领军人物为第一梯队，他们不但能引领技术研发方向，更能有效组织管理团队，激发创新人才；以精英力量为第二梯队，他们已具有一定的技术水平，往往是科技成果转化难题攻关知识创新的主导力量；以骨干力量为第三梯队，科技成果转化的具体工作、试验、操作都由他们完成，知识创新骨干力量的培养与选拔是关键环节；以发展力量为第四梯队，主要是刚

毕业的具有不同特长的优秀硕士、博士。梯队的人员，构成了一个"雁阵"，在头雁的带领下，群雁展翅高飞，奔向目标。

③整体性。科技成果转化的创新团队，不是创新人才个体的简单累加和机械重叠，而是一个有机整体，其功能发挥主要取决于群体内部人才之间的紧密合作及其结构的优化程度。目标一致，学风上相互感染，学术上相互影响，技术上相互帮助，能够激发创造性思维和意识，强化团队知识创新效能。

（2）战略性新兴产业科技成果转化知识创新团队的特质性

①战略先导性。战略性新兴产业是国家的尖端产业，战略性新兴产业科技成果转化实质上是高新技术的产业化，知识创新团队作为实施战略性新兴产业科技成果转化战略的最具战斗力和创新活力的基本单元，必须瞄准国际先进水平，促进新兴学科和先导技术的诞生与融合发展，开发具有国际竞争力的一流高新技术产品与服务。同时积极与国家整体科技发展相结合，带动相关技术快速发展，抢占科技战略制高点，成为国家高科技创新的核心依托力量。

②跨界集群性。战略性新兴产业科技成果转化技术的尖端性和产业复杂性与大系统性，决定了知识创新团队需要进行跨越产学研边界、突破异质性屏障的"大兵团作战"，以系统的观念，通过产学研融合协同发展，共同攻关，发挥多学科创新团队的集成创新能力优势，在科技成果转化关键技术领域进行探索，以寻求重大突破，帮助升级我国战略性新兴产业技术体系。

③任务艰巨性。战略性新兴产业科技成果转化知识创新团队面临较高的进入障碍：一方面是高新技术的转移具有很强的资产专用性和技术专用性；另一方面是转化环境具有很大的不确定性，产学研中的任何一个技术转移活动，都可能面临一种陌生的技术环境和市场环境。为克服上述障碍，知识创新团队必须付出艰辛努力。

9.2.2.2 知识创新团队创新行为产生过程及要素

战略性新兴产业科技成果转化团队的知识创新行为，是在特定科技成果转化任务牵引下，组合群体知识创新能力，获取关键性知识资源，实现团队内外知识资源优化整合，对知识进行重构，破解科技成果转化过程中的难题，并创造新知识的过程。团队知识创新行为产生过程包括任务情境→能力集合→关键知识获取→知识资源配置→知识重构五个递进的层次。

（1）任务情境。创新团队主要是围绕一定"任务情境"来解决复杂困难并提供创新性产品或服务。科技成果转化任务集中以项目形式体现，将任务需求、预定目标、水平、技术路线、验收标准、完成时间和条件保证集成于一体，这既是创新团队形成的背景，也是团队群体创新的目标和动力。因此，知识创新团队的任务情境将随项目的承接和完成而不断更迭。

（2）能力集合。创新团队在某一特定的"任务情境"下，主要通过团队成员拥有的知识与技能构成相应的能力集合，解决特殊复杂科技成果转化问题，创新团队的能力集合，是其成员拥有知识、技能的函数。

（3）关键知识获取。基于"任务情境"与"能力集合"的契合，需明确"关键契合域"，以确定知识创新的主攻方向。创新团队需要在广阔的知识空间中搜寻具有相应知识性质的知识链条，并在这一知识链上挑选和抽取"知识专业化"程度和"知识细节"符合团队任务要求的个体加入创新团队。

（4）知识资源配置。知识资源配置，旨在形成一个面向任务的、结构合理的团队知识复合体，为塑造团队核心知识能力奠定基础。创新团队知识资源配置包括知识的广度、深度和特质结构的合理化。主要路径：一是形成高效灵活的知识创新运作单元。强调横向互动联系，实行权力分散化，赋予具有专长的员工相应的决策权，建立跨越正式结构的人际网络。二是形成协同创新的知识交叉融合机制。具有不同知识背景的知识员工形成一个创造、组合的知识场，不同"知识源"和异化的知识结构碰撞、结合，产生知识协同效应，促进产品、服务创新。三是优化团队内外知识资源配置。成果转化知识往往以不完全的形态分散为不同组织或个人所有。因此，团队知识资源优化配置，对内需集合优秀创新人才，对外需催生跨越组织边界的知识网络关系。

（5）知识重构。知识重构是指在具体的任务情境中，创新团队成员将通用性的专业技能与基于情境的特定知识相结合，经过反复诊断、推理、应用和反馈活动，将知识个体间离散的、无序的知识和技能片段整合成有机式、互嵌式的团队知识系统，以形成创新团队核心知识能力的过程。这一过程的有效进行，有赖于团队成员的"信任"与协同。知识重构形成团队能力集，可以用来解决一系列相似的复杂性知识问题。知识员工依赖于团队提供的特殊任务情境和实践场合，通过将通用性的知识、技能与组织情境相结合，促进具有专用性和针对性的知识创新，形成知识资本的显性价值。

9.2.3　科技成果转化的知识创新组织

科技成果转化的知识创新组织是战略性新兴产业科技成果转化的实施主体，组织层面的知识创新是提升科技成果转化能力的根本来源。组织知识创新建立在个体和团队知识创新的基础之上，是个体和团队知识创新的综合效果。组织知识创新需要创新型企业家、创新战略、创新文化与创新机制四个必不可少的关键要素。

（1）创新型企业家。创新型企业家是科技成果转化的"脊梁"，在知识创新中起到不可替代的作用：

一是知识创新的导航者。主要是引领科技成果转化知识创新的方向，企业家以其敏锐的洞察能力，于未萌而见其微，先知先觉，捕捉市场机遇，瞄准具有商业潜力的新技术，对科技成果转化战略进行总体谋划，明确知识创新嵌入科技成果转化的总体目标和方向。

二是知识组合创新的开拓者。企业家将建立材料、工艺、产品等技术知识和管理、市场、投资等知识的新组合，并将其融入科技成果转化过程，形成科技成果转化的技术方向、市场方向、投融资方向组合策略，为组织科技成果转化创建独特性知识体系奠定基础。

三是智力资本运筹的战略家。组织智力资本由人力资本、结构资本和关系资本三因素构成，在科技成果转化过程中，企业家对智力资本进行统筹谋划，组织动员企业智力资本要素全方位契合科技成果转化知识创新。

四是风险防范与控制的指挥家。科技成果转化面临技术、市场、环境等多重风险，一方面，企业家制订全过程风险防范应急预案，有效识别和防范科技成果转化知识创新可能出现的风险；另一方面，对已出现的风险具备较强的控制能力，能够最大限度降低风险对科技成果转化知识创新的负面影响。

（2）创新战略。知识创新战略应指导科技成果转化组织吸收知识、整合知识和创新知识，是凝聚员工和团队的协作创新能力的纲领和指南。完备的战略方针，能够引导战略性新兴产业科技成果转化组织知识创新行为，提升科技成果转化率与转化水平。知识创新战略的制订和实施是一个动态的持续过程，随着科技成果转化任务的变化要求有相应的战略变革来适应。因此，科技成果转化组织必须秉承战略创新的思考框架，即改变现有思维模式，启动多视角思考过程，围绕三个核心概念——空间、价值、能力，将选择成长空间、优化价值关系、建立能力平台有机结合在一起，形成新的创新战略，推进科技成果转化实施。

（3）创新文化。创新文化作为组织价值和行为准则的集合体，在科技成果转化中通过非正式协调功能促进组织内部知识学习，使之符合科技成果转化知识创新的目标与行为。较强的创新文化有利于组织员工对共同价值观、行动准则和相应符号的认同，在这种创新文化氛围中，员工有更多的机会关注新知识的获取。

（4）创新机制。战略性新兴产业科技成果转化组织应完善内部创新体系，通过知识创新的激励机制、失败容忍机制、知识资产认定及保护机制等，对组织内团队与员工成功的知识创新行为进行奖励，对失败的知识创新行为（一定范围内）进行宽容，对知识创新成果加以承认与保护。尤其是对于科技成果转化核心知识的创新与保护，需要建立合理的利益分配机制和产权机制，对其产权归属与各方利益进行明晰，以促进员工目标与组织战略目标相匹配，产生共同愿景。

9.3 战略性新兴产业科技成果转化的知识创新机理

战略性新兴产业科技成果转化的知识创新是基于高新技术企业、高校、科研院所等创新主体（产学研）形成的三类创新主体要素即创新型人才、创新型团队、创新型组织，在内部环境和外部环境的双重作用下，由知识更新与市场需求驱动而发生的技术知识创新、管理知识创新和市场知识创新行为。战略性新兴产业科技成果转化的知识创新机理包括触发机理、传导机理和循环机理（刘希宋等，2009）。触发机理是指知识创新的基本思路来源；传导机理是指在知识创新基本思路引导下，进一步将初步设想转变为系统的有效性知识；循环机理是指个人知识与组织知识、显性知识与隐性知识之间交互转化过程的机理，主导知识升华过程。战略性新兴产业科技成果转化知识创新机理如图9.2所示。

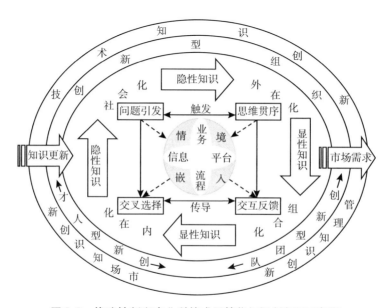

图9.2 战略性新兴产业科技成果转化知识创新机理框架

9.3.1 知识触发机理

知识创新起源于对问题的思考与对知识的持续探求。战略性新兴产业科技成果转化知识创新的触发机理，就是探索知识创新源被激活的原理，知识创新源是知识创新过程的启动者，是创新概念和产品构思的来源，是科技成果转化创新人才获得解决问题的灵感、创新团队和组织把握知识创新方向的基础性问题。战略性新兴产业科技成果转化知识创新的触发机理目标是"产生知识创新的源头，明确知识创新链网的流向"，它包括问题引发机理和思维贯序机理。

9.3.1.1 问题引发机理

（1）疑难问题引发。疑难问题是产生创新思路的触发点。疑难问题的研究过程，就是隐性知识的融合与"发酵"过程，疑难问题成为"知识发酵"的"酵母"。在战略性新兴产业科技成果转化过程中，会遇到很多的疑难问题，如市场发展趋势问题、成果源选择问题、小试中试中的技术问题、批量生产中的工艺设计问题、营销阶段的产品推广问题等，正是这些问题引导着科技成果转化向前推进。

疑难问题本身也是转化组织的知识，对尚未解决的疑难问题应该有专门的疑难知识库保存。转化组织有必要组织专门的疑难问题收集人员，随时捕捉转化人员在成果转化过程中问题触发的灵感。转化组织也可以构建在线的专家答疑平台和在线讨论平台，使疑难问题形成一个"场"，各种疑难问题的串联就能成为组织新知识、新方案的主要来源。

（2）需求分析引发。需求分析主要是指对客户或市场需求的分析，客户（尤其是先导客户）对于产品功能需求的了解往往比转化组织要深刻，客户对于产品功能的设计方案应该成为转化组织的宝贵知识财富。在科技成果转化项目团队中，营销人员是客户与中间商的直接接触者，他们掌握有关客户需求的第一手资料，而且往往能抢先了解到竞争对手的发展状况，营销人员对于客户知识的挖掘是需求分析的基础。转化组织通过鼓励客户参与设计和将营销人员的工作范围前移进而贯穿整个科技成果转化过程，有效引导科技成果转化方向。需求分析是知识创新构思的重要源泉，转化组织可通过建立实时情报系统和内网论坛等方式，主动收集客户与营销人员的知识，并配以相应的激励机制，使转化组织对市场需求达到"即时响应"状态，产生源源不断的知识构思来源。

9.3.1.2 思维贯序机理

（1）逻辑推理。逻辑推理是指根据所掌握的客观规律，由已知知识推测未知知识。它是将疑难问题和市场需求转化为知识需求的工具，是创新人才将知识需求进一步细分并从已知知识中获取原料加以整合连贯的能力。如果说问题引发意在找到知识链的"链头",那么逻辑推理的主旨则是从现有知识库中寻找相关知识组装成知识链。逻辑推理在一定程度上具有启动知识创新的功能,即创新人才以自身现有知识为起点,对知识进行深化与推导,进而实现知识创新。

在战略性新兴产业科技成果转化过程中,每一次知识创新活动都是一个逻辑推理过程,逻辑推理是创新人才进行知识创新的基本形式,同时也是隐性知识深化并不断产生新隐性知识的过程,它对于隐性知识创新具有关键性作用。

(2)灵感激发。灵感激发是指创新人才和创新团队充分运用智力,对解决未知问题的方案反复思考而形成观察、分析的循环以激发知识创新的行为。其方法包括:一是个人灵感激发,包括情境悟性激发、挫折事件激发、逆向思维激发。情境悟性激发是指创新人才在某一情境下瞬间诱发自身潜意识中的"创新种子",进而联想创新内容与情境的联系,从而推导出创新的思路和方法。挫折事件激发是指创新人才在挫折中收获了意想不到的成功,从而在挫折中领悟到"创新的真谛"。逆向思维激发是指创新人才从惯性创新思维的反方向思考,寻求创新解决的途径,从而收获创新的思维方法。二是群体灵感激发,包括正式组织群体灵感激发和非正式组织群体灵感激发。正式组织群体灵感激发主要有专家献策法和专家讨论法:前者通过组建专家小组以激发群体创造力,针对疑难问题提出设想,并从一个设想引发其他设想,连续进行并记录,整理后得到知识创新构思。后者通过建立专家小组对疑难问题展开讨论,利用熟悉的知识向新知识过渡,从表面上不相关的知识间展开联想,讨论细节同统一分歧相结合,在碰撞中产生创新火花,最终形成较一致看法而产生知识创新构思。非正式组织群体灵感激发依据的是群策群力、知识社会化思想,通过众多知识员工的知识交流与沟通,整合不同来源的知识达到知识创新的效果。群体灵感激发能突破个人知识限制,充分发挥团队知识协作能力,实现大范围的知识整合,通过整合后的"抽丝剥茧"完成知识创新行为。

9.3.2 知识传导机理

知识创新的传导是将触发的创新构思在实践中加以检验、融合、选择、深化的往复循环过程，直到产生符合需求且能有效指导科技成果转化实践的知识。战略性新兴产业科技成果转化知识创新传导的目标是"形成知识创新链网，连通知识员工与组织的知识创新路径"，它包括情境嵌入机理、交叉选择机理和交互反馈机理。

9.3.2.1 情境嵌入机理

情境是引发科技成果转化知识创新的实践和创意产生的情景和环境条件，是科技成果转化业务流程与知识库发生交互耦合作用的场所，是知识创新活动的载体与路径。知识创新的情境嵌入机理如图 9.3 所示。

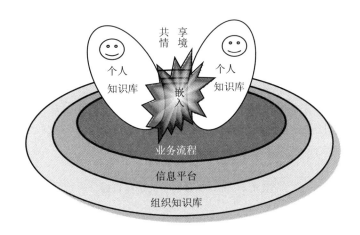

图 9.3　知识创新的情境嵌入

一方面，战略性新兴产业科技成果转化的业务流程是知识创新情境嵌入的客观载体。战略性新兴产业科技成果转化知识创新的根本目的在于通过知识创新推动科技成果转化进程。因此，只有嵌入科技成果转化业务流程的知识创新，才能实现其对科技成果转化的价值。另一方面，战略性新兴产业科技成果转化的信息平台是知识创新情境嵌入的技术条件。信息平台是创新人才之间和团队之间相互交流、提供知识支援、发生知识激荡以及产生新知识的场所；信息平台也是创新人才与团队、组织沟通的桥梁，他们既实时从组织知识库中汲取知识营养，又不断将创新的知识贡献到组织知识库，通过提取、填充、再提取的循环过程完善科技成果转化的知识体系。

9.3.2.2 交叉选择机理

交叉选择是在情境嵌入的基础上发生的个人知识与组织知识的融合与优化过程，为科技成果转化组织产生大量有效的新知识，交叉选择概率对知识创新效率与效果有重要影响。战略性新兴产业科技成果转化知识创新的交叉选择建立在知识遗传和知识变异的基础之上，其机理如图9.4所示。

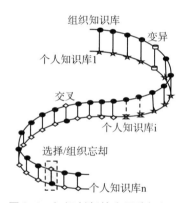

图9.4　知识创新的交叉选择机理

（1）知识遗传。在个人知识库中，创新人才的知识创新遵循一定规律，这种规律由遗传因素决定，而遗传因素就是创新人才的知识结构和素质，它决定着员工知识思维模式，不同的知识思维模式所产生的知识创新激发频率也不同。在知识创新过程中，个人知识与组织知识交织在一起，形成双链耦合结构。双链中的个人知识与组织知识具有相似的排列规则，两者存在补偿效应。通过个人知识与组织知识的交叉融合，员工既能弥补个人知识缺口，又能在交叉中实现个人知识创新。而个人知识库与组织知识库的耦合使组织知识库逐渐丰富，是组织记忆能力提升的前提。组织通过双链结构将不同员工的知识库连接起来，系统组织员工的知识，并从中发现员工知识的断裂点，以便通过知识创新加以修复。组织知识库是个人知识库的总和，但又经过了内容整理与结构调整，比个人知识库拥有更大的知识存量与更完善的知识结构，而且将随着知识创新的深入不断丰富。

（2）知识变异。在知识创新过程中，由于外来知识的参与和外部需求的变化，科技成果转化组织的知识可能会发生变异，变异将产生全新的知识基因，形成新的知识基因组，优化组织的知识结构。当然，变异的发生也可能产生冗余知识或无用知识，这就需要有一定的选择机制加以分类管理，对于冗余知识，要通过合理的组织忘却机制从组织知识基因中清除，以加快组织的知识检索速度，提高知识创新效率。

9.3.2.3 交互反馈机理

战略性新兴产业科技成果转化过程是以客户需求为导向，由成果对接、中试小试、生产制造、市场开发诸环节联结而成的有机整体，其中前一个环节是后一个环节的投入，而后一个环节作为前一个环节的输出，对前一个环节的知识创新行为具有重要的反馈作用，这主要表现为：

（1）顾客与创新团队成员之间的知识交互反馈。客户需求是知识创新的来源和目标。客户知识引导创新人才和团队知识创新的方向，并随时检验创新知识的市场有效性。客户与转化组织的交互反馈有利于知识创新行为的补偿优化，交互反馈能充分暴露转化产品的知识缺陷，转化组织据此可以进行新一轮的知识创新以弥补产品功能的不足。如微软公司有一种反馈型创新机制，称为"自食其果"，即团队转化开发的新产品，把自身当成第一个客户，如果性能不好，团队成员将"自食其果"。通过亲身体验，见顾客之所见，实时向转化团队反馈信息。科技成果转化知识创新的客户交互反馈界面如图9.5所示。

（2）技术人员与市场营销人员之间的知识交互反馈。技术人员与市场营销人员知识交互反馈，不仅发生在新产品投入市场之后，更发生在新产品概念形成之初。市场营销人员通过收集客户知识，汇集整理客户的现实需求与潜在需求，据此产生知识创新的构思。在科技成果转化全过程中，技术人员与市场营销人员反复不断进行知识交互反馈，使组织内的技术知识、管理知识、市场知识与市场营销人员提供的服务知识、商品化知识、潜在需求知识进行交互耦合，在此基础上发现组织知识缺口，对组织知识创新提出需求与目标。

（3）产品设计人员、工艺设计人员、生产制造人员之间的知识交互反馈。一方面，产品设计人员参与工艺研发与生产组织设计，使产品工艺与生产制造过程既能保证产品性能和质量要求，又能避免功能冗余，减少原材料和能源消耗，降低成本；另一方面，工艺设计、生产制造人员参与概念产品研发、样品设计，使工艺、设备、生产组织和产品设计有机结合，既能保证产品工艺和生产制造的可行性，又能开发转化组织的生产制造潜力，提高产品开发的高效性。

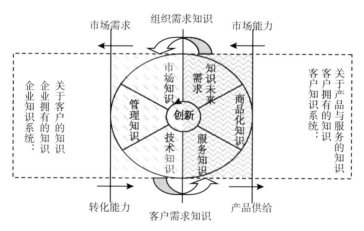

图9.5　科技成果转化知识创新的客户交互反馈界面

9.3.3　知识循环机理

知识循环是知识触发与知识传导的延续，是创新知识的进一步升华。战略性新兴产业科技成果转化知识创新循环机理的目标是"将创新的个人知识组织化、将创新的组织知识个人化；将创新的隐性知识显性化、将创新的显性知识隐性化；通过知识的循环转化实现进一步的知识创新"。

9.3.3.1 知识创新螺旋循环的运行规律

战略性新兴产业科技成果转化知识创新的循环机理就是知识创新螺旋运行规律，表现为个人知识与组织知识交互融合、显性知识与隐性知识相互转化的逻辑过程，形成容纳社会化、外在化、组合化、内在化四个循环过程的上升式知识螺旋。在这个循环过程中，社会化方式起始于构建一个相互作用的领域，促进成员之间的经验与知识的分享；外在化方式则运用有益的对话、类比等方式帮助团队成员探求隐性知识；组合化方式是通过组织知识网络连接新产生的知识与组织中其他部门的现有知识，并使之具体化为新产品、新服务；内在化方式则通过具体的实践来学习新的知识（索德奎斯特·埃里克·克拉斯，2006）。每一种方式所产生的知识内容不同：社会化产生"意会"的知识，外在化产生概念性知识，组合化产生系统的知识，内在化产生诸如项目管理、生产过程、政策实施之类的运营知识。战略性新兴产业科技成果转化知识创新的螺旋运行规律如图 9.6 所示。

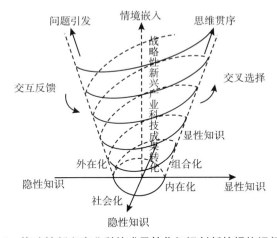

图 9.6　战略性新兴产业科技成果转化知识创新的螺旋运行规律

9.3.3.2 知识创新螺旋循环的表现形式

（1）科技成果转化知识行为的循环。知识创新是以知识行为为载体的。因此，知识创新循环也就表现为知识行为的循环。知识行为是指在知识创新过程中人们进行思考、分析、讨论、验证等的一系列过程。它们循环往复、周而复始地体现了知识创新的知识循环。

（2）科技成果转化产品形态的循环。科技成果转化产品形态是指该项科技成果在知识创新各阶段的表现形式，包括实验室形态、制造形态以及市场形态。实验室→制造过程→市场就完成了产品形态的一个循环。由于产品形态的变化是由知识创新决定的，因此，科技成果转化产品形态的循环就体现了知识创新的知识循环过程。

（3）科技成果转化知识创新中的客户价值循环。科技成果转化的知识创新，最终体现为该项成果顾客价值的提高。科技成果转化知识创新是科技成果推向市场前的演练，该项科技成果必须适应客户价值的需求，否则科技成果转化必然失败。因此，科技成果转化的知识创新，尤其要重视该项成果所体现的顾客价值的提高。所谓顾客价值就是顾客认知利益和顾客认知价格之差，实质是顾客对于企业的产品或服务是否物有所值的评价。可见，每一次知识循环都必须伴随着顾客价值的提升，否则这样的循环就是失效的。

战略性新兴产业科技成果转化知识创新就是知识螺旋运行的过程，通过知识创新行为的循环，实现产品形态的循环，进而实现顾客价值的循环，实现知识、产品、客户价值的螺旋运行，科技成果转化的知识就有了一次升华，它是知识创新的完整过程及高级形式。

9.4　战略性新兴产业科技成果转化的知识创新模式

9.4.1　科技成果转化的自主知识创新模式

（1）科技成果转化自主知识创新的特征及作用。自主知识创新模式是指科技成果转化主体主要依靠自身力量，根据国内外市场与消费者需求，或针对现有产品存在的问题，探讨产品的原理和结构，开展新技术、新工艺方面的开发，并改进管理模式，优化营销方式，从而创造出适应市场需求的产品的科技成果转化知识创新模式。自主知识创新并非不学习与共享组织外部知识，而是在学习与共享的基础上自行进行知识创新，从而摆脱外部对转化组织核心知识的控制。自主知识创新模式具有高收益、高风险、周期较长等特征。

自主知识创新模式对转化组织的重要作用表现在：促使转化组织摆脱依赖型的创新模式，走以核心技术知识创新为主的知识密集型发展道路；推动转化组织形成良性循环的发展机制，提高转化组织的技术知识创新能力、管理知识创新能力和市场知识创新能力；有助于转化组织形成自主知识产权等智力资产，从而树立转化组织良好品牌形象，提供富有竞争优势的产品。可见，应鼓励具有自主知识创新能力的转化组织自行开发及转化产品，以充分发挥其科技优势和研发能力。

（2）科技成果转化自主知识创新模式形成的基础。自主知识创新模式要求转化组织自力更生，主要关注企业内部知识资源基础和知识创新能力。转化组织内部知识是一项战略资产，是转化组织阻止竞争对手进入的重要手段，那些具有雄厚知识资源和长期知识创新能力的大型转化组织，才能塑造真正的核心竞争能力。自主知识创新方式产生并形成效益的基础是：转化组织拥有行业最出色的创新性人才，且人才流动性可控；如果转化组织能够创造新的技术知识，那么一定能够率先将其引入市场，产生先行者优势，并获得超额利润；如果转化组织掌控的技术和产品研发知识处于行业领先地位，就可能开发更多更好的技术和产品，并进一步引领整个行业和市场走向；技术和市场知识的非连续、跳跃式、突破式变化频率相对较慢，其发展具有相对连续性和稳定性；转化组织拥有完善的知识产权保护措施和机制。知识的扩散速度慢于转化组织超额利润的获取，这样转化组织获取的超额利润就能够再次向转化中心投资，形成科技成果转化技术知识创新的良性循环和互动。

（3）科技成果转化自主知识创新过程模型。战略性新兴产业科技成果转化自主知识创新模式是在知识创新战略及科技成果转化项目引导下，转化组织内部知识链上发生的知识创新过程，表现为转化组织内部知识螺旋的独立运行过程，如图9.7所示。

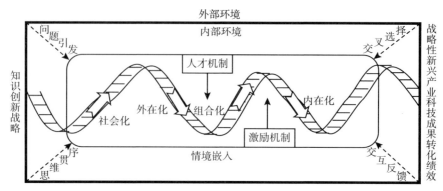

图9.7　战略性新兴产业科技成果转化自主知识创新模式

9.4.2　科技成果转化的协同知识创新模式

（1）科技成果转化协同知识创新的特征及方式。协同知识创新是指转化主体难以依靠自身知识基础从事有关项目转化，因而依靠或联合外来知识资源，开发出适应市场需求的产品的知识创新模式。相对于自主知识创新而言，协同知识创新模式的突出特征是快速性，可以有效保证在一定时间内实现科技成果的成功转化。

协同式知识创新按外部知识资源的获取方式分类，可分为引进知识创新方式和联合知识创新方式。引进知识创新方式通过引进和购买转化产品相关的生产技术、工艺设备技术、专利等，迅速改变转化组织的知识资源基础。联合知识创新方式指转化主体与高校、科研院所及其他组织合作进行知识创新，这种双方或多方合作，是建立在共同的创新愿景与创新战略基础上的，而非单纯的生产或贸易上的合作。由于转化主体难以在技术、人才、管理、市场等方面全面胜任成果转化任务，不可能在所有项目、所有环节都具备知识创新竞争力，联合知识创新方式将成为科技成果转化中最为主要的形式。

（2）科技成果转化协同知识创新模式形成的基础。随着战略性新兴产业行业环境的迅速变化和新的竞合关系的发展，协同知识创新方式逐步发展，其形成的基础主要表现在：一是网络信息技术的发展促使知识扩散速度加快。新产品的生命周期缩短，由创新而产生的先行者优势减弱，进而要求转化组织提高创新速度和实施协同创新策略。二是自主知识创新的人才优势难以持续维持。人才流动呈加快趋势，转化组织对人力资源的控制力减弱，随着人才流失而发生知识和技术流失。三是技术与人才的可获性路径拓宽。风险资本市场加速了企业技术知识外溢。四是组织外部知识联合的选择性增强。由于同一知识可以沉积化在不同的产品中，这就给企业中没有及时商品化、市场化的知识提供了外部选择的可能性。五是供应链上合伙伙伴能力的提高。如果转化组织能够充分利用合作伙伴的能力，在广泛的领域里进行知识创新合作，就能在更短的时间内推出高质量的产品，使转化组织的核心知识能够发挥杠杆作用，形成价值链的整体竞争优势。

（3）科技成果转化协同知识创新过程模型。协同知识创新能够融合不同组织的知识资源，在不同的知识链上发生知识创新过程，实现"1＋1＞2"的协同效应。战略性新兴产业科技成果转化协同知识创新模式是不同主体在相同的创新战略及成果转化项目的引导下，将知识链交互融合，共同实现螺旋式知识创新的过程，如图9.8所示。

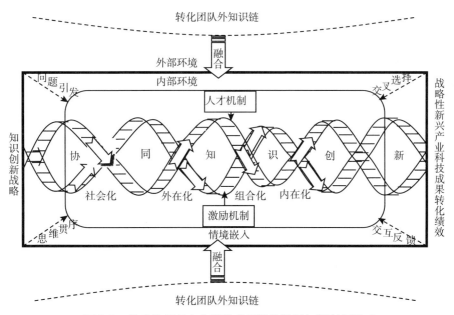

图 9.8　战略性新兴产业科技成果转化协同知识创新模式

9.5 战略性新兴产业科技成果转化知识创新案例

9.5.1 华为科技成果转化知识创新案例[①]

（1）华为简介。

华为技术有限公司（以下简称华为）成立于 1987 年，总部位于广东省深圳市龙岗区。华为是全球领先的信息与通信技术（ICT）解决方案供应商，专注于 ICT 领域，坚持稳健经营、持续知识技术创新、开放合作，在电信运营商、企业、终端和云计算等领域构筑了端到端的解决方案优势，为运营商客户、企业客户和消费者提供有竞争力的 ICT 解决方案、产品和服务，可以作为战略性新兴产业中科技成果转化知识整合的成功典例。

（2）华为科技成果转化知识创新实践。

第一，知识引进阶段的知识创新。华为的前期知识积累主要来源于向外部企业学习。虽然华为在 1990 年代理香港产的模拟交换机时，就已经开始研制最新的数字交换机，但是与众多的小型交换机企业一样，由于与先进企业之间的知识差距太大，国外先进企业的核心隐性知识难以被华为感知。因此，此时华为学习的重点是企业外部存在的公共显性知识。华为首先将所获取的外部公共显性知识在员工间进行交流共享。其次，在交流共享的过程中，一部分公共知识与企业内的显性知识相融合，转化为企业显性知识。另一部分则与企业内员工个体的隐性知识相融合，转化为企业隐性知识。企业的显性知识和隐性知识最后存入组织记忆中，共同构成企业新的知识基础。

第二，模仿性知识创新阶段。一是通过交流合作的方式，企业从消费者、合作者以及其他企业获取到很多新的知识，从而扩展了企业本身的知

---

① 王培林. 对华为知识创新过程的理性分析 [J]. 科技进步与对策，2010，27（17）：120 – 123.

识基础。然后，在获取内外部知识的基础上，华为开始探索组织学习与知识共享的模式及机理，促使知识在组织内部形成良性的循环流动。华为充分利用信息技术，主动地与消费者、合作者及技术组织进行沟通交流，如不定期的顾客访问及调查、了解上游供应商的产品质量及库存状况、与技术组织协商技术合作项目等。二是企业将新知识与企业已有的知识进行融合，并应用到企业业务流程中。在新知识应用于业务流程的过程中，企业在实践工作中理解并完善所获取的新知识。在经过流程化之后，新知识成为企业专有知识的一部分。

第三，企业内自主知识创新阶段。一是华为积极总结过去所做的工作与取得的成功，并进一步将其深化为规律性的管理经验，用以指导未来的工作。同时，华为在世界各地都设立了研发部门，并与埃塞俄比亚电信公司（ETC）等多家国际大公司建立或保持良好的合作关系，以引入新知识。知识引入启动了企业知识创新的整个过程。内部员工在交流共享引入新知识的过程中，产生了新的个体隐性知识。二是个体将其隐性知识显性化，并将其系统化。而显性知识概念经过某种方式的组合、编辑和处理后便形成了新的更为复杂、系统的显性知识。三是知识进入流程化过程。在具体的业务流程中，新知识得到验证，转化为企业专有的显性知识。四是企业通过学习及应用这些新显性知识与新概念，将其真正消化吸收为自己能掌握及理解的隐性知识，使企业的专有、显性知识转化为专有隐性知识和员工个体的新隐性知识。在消化吸收的过程中，企业发现新的知识需求及机会，从而推动新一轮企业知识创新过程，企业知识规模也随之不断演进。

第四，内外互动式知识创新阶段。一是为了充分利用资金并与先进的技术接轨，华为除提供各种形式的资金以资助多所一流工科学府的优秀学子外，还定期拨出专款在产品的研究开发方面与高等院校、科研所等建立长久的联系与合作，充分利用它们的信息平台和信息通道，及时把握国内外电子信息领域的前沿技术潮流和产业发展动态。二是华为与技术实力雄厚的大公司结成战略联盟。在研发的跨国化、本土化过程中，华为通过开展与世界一流跨国公司的合作，谋求与客户及合作伙伴的"三赢"，赢得研发优势的互补。三是华为还充分利用全球各地的资源优势，将研究所搬到了国外。美国的达拉斯、印度的班加罗尔、瑞典的斯德哥尔摩、俄罗斯的莫斯科等地均设有华为的海外研究所。这些跨区域性研发机构的建立，加快了华为与国外机构在文化及管理等各方面的融合。

（3）华为科技成果转化知识创新案例启示。

第一，通过知识创新与市场需求的结合成功地实现知识创新的企业，一般都在不断因时、因地、因技术发展以及企业自身条件等的变化而调整自己的创新策略，选择适合实际的知识创新方法。因此，知识创新必须与市场需求紧密地结合起来，以使知识创新更持续、更深入。时任华为副总裁宋柳平认为，企业的创新应当是满足客户需求的开放式创新，是质量好、服务好、成本低的最基本条件。市场所需要的才是研究所的技术研发重点。市场不需要的，就是再先进的研发成果，没有经济效益，也是枉然。

第二，知识的积累。新知识不会凭空产生，它总是需要吸收、借鉴前人和他人已取得的成果，在自己现有知识的基础上进行研究开发。对于任何一家企业而言，实施知识创新都是可能的，但知识创新也必须符合企业自身的条件。华为自始至终都深信这一点。它把核心知识创新当作企业的生命线。更可贵的是，华为非常注重知识积累。它不搞重复的发明，不犯重复的错误，时刻盯紧世界通信产业的最新科技成果，从交换机到3G技术，充分利用人类的知识存量为社会创造新的价值。

第三，东西方文化的融合。无数的实践表明，一个优秀的文化体系是促使企业不断进行知识创新的灵魂，是引导企业最终走向成功的旗帜。华为没有单纯地因为哪个国家企业的名声响亮，就去盲目照搬它们的管理模式，而是根据企业自身的实际情况，请富有经验的国际咨询机构为自己量身定做一整套融合了东西方管理文化精髓的企业管理制度。从流程及财务制度这些最标准化甚至不需质疑的"硬件"开始，从制度管理到运营管理潜移默化地推动"软件"的国际化。在保留中国传统文化的同时，又为其赋予新的内涵，并由此形成了华为独特的管理体系和企业文化。

第四，良好的经营环境也对企业的知识创新具有重要影响作用。所在产业的发展程度、企业间的竞争状态、市场需求状况，甚至所在国家的政治经济状况等，都会对企业实施知识创新产生重要影响。华为能够成为世界一流厂商，在很大程度上也归功于其"民族厂商"的起点。当时对于民族厂商，我们国家以及我国的电信政策都是非常支持和鼓励其发展的。而同其他厂商比起来，华为有更多的机会和话题与其他运营商们讨论，与它们交流经验。因此，如何更好地利用环境所提供的条件，也成为创新型企业成功实现知识创新的重要因素。

9.5.2 "哈飞集团"科技成果转化知识创新案例①

（1）哈飞集团简介。哈飞集团是中华人民共和国成立初期建立的以军用飞机生产为主的大型军工企业，为我国军工产业发展作出了重要贡献。20世纪70年代末，哈飞集团及时调整发展战略，闯出了一条"军转民"的新路。20世纪80年代，哈飞集团在军转民的大潮中开始涉足汽车行业。根据当时国内外产业发展状况、市场需求以及自身知识基础优势，哈飞集团作出以协同创新为初期进入手段、开发微型车的决策。

（2）哈飞集团科技成果转化知识创新实践。

哈飞集团的国际合作是从科技成果转化知识创新的源头开始，采取合作开发、研制的方式，牢牢控制一些关键技术知识的自主权。"拿来主义"的技术知识引进，大大加快了哈飞集团进入微型车这一全新领域的速度，而哈飞集团强大的消化吸收再创新能力又为知识创新提供了基础。1985年，哈飞集团生产的松花江型微型客车开始投放市场，同时定为国家微型发动机生产基地。1986年，哈飞集团利用多年的航空生产经验，在开发单排客车的基础上开发出松花江五型车。1996年，哈飞集团拉开了与世界著名设计公司宾尼法瑞那公司合作开发的序幕。经过两年多的艰苦工作，1998年拥有全部知识产权的"松花江中意"车正式通过国家鉴定，成为中国第一个通过定型鉴定的汽车。2000年，哈飞中意作为拥有全部自主知识产权的车型第一次代表中国汽车参加了第70届日内瓦国际车展。随着哈飞中意的成功开发，哈飞集团又相继与国外联合开发了多款产品，其协同知识创新均取得了巨大成功。

然而，协同知识创新毕竟要依赖外部技术知识，难免受制于人，特别

---

① 索寒雪. 科技打造"军民两用企业"——哈飞集团创业经验谈［J］. 科技与企业，2004（8）：2.

是在科学技术迅猛发展的今天，一次技术知识的引进，无法保证哈飞集团的持续竞争优势。因此，从协同知识创新向自主知识创新过渡，是哈飞集团知识能力跃升，提高国际竞争力的必然趋势。哈飞集团要将自主知识创新作为长期发展战略，开发更多具有自主知识产权的成果。

（3）哈飞集团科技成果转化知识创新案例启示。

第一，自主知识创新与协同创新二者并不矛盾，关键在于两者的时机选择与策略运用，从而获得自主知识产权。通过广泛的国际交流与合作，充分吸纳外部智慧和知识，也是知识体系自身发展的内在要求。因此，自主知识创新非但不排斥知识的共享与交流，在特定环境下反而更需要这种合作。在合作中不断完善和充实自身知识库，为将来的自主知识创新提供知识基础保障。

第二，在合作过程中，必须牢牢把握一些关键知识创新方面的自主权。特别要注意在合作过程中对其他合作方的默会知识的汲取，并加以吸收，为己所用。哈飞集团的几个国际合作项目，都有着明确的分工，一些关键部分自己独立承担，获得的成果完全归己所有。这样，企业才能拥有自主知识产权，在合作中形成自己的核心知识能力。在这一点上，科技成果转化组织应该保持清醒的头脑，避免"为他人作嫁衣"。

9.6 本章小结

本章首先介绍了战略性新兴产业科技成果转化知识创新的内涵、特征与功能，并对创新人才、创新团队、创新组织等科技成果转化知识创新主体要素的构成及行为过程进行了深入分析；其次，系统剖析了科技成果转化知识创新的触发机理、传导机理、循环机理；再次，提出战略性新兴产业科技成果转化的自主知识创新模式和协同知识创新模式；最后，探讨了华为与哈飞集团两个典型的科技成果转化知识创新实践活动案例。

第10章　战略性新兴产业科技成果
转化知识管理状况评价

10.1　战略性新兴产业科技成果转化
知识管理状况评价的目的

（1）全面加强知识管理，推进战略性新兴产业科技成果转化。通过评价明确知识管理对科技成果转化的战略价值、优势和薄弱环节，有针对性地采取措施，大力推进战略性新兴产业科技成果转化知识管理，以有效提升科技成果转化效率，加速科技成果产业化，促进战略性新兴产业升级和国民经济发展。

（2）为制定科技成果转化知识管理战略乃至战略性新兴产业科技发展战略规划提供科学依据。客观评价战略性新兴产业科技成果转化的知识管理状况，对于正确定位科技成果转化的知识管理目标，成功地开展知识管理活动，凝练核心知识，保持和提高参与主体及战略性新兴产业竞争优势，具有重要的参考价值。

（3）为战略性新兴产业成果转化主体进行有效激励和适时指导提供手段。通过对转化主体的科技成果转化知识管理状况评价，既能进行转化主体自身纵向对比，又能进行参与主体间横向对比，据此激励先进，及时纠错，总结和传播知识管理经验，将战略性新兴产业科技成果转化知识管理推向新的发展阶段。

10.2 战略性新兴产业科技成果转化知识管理状况评价指标体系构建

10.2.1 评价指标设计原则

战略性新兴产业科技成果转化知识管理状况评价指标的选择，需遵循以下原则。

（1）科学性。所选择的评价指标应具有清晰、明确的内涵与意义，并能充分反映战略性新兴产业科技成果转化知识管理运行的本质特征或内在规律。

（2）客观性。所选择的评价指标要尽可能以客观数据资料为依据，以原始数据的内在信息规律为标准，尽量减少主观评判过程，以保证评价结论的真实性与准确性。

（3）系统性。所选择的评价指标要功能互补，具有一定内在技术、经济联系，并能全面反映战略性新兴产业科技成果转化知识管理状况的各个方面。

（4）持续性。战略性新兴产业科技成果转化知识管理本身是一个动态持续的概念，这就要求所选择的评价指标能够切实反映其发展的动态过程，并能描述其运行趋势与可持续性，使评价指标体系具有更强的生命力。

（5）独立性。所选择的评价指标应尽量避免概念上的重叠性和统计上的相关性，不能出现严重的包容关系或重复关系，以确保各评价指标的独立性。

（6）可行性。所选择的评价指标具备可操作性，统计过程简洁。对于难以统计或计算繁杂的指标，原则上不予采用。为便于数据收集和整理，应尽可能采用现行统计报表中已有的指标，使评价具有实践上的可行性。

（7）可比性。所选评价指标对战略性新兴产业不同行业、不同性质的科技成果转化知识管理参与主体均具有普遍适用性，并且可以通过横向比较达到评比的目的。

10.2.2 预选评价指标体系

根据前面对战略性新兴产业科技成果转化知识管理运行体系的系统研究，本书在调查研究与专家咨询的基础上，从知识对接、知识学习、知识共享、知识整合、知识创新五个环节，初步设计 35 个评价指标，构成战略性新兴产业科技成果转化知识管理状况评价的预选指标体系，如表 10.1 所示。

表 10.1　　战略性新兴产业科技成果转化知识管理状况评价预选指标体系

战略性新兴产业科技成果转化知识管理运行状况评价 A	知识对接 B_1	成果供给方与转化方的知识合作稳定程度 X_{11}
		利用网络进行成果信息的发布与接收状况 X_{12}
		科技成果转化信息中心的利用状况 X_{13}
		技术市场科技成果交易额 X_{14}
		消化吸收经费占技术引进经费比重 X_{15}
		技术费占技术引进合同金额比重 X_{16}
	知识学习 B_2	学习型组织建设水平 X_{21}
		成果转化人员人均培训费支出占人均工资比重 X_{22}
		成果转化人员中脱产培训人员比重 X_{23}
		举办与参加知识讲座、展览、咨询会次数与规模 X_{24}
		成果转化人员人均进修时间 X_{25}
		内外网点击率 X_{26}
	知识共享 B_3	知识交流场所提供情况 X_{31}
		知识共享激励措施制定及实施状况 X_{32}
		知识产权保护状况 X_{33}
		知识共享文化氛围 X_{34}
		主办、参加国际国内学术会议次数 X_{35}
		合理化建议数量 X_{36}
		企业与高校或科研院所知识合作的紧密程度 X_{37}
		企业与高新科技园区知识合作的紧密程度 X_{38}

续表

战略性新兴产业 科技成果转化 知识管理运行 状况评价 A	知识整合 B_4	企业数据库、知识库信息量 X_{41}
		企业科技档案管理状况 X_{42}
		成果转化团队知识结构合理状况 X_{43}
		成果转化过程中技术、管理、营销人才参与协作程度 X_{44}
		信息系统集成程度 X_{45}
		内外网建设水平 X_{46}
		知识管理流程信息化水平 X_{47}
	知识创新 B_5	技术创新成果记录和总结制度执行情况 X_{51}
		知识创新奖励办法及实施状况 X_{52}
		技术秘密和技术诀窍数量 X_{53}
		发表论文与出版专著当量 X_{54}
		科技奖获奖成果数当量 X_{55}
		专利授权数 X_{56}
		成果转化新产品年销售收入占产品总销售收入比重 X_{57}
		成果转化新产品市场占有率 X_{58}

其中，战略性新兴产业科技成果转化的知识对接主要通过成果对接双方合作稳定程度、利用网络状况、技术市场、消化吸收经费等要素表征；知识学习主要通过学习型组织建设、人员培训、学习与交流活动等要素表征；知识共享主要通过共享场所、激励措施、产权保护、共享文化、国内外交流以及对外知识合作等要素表征；知识整合主要通过数据库建设、团队及人才协作、内外网建设、流程信息化水平等要素表征；知识创新主要通过成果管理、创新奖励、核心知识开发、知识成果数量以及新产品开发效益等要素表征（郭彤梅和吴孝芹，2015；罗洪云，2014；蒋翠清等，2007）。

该预选指标体系在一定程度上可以反映战略性新兴产业科技成果转化的知识管理状况，但根据评价指标设计原则，该指标体系中各指标的科学性、可比性、持续性和可行性尚需进一步考察，在此基础上识别出关键性评价指标，剔除相关性较高和鉴别力较差的评价指标，以进一步优化战略性新兴产业科技成果转化知识管理状况评价指标体系（李玥等，2014）。

10.2.3　基于模糊聚类的关键指标识别

10.2.3.1　模糊聚类方法概述

聚类分析是研究和处理如何根据观测数据将样品（或变量）进行分类的数学方法，伴随大量模糊性的问题的处理需求，后续衍生出模糊聚类分析方法（魏莹等，2018）。由于预选指标体系中各指标对战略性新兴产业科技成果转化知识管理状况的反映视角和程度不能用明显的界限区分，具有一定的模糊性，因此适用模糊聚类方法进行关键评价指标识别。分析步骤如下（张会云和唐元虎，2003；袁凌，2003）：

（1）论域表征。待分类对象作为论域 $U = \{u_1, \cdots, u_i, \cdots, u_m\}$，其中，$u_i$ 由一组评分数据来表征，即 $u_i = (x_{i1}, x_{i2}, \cdots, x_{ij}, \cdots x_{in})$。

（2）确定模糊关系。按照规定的评分标准对各预选评价指标的重要程度进行模糊打分，形成影响因素评分矩阵 $X = (x_{ij})_{m \times n}$。在此基础上，对评分矩阵进行数据归一化处理，以计算相似系数 r_{ij}，建立论域 U 上的模糊相似关系矩阵 R。确定相似系数 r_{ij} 的最常用方法是贴近度法，u_i 与 u_j 的贴近度 $r_{ij} = N(x_i, x_j)$。当 N 取距离贴近度时，$r_{ij} = 1 - c \sum_{k=1}^{m} |x_{ik} - x_{jk}|$。

（3）计算模糊等价关系矩阵。该模糊相似关系矩阵 $R = (r_{ij})_{m \times m}$，只满足自反性和对称性而不满足传递性，为了进行模糊聚类分析，对 R 进行布尔乘传递闭包运算，直至 $R^k = R^{2k}$，（$k = 2, 4, \cdots, 2^n$）。取 $R^* = R^k$，为模糊等价关系矩阵，模糊等价关系矩阵 R^* 满足自反性、对称性和传递性。

（4）聚类。对模糊等价关系矩阵 R^* 求其在不同阈值 λ 下的截矩阵，通过 λ—截矩阵分析诸评价要素的相似程度，从而将各预选评价指标进行聚类。

（5）确定最佳阈值 λ。模糊等价关系矩阵 R^* 在不同阈值 λ 下的截矩阵

$\widetilde{R}_\lambda = \lambda(r_{ij})$，其中：

$$\lambda(r_{ij}) = \begin{cases} 1, & \text{当 } r_{ij} \geqslant \lambda \\ 0, & \text{当 } r_{ij} < \lambda \end{cases} \qquad (10-1)$$

不同的 λ 值会得到不同的截矩阵 $\widetilde{R}_\lambda$，一般情况下，当 λ 由大到小逐渐下降时，分类由细变粗，形成一个动态聚类分析图景。通过此聚类分析图，根据实际问题的需要，选定最佳的 λ 值，就可实现对分类对象的主从排序，实现对战略性新兴产业科技成果转化知识管理状况评价要素的重要程度评价。

10.2.3.2　关键评价指标识别

（1）问题论域的确定。结合战略性新兴产业的创新主体代表性与数据可获取性，本书选取中国船舶工业经济研究中心专家 10 名、大连船舶重工集团有限公司专家 10 名、哈尔滨船舶锅炉涡轮机研究所（703 所）专家 10 名、哈尔滨博实自动化设备有限责任公司专家 1 名、哈尔滨工程大学科技园专家 10 名、哈尔滨工程大学教授 1 名，共 42 名科技成果转化知识管理方面的专家进行了问卷调查，本次问卷选择了上述战略性新兴产业科技成果转化知识管理状况评价的 35 个预选评价指标，形成了模糊聚类分析的论域。本书从科学性、可比性、持续性和可行性四个维度为每个评价要素的反映程度分别设计了"很合理、合理、不合理"三个等级，对应的权重依次为 3、2、1，请专家根据经验进行选择判断。

（2）数学模型构造与实证分析。以战略性新兴产业科技成果转化知识管理状况评价中的知识创新指标为例，运用模糊聚类分析法对关键评价指标进行识别，其他方面指标识别与此同理。选择反映知识创新状况的 8 个预选评价指标作为论域 $B_5 = \{X_{51}, X_{52}, \cdots, X_{58}\}$，根据调查问卷结果，将每个评价指标按照科学性、可比性、持续性和可行性四个维度，针对"很合理、合理、不合理"三个等级进行评分，再予以累加，即得每个评价指标合理程度的原始评分矩阵，如表 10.2 所示。

表 10.2 知识创新状况指标合理性评分

指标	科学性			可比性			持续性			可行性		
	很合理	合理	不合理	很合理	合理	不合理	很合理	合理	不合理	很合理	合理	不合理
X_{51}	0.2308	0.3077	0.4615	0.1731	0.2885	0.5385	0.2692	0.4231	0.3077	0.1923	0.4423	0.3654
X_{52}	0.3654	0.5000	0.1346	0.2500	0.3654	0.3846	0.4231	0.4038	0.1731	0.3462	0.4423	0.2115
X_{53}	0.4423	0.5192	0.0385	0.3269	0.5000	0.1731	0.4808	0.4615	0.0577	0.4423	0.4038	0.1538
X_{54}	0.2500	0.4038	0.3462	0.3077	0.4231	0.2692	0.2308	0.2692	0.5000	0.2885	0.2308	0.4808
X_{55}	0.2308	0.4808	0.2885	0.2692	0.4038	0.3269	0.2885	0.3269	0.3846	0.2692	0.3269	0.4038
X_{56}	0.4231	0.4423	0.1346	0.5385	0.3846	0.0769	0.5192	0.4231	0.0577	0.5962	0.3077	0.0962
X_{57}	0.3269	0.5385	0.1346	0.2885	0.5962	0.1154	0.3846	0.4231	0.1923	0.4615	0.4231	0.1154
X_{58}	0.2115	0.3077	0.4808	0.3077	0.5577	0.1346	0.3077	0.5192	0.1731	0.2885	0.5192	0.1923

对原始评分矩阵进行归一化处理，得到标准评分矩阵 $Y = (y_{ij})_{m \times n}$。根据公式 $r_{ij} = 1 - c \sum_{k=1}^{m} |x_{ik} - x_{jk}|$，取 $c = 0.2$，计算论域中元素之间的相似度，再进行标准化即可建立模糊相似关系矩阵 $R = (r_{ij})_{m \times m}$，科技成果转化知识创新状况指标的模糊相似关系矩阵 R 如下所示。

$$
R = \begin{bmatrix}
1.0000 & 0.9758 & 0.9606 & 0.9771 & 0.9827 & 0.9527 & 0.9665 & 0.9793 \\
0.9758 & 1.0000 & 0.9841 & 0.9734 & 0.9816 & 0.9744 & 0.9859 & 0.9756 \\
0.9606 & 0.9841 & 1.0000 & 0.9655 & 0.9702 & 0.9819 & 0.9877 & 0.9729 \\
0.9771 & 0.9734 & 0.9655 & 1.0000 & 0.9899 & 0.9596 & 0.9699 & 0.9769 \\
0.9827 & 0.9816 & 0.9702 & 0.9899 & 1.0000 & 0.9630 & 0.9755 & 0.9790 \\
0.9527 & 0.9744 & 0.9819 & 0.9596 & 0.9630 & 1.0000 & 0.9760 & 0.9606 \\
0.9665 & 0.9859 & 0.9877 & 0.9699 & 0.9755 & 0.9760 & 1.0000 & 0.9789 \\
0.9793 & 0.9756 & 0.9729 & 0.9769 & 0.9790 & 0.9606 & 0.9789 & 1.0000
\end{bmatrix}
$$

对科技成果转化知识管理状况评价知识创新指标的模糊相似关系矩阵 R 进行布尔乘传递闭包运算，得到对应的模糊等价关系矩阵 R^*，如下所示。

$$R^* = \begin{bmatrix} 1.0000 & 0.9816 & 0.9816 & 0.9827 & 0.9827 & 0.9816 & 0.9816 & 0.9793 \\ 0.9816 & 1.0000 & 0.9859 & 0.9816 & 0.9816 & 0.9819 & 0.9859 & 0.9793 \\ 0.9816 & 0.9859 & 1.0000 & 0.9816 & 0.9816 & 0.9819 & 0.9877 & 0.9793 \\ 0.9827 & 0.9816 & 0.9816 & 1.0000 & 0.9899 & 0.9816 & 0.9816 & 0.9793 \\ 0.9827 & 0.9816 & 0.9816 & 0.9899 & 1.0000 & 0.9816 & 0.9816 & 0.9793 \\ 0.9816 & 0.9819 & 0.9819 & 0.9816 & 0.9816 & 1.0000 & 0.9819 & 0.9793 \\ 0.9816 & 0.9859 & 0.9877 & 0.9816 & 0.9816 & 0.9819 & 1.0000 & 0.9793 \\ 0.9793 & 0.9793 & 0.9793 & 0.9793 & 0.9793 & 0.9793 & 0.9793 & 1.0000 \end{bmatrix}$$

经过 Matlab 程序循环计算（孙宇锋，2006），对于 λ 值从 0.9793 到 1 的不同聚类，可形成动态聚类分析图，如图 10.1 所示。

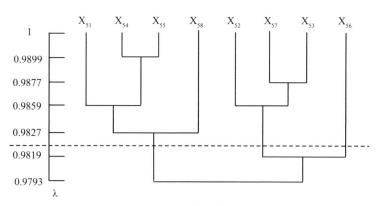

图 10.1　动态聚类分析

当 λ = 0.982 时，8 项评价指标聚为三类。按照以下公式计算各类的分值：

$$l_i = \frac{k \times h}{24}, \quad q = \frac{\sum l_i}{n} \qquad (10 - 2)$$

式中，k 为各指标合理性调查的得分，h 为各指标合理性的权重，n 为该类中指标的个数，q 为该类的得分。以最多 4 个指标为限选择指标，聚类分析结果如表 10.3 所示。因此，本书选择属于"很合理"和"较合理"层次的评价要素，即专利授权数、技术秘密和技术诀窍数量、成果转化新产品年销售收入占产品总销售收入比重、知识创新奖励办法及实施状况四个指标作为战略性新兴产业科技成果转化知识管理状况评价的知识创新指标。

表 10.3　　　　　　知识创新状况评价指标的聚类分析结果

指标		结果分析		
		总分	聚类分析结果	
			层次	评价程度
知识创新状况 B_5	专利授权数 X_{56}	0.4046	第一层	很合理
	技术秘密和技术诀窍数量 X_{53}	0.3862	第二层	较合理
	成果转化新产品年销售收入占产品总销售收入比重 X_{57}	0.3710		
	知识创新奖励办法及实施状况 X_{52}	0.3534		
	成果转化新产品市场占有率 X_{58}	0.3389	第三层	不合理
	科技奖获奖成果数当量 X_{55}	0.3189		
	发表论文与出版专著当量 X_{54}	0.3117		
	技术创新成果记录和制度执行情况 X_{51}	0.2997		

10.2.4　评价指标体系确立

依照上述原理和步骤，即可对战略性新兴产业科技成果转化知识管理状况评价的其他方面指标进行模糊聚类分析，给出其合理性排序，同样选取聚类分析结果中属于"很合理"和"较合理"层次的评价要素作为最终评价指标。战略性新兴产业科技成果转化知识管理状况评价指标体系如图 10.2 所示。

（1）成果供给方与转化方的知识合作稳定程度。该指标为定性指标，由专家打分综合得出，反映转化组织从成果提供方学习、共享而获得隐性知识的能力。知识合作稳定程度从多方面体现，包括成果提供方是否提供培训、是否参与转化全过程等。

（2）技术市场科技成果交易额。该指标为定量指标，即转化组织在技术市场上的成果交易金额，直接从科技转化组织的财务报告中获得，反映科

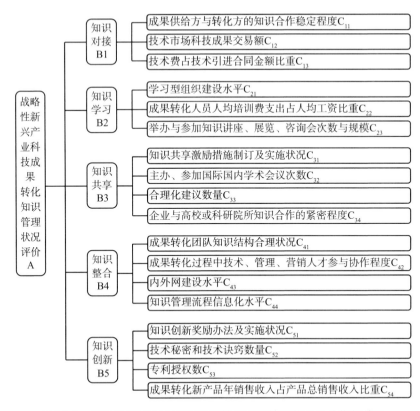

图 10.2 战略性新兴产业科技成果转化知识管理状况评价指标体系

技成果转化组织的技术知识（外部显性知识）的对接与获取状况。

（3）技术费占技术引进合同金额比重。该指标反映科技成果转化组织的技术引进投入水平，是成果转化组织学习外部技术知识的投入能力的表现。该指标是正向性指标，指标数值越大，表明组织技术知识学习投入能力越强。

$$技术费占技术引进合同金额比重 = \frac{技术费}{技术引进合同金额} \times 100\%$$

$$(10-3)$$

（4）学习型组织建设水平。该指标为定性指标，由专家打分综合得出，反映转化组织知识学习的有序程度，是转化组织知识管理重视程度与知识学习综合能力的集中体现。一般而言，转化组织建设学习型组织与否在知识学习效果上会有很大区别。

（5）成果转化人员人均培训费支出占人均工资比重。该指标为正向定量指标，一般可直接由被调研单位的人力资源部门提供。培训是转化人员知识学习的一种有效方式，培训费支出占工资比重越大，越能体现转化组织对员工知识学习的重视程度。

$$成果转化人员人均培训费支出占人均工资比重 = \frac{人均培训费支出}{人均工资} \times 100\%$$

$$(10-4)$$

（6）举办与参加知识讲座、展览、咨询会次数与规模。该指标为定性指标，由专家打分综合得出，反映转化组织学习的频度，是转化组织知识学习意愿与实施程度的体现。指标值越大，说明知识学习的范围和深度越大。

（7）知识共享激励措施制定及实施状况。知识共享激励措施对员工知识共享具有重要的驱动作用，是员工知识共享的主要动力来源。该指标为定性指标，反映转化组织对员工知识共享的重视程度与实践状况。

（8）主办、参加国际国内学术会议次数。国际国内学术会议交流是员工掌握科技成果转化相关前沿知识的重要途径，该指标为定性指标，由专家打分综合得出，反映转化组织员工与国内外专家交流的频率。

（9）合理化建议数量。该指标是指转化组织通过知识共享获得合理化建议的数量，反映科技成果转化组织知识共享的广度与深度，是定性指标。

（10）企业与高校或科研院所知识合作的紧密程度。该指标是指转化组织从高校或科研院所获得技术成果和技术咨询的程度，反映转化组织的外部知识获取和共享的能力，该指标为定性指标。

（11）成果转化团队知识结构合理状况。该指标为定性指标，反映转化团队成员对不同学科门类知识掌握的深度和广度，是转化团队知识整合的基础。

（12）成果转化过程中技术、管理、营销人才参与协作程度。该指标是指转化团队中技术人员、管理人员、营销人员的比例及参与程度，反映科技成果转化各阶段的知识含量及知识结构。各类人才的参与程度协调性越好，知识整合效果越佳。该指标为定性指标。

（13）内外网建设水平。该指标为定性指标，反映科技转化组织的综合信息化水平。提高内外网建设水平，有利于转化组织知识管理的智能化，提高知识管理效率。

（14）知识管理流程信息化水平。该指标为定性指标，反映科技转化组织知识管理业务流程的信息化水平。知识管理流程需建立在转化组织信息化的基础上，知识管理流程信息化为组织员工吸收学习外部知识、知识共享及知识创新提供条件。

（15）知识创新奖励办法及实施状况。该指标为定性指标，反映转化组织对知识创新活动的重视与支持程度。知识创新奖励办法的实施状况越好，员工知识创新意愿越强，知识创新成效越显著。知识创新的激励对于科技成果转化项目成败具有重要影响。

（16）技术秘密和技术诀窍数量。该指标为定性指标，是指科技成果转化组织已存储的技术秘密与技术诀窍的数量，反映转化组织知识创新的效果。

（17）专利授权数。该指标为正向定量指标，反映科技成果转化组织专利知识的获取能力，指标值从被调研单位知识产权部门获得。

（18）成果转化新产品年销售收入占产品总销售收入比重。该指标为正向定量指标，反映成果转化新产品的经济效益，是成果转化项目成功的重要标志。

$$\text{成果转化新产品年销售收入占产品总销售收入比重} = \frac{\text{新产品年销售收入}}{\text{产品总销售收入}} \times 100\% \qquad (10-5)$$

10.3 战略性新兴产业科技成果转化知识管理状况评价标准设定

10.3.1 评价指标标准设定

为了方便评估时准确地给出评估结果，有必要设置一个明确的评估标准，本书为每个指标（定量和定性指标）设计了五个评价等级，"非常低、较低、一般、较高、非常高"，分别对应 1～5 分。依据系统调查研究，参考各战略性新兴产业企业科技成果转化知识管理状况及水平评价过程中采用的行之有效的标准，制订战略性新兴产业科技成果转化知识管理状况评价指标标准，具体见附录Ⅰ。

10.3.2 评价结果等级设定

本书依据战略性新兴产业科技成果转化知识管理状况评价的基本状况及评估目标，提出以下五个结果评定等级，与评价指标分值设定对应，也分别用 1～5 分表示，如表 10.4 所示。优秀、良好、较好、及格、较差五个等级元素构成了评价等级集合，依据评价对象的实际评价结果，比照各评价等级的内容和标准，对各评价对象进行评级。

表 10.4   **评价结果等级评定**

等级	对应分值	对应水平
优秀	(4.5, 5]	知识管理水平高，能有效促进科技成果转化，具有现实绩效与发展潜力
良好	(4, 4.5]	知识管理水平较高，在一定程度上推动科技成果转化实现，具有一定的现实绩效与发展潜力
较好	(3, 4]	能利用知识管理推动科技成果转化过程的实现
及格	(2, 3]	具备基本的知识管理能力，使知识管理不会成为科技成果转化的制约因素
较差	(1, 2]	不具备知识管理能力，知识的无序管理状态成为科技成果转化的瓶颈因素

10.4 战略性新兴产业科技成果转化知识管理状况评价方法与模型

10.4.1 评价指标赋权方法的选择

在战略性新兴产业科技成果转化知识管理状况评价指标体系中，各项指标对评价结果的影响程度是不同的，为了准确地评价科技成果转化知识管理状况，必须根据各项指标的重要性程度分别赋予其相应的权重。而科技成果转化包括转让转化、合作转化、自行转化等多种方式，在不同转化方式之下，对评价指标的重要性判断差别会很大，因此，本书在评价指标的权重确定上采用基于格栅获取的模糊 Borda 数分析法。

模糊 Borda 数分析法，是我国的杨季美和史本山两位专家在两种经典的并和方法——Borda 数分析法及委托群体效用函数法基础上，克服原两种方法在评价结果上不能反映众多个体评价者意见的弊端，所提出的更能体现群体的偏好，是更能作出合理评价的一种实用性较强的方法。

这种方法不仅考虑了科技成果转化的不同方式，还通过强调科技成果转化知识管理状况评价指标在不同转化方式下的排序，使各权重的确定建立在对指标重要性进行综合判断的优序关系基础上，它突出了各种转化方式下转化组织都关心的因素，综合了群体的不同意见，较好地反映了指标权重，是一种集定性与定量分析于一体的较客观的赋权方法（孙冰，2002）。

10.4.2　战略性新兴产业科技成果转化知识管理状况评价模型

10.4.2.1　用基于格栅获取的模糊 Borda 数分析法确定指标权重

运用基于格栅获取的模糊 Borda 数分析法确定指标权重的步骤如下（刘希宋和甄耀红，2000）：

（1）建立递阶层次结构。这是最基础也是最关键的一步，就是把目标分解成多个要素，再继续分解，直到可评价为止，最后形成一个从上至下有支配关系的递阶层次结构。

（2）建立格栅。格栅获取法是心理学家凯勒（Kelly）于 1955 年提出的个人结构理论（personal construct theory）中一个人类判断思考模式。格栅（grid）是由元素（element）和属性（attribute）组成。一个元素的属性可以用一个线性尺度表达，通常用具有 1 ~ 5 刻度的尺度来表示，即某一指标的重要程度可以分为五档：5——非常重要、4——重要、3——较重要、2——

一般、1——不重要，如图 10.3 所示。指标体系的建立已经完成了格栅的元素确定，这一步是完成属性的判断，通过对指标在各个不同属性下的重要程度进行判断打分，得到完整格栅。

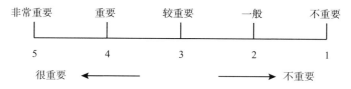

图 10.3　评价指标重要程度线性尺度表征

（3）对格栅进行分析，得到单一准则下的相对权重。设对指标 D_p 的第 m 个属性的打分为 $B_m(D_p)$（其中 m = 1，2，…，M；p = 1，2，…，N）。运用模糊 Borda 数分析法格栅的步骤主要是：

①确定隶属度（见表 10.5）。在第 m 个属性评价中，求出每一被评价指标 D_p 属于"最重要"的隶属度 U_{mp}，其计算公式为：

$$U_{mp} = B_m(D_p)/\max\{B_m(D_p)\} \quad (0 \leqslant U_{mp} \leqslant 1) \qquad (10-6)$$

②作模糊频数统计（见表 10.6）

$$f_{hp} = \sum_{m=1}^{M} \delta_m^h(D_p)U_{mp} \qquad (10-7)$$

$$R_p = \sum_h f_{hp} \qquad (10-8)$$

式中，f_{hp} 为指标 D_p 的模糊频数；R_p 为指标 D_p 的模糊频数和；$\delta_m^h(D_p)$ 为优序关系系数。在公式（10-7）中，若 D_p 在第 m 个属性优序关系中排在第 h 位，则 $\delta_m^h(D_p) = 1$；否则，$\delta_m^h(D_p) = 0$。

注：若两个指标 D_i，D_j 在第 m 个属性中 U_{mp} 相同，即它们在优序关系中同时排在第 h 位，则 $\delta_m^h(D_i) = \delta_m^{h+1}(D_j) = 1/2$；若三个指标 D_i，D_j，D_k 在第 m 个属性优序关系中 U_{mp} 相同，即它们在优序关系中同时排在第 h 位，则 $\delta_m^h(D_i) = \delta_m^{h+1}(D_j) = \delta_m^{h+2}(D_k) = 1/3$；其余的以此类推。

表 10. 5 隶属度计算值

P_i	D_p			
	D_1	D_2	…	D_N
P_1	u_{11}	u_{12}	…	u_{1N}
P_2	u_{21}	u_{22}	…	u_{2N}
P_3	u_{31}	u_{32}	…	u_{3N}
…	…	…	…	…
P_M	u_{M1}	u_{M2}	…	u_{MN}

表 10. 6 模糊频数统计

h	D_p			
	D_1	D_2	…	D_N
1	f_{11}	f_{12}	…	f_{1N}
2	f_{21}	f_{22}	…	f_{2N}
…	…	…	…	…
N	f_{N1}	f_{N2}	…	f_{NN}
$\sum$	R_1	R_2	…	R_N

③计算模糊 Borda 数 $FB(D_p)$。若规定被评价指标 D_p 在优序关系中排第 h 位的权数为 Q_h，令 $Q_h = 1/2(N-h)(N-h+1)$，则：

$$FB(D_p) = \sum_h \frac{f_{hp}}{R_p} \cdot Q_h = \sum_h W_{hp} \cdot Q_h, \text{ 其中 } W_{hp} = \frac{f_{hp}}{R_p} \quad (10-9)$$

④归一化处理，得到单一准则下的相对权重：

$$W'_p = FB(D_p) / \sum_{p=1}^{N} FB(D_p) \quad (10-10)$$

（4）计算各层指标的组合权重。以上得到的仅是一组指标对其上层指标的权重向量，而评价最终要得到的是各指标对一级指标的相对权重，即最底层各指标对评价目标的相对权重。因此，还需自下而上求出各评价指标的组合权重。

$$W_{ij} = W_i \cdot W'_{ij} (i = 1, 2, 3, 4, 5; j = 1, 2, 3, 4) \quad (10-11)$$

式中，W_{ij} 为三级指标组合权重；W_i 为二级指标权重；W'_{ij} 为三级指标相对权重。

10.4.2.2 评价指标数据获取

根据评价指标数据获取方式和处理过程的不同，战略性新兴产业科技成果转化知识管理状况评价指标分为两大类：定量评价指标和定性评价指标。

（1）定量指标数据获取。定量指标数据可以从各样本单位获取，然后参照附录Ⅰ的评价指标标准，通过式（10 - 12）得到相应指标值。式中，f_i 表示第 i 个指标处理后的指标值，v_i 表示由调查问卷得到的第 i 个指标的原始指标值，$V_{1i} \sim V_{5i}$ 分别表示第 i 个指标 1 至 5 等级的阈值，附录Ⅰ中已标明。

$$f_i = \begin{cases} 1, & \text{if} \quad v_i < V_{1i} \\ 1 + \dfrac{v_i - V_{1i}}{V_{2i} - V_{1i}}, & \text{if} \quad V_{1i} \leqslant v_i < V_{2i} \\ 2 + \dfrac{v_i - V_{2i}}{V_{3i} - V_{2i}}, & \text{if} \quad V_{2i} \leqslant v_i < V_{3i} \\ 3 + \dfrac{v_i - V_{3i}}{V_{4i} - V_{3i}}, & \text{if} \quad V_{3i} \leqslant v_i < V_{4i} \\ 4 + \dfrac{v_i - V_{4i}}{V_{5i} - V_{4i}}, & \text{if} \quad V_{4i} \leqslant v_i < V_{5i} \\ 5, & \text{if} \quad v_i \geqslant V_{5i} \end{cases} \qquad (10 - 12)$$

（2）定性指标数据获取。定性指标数据通过调查问卷专家评分综合得到。第 i 个评价指标值 f_i 的专家评分综合公式如式（10 - 13）所示。式中，$f_{ij} = R_i/n(j = 1，2，3，4，5)$，$R_i$ 为选择第 j 个标准等级的专家数，n 为专家总数，显然 $0 \leqslant f_{ij} \leqslant 1$。

$$f_i = 5f_{i5} + 4f_{i4} + 3f_{i3} + 2f_{i2} + 1f_{i1} \qquad (10 - 13)$$

10.4.2.3 计算评价对象的综合评价值

将各评价指标值与其相应的组合权重进行线性加权求和，可以得到科技成果转化知识管理状况综合评价值，如式（10－14）：

$$F = \sum_{p=1}^{N} Y_p \cdot W_p \qquad (10-14)$$

如果计算二级指标评价值，可以用该二级指标对应的三级指标值与其相对权重进行线性加权求和，即可分别求出科技成果转化知识对接、学习、共享、整合、创新的中间评价值。

10.5 战略性新兴产业科技成果转化知识管理状况评价的实证研究

10.5.1 评价样本的选择

本书在调查研究的基础上，以系统性和典型性为原则，选取哈尔滨博实自动化设备有限责任公司（以下简称博实）、大连船舶重工集团有限公司（以下简称大连重工）、哈尔滨船舶锅炉涡轮机研究所（以下简称703所）、哈尔滨飞机工业集团有限责任公司（以下简称哈飞）、北京航天拓扑高科技有限责任公司（以下简称航天拓扑）五家单位作为实证研究对象，它们在战略性新兴产业属于科技成果转化绩效良好的单位，现分别评价其科技成果转化的知识管理状况及水平，并进行综合对比分析。

10.5.2 指标数据的获取

战略性新兴产业科技成果转化知识管理状况评价指标分定量和定性两大类，定量指标通过调查问卷从样本单位直接获取原始数据，定性指标通过调查问卷获取专家原始评分。然后参照评价指标标准（附录Ⅰ），根据式（10－12）、式（10－13）对原始调查数据进行统计和归一化处理，得到样本单位指标值，如表10.7所示。

表 10.7 样本单位的评价指标归一化值

指标	单位				
	哈飞	703 所	博实	航天拓扑	大连重工
成果供给方与转化方的知识合作稳定程度 C_{11}	4.300	4.103	4.800	2.900	4.400
技术市场科技成果交易额 C_{12}	1.000	5.000	5.000	5.000	4.525
技术费占技术引进合同金额比重 C_{13}	5.000	5.000	5.000	5.000	1.000
学习型组织建设水平 C_{21}	3.500	4.350	2.100	2.000	3.700
成果转化人员人均培训费支出占人均工资比重 C_{22}	1.500	1.100	1.500	5.000	1.000
举办与参加知识讲座、展览、咨询会次数与规模 C_{23}	2.900	3.120	3.211	2.800	2.800
知识共享激励措施制定及实施状况 C_{31}	3.600	4.130	3.120	2.700	4.200
主办、参加国际国内学术会议次数 C_{32}	2.600	3.120	2.100	2.100	2.600
合理化建议数量 C_{33}	3.300	2.102	3.100	2.900	2.900
企业与高校或科研院所知识合作的紧密程度 C_{34}	3.850	4.900	2.711	2.350	3.450
成果转化团队知识结构合理状况 C_{41}	4.200	4.132	4.201	3.000	4.000
成果转化过程中技术、管理、营销人才参与协作程度 C_{42}	3.200	3.280	4.860	2.700	4.000
内外网建设水平 C_{43}	4.200	4.222	5.000	4.400	4.300
知识管理流程信息化水平 C_{44}	3.300	4.110	3.110	2.300	3.900
知识创新奖励办法及实施状况 C_{51}	4.700	4.550	3.123	2.500	4.200
技术秘密和技术诀窍数量 C_{52}	4.200	4.900	3.210	3.900	4.100
专利授权数 C_{53}	2.250	2.100	1.500	1.000	1.750
成果转化新产品年销售收入占产品总销售收入比重 C_{54}	4.013	1.000	1.000	3.038	4.786

10.5.3 指标权重的确定

战略性新兴产业科技成果转化知识管理状况评价指标体系已经完成了递阶层次结构的建立和格栅组成元素的确定，为得到完整的格栅，还需要完成对隔栅属性的判断。请战略性新兴产业中高新技术企业、科研院所、政府等在科技成果转化与知识管理方面的资深专家，对不同科技成果转化方式下的各级评价指标的重要程度进行判断打分。以二级评价指标为例，根据式（10-6）、式（10-7）、式（10-8），计算得出二级评价指标的隶属度表和模糊频数统计表，如表10.8、表10.9所示。

表10.8 二级指标的隶属度

P_m	D_P				
	知识对接 B_1	知识学习 B_2	知识共享 B_3	知识整合 B_4	知识创新 B_4
转让转化方式	1	0.8	0.8	0.6	1
合作转化方式	0.8	0.8	1	1	0.8
自行转化方式	0.6	1	0.8	0.8	1

表10.9 二级指标的模糊频数统计

h	D_P				
	知识对接 B_1	知识学习 B_2	知识共享 B_3	知识整合 B_4	知识创新 B_4
1	0.50	0.50	0.50	0.50	1.00
2	0.50	0.50	0.50	0.50	1.00
3	0.27	0.67	0.80	0.40	0.27
4	0.27	0.67	0.80	0.40	0.27
5	0.87	0.27	0.00	0.60	0.27
Rp	2.41	2.61	2.60	2.40	2.81

根据式（10-9）、式（10-10），计算得出科技成果转化知识管理状况评价二级指标的模糊 Borda 数和相对权重，分别为：

$$F_B(B_1) = 3.768, \quad F_B(B_2) = 4.092, \quad F_B(B_3) = 4.308,$$

$$F_B(B_4) = 4.000, \quad F_B(B_5) = 6.078$$

$$W'_{B1} = 0.169, \quad W'_{B2} = 0.184, \quad W'_{B3} = 0.194, \quad W'_{B4} = 0.180, \quad W'_{B5} = 0.273$$

同理，依照相同的步骤可以得出科技成果转化知识管理状况评价三级

指标的相对权重，再根据式（10 - 11）计算其组合权重。结果如表 10.10
所示。

表 10.10   评价指标权重

二级指标	权重	三级指标	权重	
			相对	组合
知识对接 B1	0.169	成果供给方与转化方的知识合作稳定程度 C_{11}	0.35	0.0592
		技术市场科技成果交易额 C_{14}	0.27	0.0456
		技术费占技术引进合同金额比重 C_{13}	0.38	0.0642
知识学习 B2	0.184	学习型组织建设水平 C_{21}	0.43	0.0791
		成果转化人员人均培训费支出占人均工资比重 C_{22}	0.36	0.0662
		举办与参加知识讲座、展览、咨询会次数与规模 C_{24}	0.21	0.0386
知识共享 B3	0.194	知识共享激励措施制定及实施状况 C_{32}	0.26	0.0504
		主办、参加国际国内学术会议次数 C_{35}	0.23	0.0446
		合理化建议数量 C_{36}	0.18	0.0349
		企业与高校或科研院所知识合作的紧密程度 C_{37}	0.33	0.0640
知识整合 B4	0.180	成果转化团队知识结构合理状况 C_{43}	0.30	0.0540
		成果转化过程中技术、管理、营销人才参与协作程度 C_{44}	0.34	0.0612
		内外网建设水平 C_{46}	0.19	0.0342
		知识管理流程信息化水平 C_{47}	0.17	0.0306
知识创新 B5	0.273	知识创新奖励办法及实施状况 C_{52}	0.16	0.0437
		技术秘密和技术诀窍数量 C_{53}	0.27	0.0737
		专利授权数 C_{56}	0.36	0.0983
		成果转化新产品年销售收入占产品总销售收入比重 C_{57}	0.21	0.0573

10.5.4　评价结果及分析

根据式（10 - 14），得出五个样本单位的科技成果转化知识管理状况综
合评价结果以及知识管理运行各环节的中间评价值，如表 10.11 所示。

表 10.11　　　　　　　　　　　　　样本单位实证评价结果

样本	结果											
	综合评价		知识对接		知识学习		知识共享		知识整合		知识创新	
	得分	排序	得分	排序	得分	排序	得分	排序	得分	排序	得分	排序
哈飞	3.4052	2	3.6949	4	2.6515	3	3.3962	2	3.7099	4	3.5392	1
703 所	3.5817	1	4.6854	2	2.9185	2	3.7770	1	3.8595	3	3.0235	3
博实	3.1223	4	4.9299	1	2.1120	5	2.7454	4	4.3842	1	2.1201	5
航天拓扑	3.0174	5	4.2635	3	3.2521	1	2.4825	5	3.0419	5	2.4519	4
大连重工	3.3021	3	3.1262	5	2.5359	4	3.3424	3	4.0391	2	3.4129	2

（1）综合评价结果分析

由表 10.11 可知，在五个样本单位中，703 所的科技成果转化知识管理状况最优，为 3.5817；航天拓扑相对较低，为 3.0174；哈飞集团、大连重工、博实公司的科技成果转化知识管理状况评价值分别为 3.4052、3.3021、3.1223。整体而言，五个样本单位的综合评价值都处于［3.0174，3.5817］区间，依照本书 10.3.2 节设定的评价结果等级标准，其科技成果转化的知识管理状况均为"较好水平"。一方面，这说明我国战略性新兴产业科技成果转化绩效良好的单位已意识到知识管理的重要性，并借助组织现有资源在科技成果转化管理中逐步嵌入知识管理功能，但尚未系统地、全方位地推行知识管理战略，与战略性新兴产业工业科技成果转化知识管理的运行目标尚存在一定差距。另一方面，五个样本单位评价结果差距不大，在各指标上也是各有所长，并未出现真正的知识管理"排头兵"，可见，战略性新兴产业在用知识管理推进科技成果转化以提升核心竞争力方面仍有较大的潜力。

（2）评价指标表现分析

一是在科技成果转化知识对接方面，其中"技术费占技术引进合同金额比重"和"技术市场科技成果交易额"两项指标，703 所、博实、航天拓扑都有优异的表现，说明转化组织已开始重视并积极从外部引进技术知识和成果；由于博实采用科技成果自行转化模式，同时倚靠哈尔滨工业大学的科技实力和人才资源，因此其"成果供给方与转化方的知识合作稳定程度"明显高于其他样本单位，知识对接优势突出。

二是在科技成果转化知识学习方面，各样本单位知识学习状况普遍不理想。其中 703 所和大连重工的"学习型组织建设水平"较出色，战略性新兴产业可在各单位进行推广学习；"成果转化人员人均培训费支出占人均工资比重"这一指标，只有航天拓扑公司表现优异，其他样本单位培训费用投入明显不足，这也是致使知识学习状况不佳的主要原因，因此，应加大科技成果转化的培训、教育费用投入，全面提升技术、管理、生产等人员的整体素质。

三是在科技成果转化知识共享方面，703 所知识学习状况最优。尤其是"企业与高校或科研院所知识合作的紧密程度"明显高于其他样本单位，说明其产学研联合绩效突出；另外，703 所已将知识共享纳入了人才绩效考核指标，取得了较好的激励效果，其成功经验值得其他单位借鉴。

四是在科技成果转化知识整合方面，博实公司和大连重工的知识整合各项指标表现均较好。而航天拓扑公司的"成果转化团队知识结构合理状况"和"成果转化过程中技术、管理、营销人才参与协作程度"表现相对较差，可见其多元知识及多专业人才的整合能力有待大幅提高；另外，各样本单位的"知识管理流程信息化水平"尚有提高空间，应加强知识管理流程的信息化建设，促进组织内外知识的快速流动和有效整合，以提高科技成果转化率。

五是在科技成果转化知识创新方面，五个样本单位的科技成果转化基本实现了商业化、产业化目标，哈飞集团和大连重工的经济效益尤为明显，特别是哈飞从涉足汽车行业时的协同知识创新到将自主知识创新作为长期发展战略的过渡，其竞争能力不断提升；但在"专利授权数"上，五个样本单位均处于明显的劣势，这与战略性新兴产业的保密特点有关，但也反映了我国战略性新兴产业科技成果转化知识创新的专利形成能力较弱。战略性新兴产业及各单位应协力完善科技成果转化的知识创新激励机制，加强知识产权保护力度，提高战略性新兴产业科技成果转化知识创新的积极性。

10.6 本 章 小 结

本章先是建立战略性新兴产业科技成果转化知识管理状况评价的预选指标体系，并运用模糊聚类分析法对关键指标进行识别，确立评价指标体系；然后设定了科技成果转化知识管理状况评价指标标准和结果等级标准；再用基于格栅获取的模糊 Borda 数分析法确定评价指标权重，并选取战略性新兴产业科技成果转化绩效良好的五个样本单位，对其知识管理状况进行实证评价及结果分析，为提升战略性新兴产业科技成果转化知识管理运行能力提供了决策依据。

第11章 战略性新兴产业科技成果转化知识管理运行体系实施保障

推进战略性新兴产业科技成果转化知识管理，是一项复杂的系统工程，需要从宏观、中观、微观的结合上构建有效的对策体系。本书以创新主体为基础，以产学研结合创新体系为导向，以激励为动力，以文化、人才、产权为保障，以信息平台为支撑，为推进战略性新兴产业科技成果转化知识管理提出以下具体对策建议。

11.1 完善战略性新兴产业科技成果转化知识管理的组织功能

11.1.1 加强政府层面的组织领导

政府在促进战略性新兴产业科技成果转化方面承担着不可或缺的责任，主要体现在：一方面，政府为科技成果转化知识管理创造良好环境；另一方面，政府通过积极的引导和干预，在转化方向上体现国家意志。具体措施如下。

（1）加强战略性新兴产业对科技成果转化知识管理的组织领导。成立"战略性新兴产业科技成果转化知识管理推广小组"，作为战略性新兴产业科技成果转化知识管理决策执行机构。由战略性新兴产业主管部门主要领导担任推广小组组长，并积极吸收各高新技术企业、科研院所、高校等主体参加。在推广小组的引领下，定期组织有关专家召开战略性新兴产业科技成果转化知识管理工作会议，做好宏观部署和顶层设计，提升政府对战略性新兴产业科技成果转化知识管理的宏观决策层次，强化政府对战略性新兴产业科技成果转化知识管理的调控能力，统筹战略性新兴产业科技成果转化知识管理规划计划，具体制订战略性新兴产业科技成果转化知识管理配套方针政策，负责投资大、风险大、潜在价值高的尖端技术成果转化项目和跨领域的中长期项目的知识管理决策执行。

（2）发挥地方政府对科技成果转化知识管理的引导作用。通过地方政府的牵线搭桥，实现区域性的产学研结合和跨区域的战略性新兴产业科技成果转化知识合作；利用国家对地方政府的政绩考核等方式，调动地方政府对战略性新兴产业科技成果转化知识管理的积极性和支持力度；通过地方政府有力整合社会资源，促成跨区域、跨行业的战略性新兴产业科技成果转化网络化的知识联结；将国家级的战略性新兴产业科技成果转化知识管理推动工程任务层层分解，向地方政府落实。

11.1.2　引入柔性化组织管理模式

所谓柔性化组织管理模式，是一种顺应多变的市场竞争环境而演化形成的一种高效的适应性组织管理模式，它不再强调严格的等级、僵硬的结构、不可逾越的边界，代之以扁平化、弹性化、模糊化的特质。将柔性化组织管理模式引入科技成果转化组织，能够加快知识流动速度，推进知识管理活动的实施，有效地提高科技成果转化效率。

（1）组织层级扁平化，形成平等畅通的流通渠道。传统组织多采用金字塔式的层级管理结构，员工与员工之间、员工与管理人员之间、一般管理人员与高层领导之间等级分明，使得知识的上行和下达存在不必要的时滞。组织结构扁平化是指减少管理层次、增加管理幅度，从而缩短最高管理层到员工的管理路径，加快信息和知识流通速度。一方面，缩短上下级之间的距离、减少计划与决策的过程、缩减知识传递的时间，使信息和知识通过横向方式的传递大大增强；另一方面，充分授予基层知识员工更多的现场处置权，让员工能根据具体情况灵活采取行动，这不仅提高了决策的效率，而且能激励员工更好地发挥积极性，进行更广泛和深入的知识共享。

（2）组织结构弹性化，应对快速变化的市场环境。面对快速变化的市场环境，战略性新兴产业科技成果转化组织需要从有限的市场机会中迅速获取知识和信息，快速地推出新产品，及时对竞争市场的动态变化作出反应，这就要求成果转化主体的组织结构具有高度的弹性。一方面，要求转化主体的组织结构具有一定的灵活性，根据战略性新兴产业科技成果转化的需要进行部门调整或增加部门职能等，使转化主体由单一功能向综合性转变，不但能够自行进行知识创新和应用，同时能够针对科技成果转化链条上的知识需求从高校、科研院所及中介机构获取信息和知识，并在后续开发中进一步对知识进行消化吸收、整合与创新，以满足客户需求和适应市场竞争的需要；另一方面，也要求科技成果转化主体的组织结构具有一定的稳定性，即组织结构中的一些基础性单元（如知识产权等基本职能部门）是相对稳定的，使转化人员有较强的安全感，能够潜心从事成果转化的知识创新活动。

（3）组织边界模糊化，推行项目团队的组合方式。知识的传递和共享是超越组织边界的。战略性新兴产业科技成果转化过程中，企业、高校、科研院所及中介机构等参与主体之间以及内部成员之间需要根据转化任务随时进行组合，在科技成果转化链条上形成一种组织内外知识共享与互动交流的繁荣景象。组织边界模糊化，一方面体现在转化组织内部，使各业务部门人员根据科技成果转化项目的知识需求重新进行分工组合，建立临时项目团队或虚拟团队。另一方面体现在转化组织外部，以战略性新兴产业重大科技成果转化项目为依托，以战略性新兴产业中高技术企业、高校、科研院所及中介机构等主体为创新连接主体，通过跨企业、跨行业、跨区域的知识关联，构建动态、网络化的虚拟组织。

11.2　建立基于知识资源整合的产学研结合创新机制

11.2.1　建立产学研资源共享机制

高新技术成果如果不及时相互转化会造成很大闲置和浪费，产学研的科技体制分割使得产学研的创新资源无法渗透和融合，导致市场前景看好的高技术成果难以实施产业化。战略性新兴产业应积极推行基于资源共享、优势互补的产学研合作，凝聚产学研领域内的信息与知识资源，整合相关技术优势，降低和消除科技成果转化障碍。通过产学研主体之间的知识交流、互动与交融，改善战略性新兴产业基础的融合度，发挥战略性新兴产业作为高新技术策源地和试验田的强大支撑作用，推动战略性新兴产业科技成果转化的实施，共同提升产学研的技术创新能力。

11.2.2 建立产学研互动机制

产学研互动机制尚未构建完全是导致战略性新兴产业科技成果转化率低的主要原因。战略性新兴产业应改变目前科研体制造成的科研成果与产业化运作"两张皮"的状况，使企业、高校、研究院所等从科研立项开始就紧密结合市场需求，以科技成果商品化、产业化为最终目标，而不是停留在理论成果阶段。产学研紧密合作是实现科技成果产业化的有效手段，企业是科技成果产业化的主体，高校、科研机构和服务机构等不仅提供科技成果，而且在科技成果商品化与产业化过程中提供技术支持。建立产学研等互动机制，调动各主体参与战略性新兴产业科技成果转化的积极性，使知识和创新资源向最需要且最能发挥效益的方向转移，提高战略性新兴产业科技成果转化成功率。

11.2.3 促进产学研技术标准知识融合

对于战略性新兴产业科技成果转化来说，产学研等领域的技术标准知识对接成为瓶颈因素。标准作为一个国家科技发展水平的集中体现，作为引领和支撑先进技术应用的重要手段，对战略性新兴产业的发展具有十分重要的作用，战略性新兴产业科技成果转化各个环节都需要大量技术标准知识予以支撑。战略性新兴产业标准的制订应兼顾企业、高校、研究院所、服务机构等的发展需求和战略性新兴产业科技成果转化问题，使标准的技术要求和适用范围能充分地体现产学研等多主体互动性和产学研等多主体普适性，利用标准为产学研各创新主体科技成果的相互转化提供支持。通过制订大量产学研技术标准构建战略性新兴产业科技成果转化的通用技术平台，推进产学研成果的合理转移和转化，促进战略性新兴产业科技成果产业化。战略性新兴产业科技成果转化技术标准知识融合体系如图 11.1 所示。

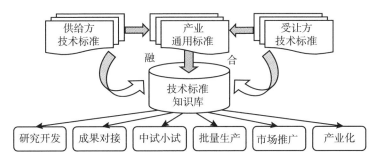

图 11.1　战略性新兴产业科技成果转化技术标准知识融合体系

11.3　优化战略性新兴产业科技成果转化知识管理的激励机制

著名的 Buckman 实验室宣布最好的 150 个知识共享参与者可以享受公司提供的短期度假，这一提议极大地提高了员工参与知识共享网络的积极性；Lotus 作为 IBM 的分公司，投入收入的 25% 用于奖励乐于与他人分享知识的员工；微软公司的"产权共享"将每一位员工与微软紧密联系在一起，产生了巨大的激励作用。可见，激励对知识共享具有重要驱动作用，同样对于知识整合及知识创新等活动也具有很强的驱动效用。因此，战略性新兴产业高技术创新相关主体应采用多种激励手段，并使之规范化、制度化，有效激发人才知识共享欲、奉献精神、革新精神及创造性等，从而促进科技成果转化实施。

11.3.1 外在激励机制

有的员工将工作视为满足自己生存及发展需要的一种工具和手段，工作过程只是得到组织认可和奖励的媒介。外在激励就是针对这类转化人员，根据其对转化工作的贡献给予物质和精神上的奖励，激发其工作热情和积极性。

（1）必要的薪酬激励。薪酬作为员工生存和发展的前提，是其产生更高层次需求的基础，也是一个人工作成就大小和社会地位高低的重要标志。因此，薪酬既要体现公平，又要具有外部竞争性。薪酬应该与员工的知识、技能紧密挂钩，充分体现员工的知识价值。具体而言，薪酬体系应包括工资、奖金、福利待遇、股份、红利等多层面、多形式的报酬支付和价值分配制度。在科技成果转化过程中，知识是转化组织价值创造的主要源泉，薪酬体系尤其应该充分体现知识对转化产品价值创造的贡献率。如技能工资制，是相对于岗位工资制而言的，它不是根据个人的职称或职位，而是根据员工掌握多少技能以及能承担多少工作来确定工资等级。技能工资制考虑到了知识员工前期人力资本投入多、劳动成果难以衡量等特点，它有利于鼓励员工提高自身素质和技术能力，从而增加转化组织整体的知识资本。

（2）知识资本化激励。当知识作为资本投入到科技成果转化过程中时，就完成了知识资本化的转变。为激发员工的积极性，转化组织应考虑知识价值的实现途径和方式，建立知识资本化激励制度，如结合转化人员可持续贡献能力、业绩等指标，以股权形式分配给员工不同比例的股票；对掌握科技成果转化核心关键知识的员工，可以以技术入股的方式给予知识价值的认可（靳瑞杰和江旭，2019）。另外，可以采取知识股权期权制度，即将收益比较准确并且主要在远期实现的知识成果与员工的远期收益联系起来，通过给予股权来激励员工。还可以采用股票期权，组织授予一定对象可以在一定时间内，以一定价格购买公司股票的权利。股票期权是一种区别于年薪分配制度和员工持股计划的新的激励方式，它不是简单的激励，而是知识资本化激励制度的新的发展。对转化人员实行知识资本化激励制度，有利于促进其知识创新能力的提高，特别是有利于核心技术人才潜心研究专业技术，增强转化组织的核心竞争能力。

（3）职业发展体系激励。科技成果转化过程中，员工渴望自我成长、自我发展，实现自我价值。转化组织应当了解员工的这种需求，为其建立有激励作用的职业发展体系。一方面，建立知识培训制度。转化组织应对每个职位及每个员工进行分析，了解培训需求情况，并根据转化组织的条件，通过内部培训、外部培训、国外进修等手段进行培训。另一方面，建立知识晋升制度。员工具有强烈的自我实现需要，而个人的提升本身也反映了组织对其绩效的认可。因此转化组织可以有针对性地制订晋升制度，对于那些知识成果较丰富又具有较强管理能力的员工，采用晋级或晋职的方法进行激励。另外，还可以对员工进行个人远景规划。它能激发员工的内在潜能，促使他们承担更多责任。鉴于科技成果转化是一个持续的过程，转化组织适用远景规划来激励员工。

11.3.2 内在激励机制

内在激励是一种"将激励寓于工作过程之内的"激励方式，通过创设一定工作条件，让员工在工作过程中得到乐趣，通过工作直接满足员工的个人价值实现以及全面发展等高层次需求。

（1）知识交流与沟通激励。员工可以通过知识交流与沟通，得到群体对自身知识和能力的认同，提高其知识共享与创新的积极性。而管理层通过知识员工的业绩反馈，肯定员工的工作绩效，强化员工的积极行为，达到强化激励的作用；同时管理层还可以通过员工目标完成状况的反馈，激励员工向科技成果转化目标奋进，达到目标激励的作用。沟通有利于知识员工的情绪表达，对于员工来讲，工作群体是表达自己的挫折感和满足感的主要社交场所。良好的沟通环境也有利于转化人员的知识共享和信息交流互补。

（2）下放决策权激励。科技成果转化过程中，创新人才强调工作中的自我引导，他们往往比管理者更加专业，更有能力作出正确的决策；下放决策权可以满足他们被组织委以重任的成就感，使他们对工作抱有更大的热情。因此，管理者应适当下放权力，促进创新人才专长的发挥。但是，下放权力并非一切决策权都下放。决策按内容不同可以分为关于转化过程本身的技术决策、确保转化成功与否的管理决策、确定转化目标乃至组织发展方向的战略决策。一般来讲，技术决策下放程度可以高一些，而管理决策和战略决策下放程度应低一些。

（3）弹性工作制激励。创新人才具有自主性特征，他们不愿受制于一些刻板的工作形式，喜欢独自工作和更具张力的工作安排。并且创新人才从事的主要是思维性工作，固定的工作时间和工作场所可能会限制他们的创新能力。因此，科技成果转化组织应制订弹性工作制，即在确保完成工作任务的前提下，使员工有更多自由支配时间和工作灵活性。转化组织可以采取以下两种形式：一是核心时间与弹性时间结合制，转化组织规定工作的核心时间，核心时间不宜过多，应该留给员工一定的自己可支配时间，通过相互交流更有效率地完成工作；二是实施成果中心制，转化组织对员工的劳动只考核其成果，不规定其工作方式和具体时间或工作地点，只要在要求期限内按质按量完成任务即可。

（4）提案制度。为了把全体员工的意志动员到转化组织的目标和方针之下，可采用"提案制度"。规定的提案方式简单，限制性小，涉及范围广，员工普遍享有提案权，正式工和临时工都可以提，只要提案内容对科技成果转化项目有利，均可以被采纳并得到奖励。奖励的标准包括：提案的效果；实施的可能性；构想的先进性；为实现提案所作的努力程度等。

（5）创新失败容忍机制。创新组织可以根据不同的岗位特点和级别确定可以容忍失败的限度（次数、项目数、时间和经费规模等）。在上述范围内允许失败，超出范围的失败是不受支持或者是要受到惩罚的。这样，由于在一定范围内的失败可以被宽容，转化组织员工创新的参与度和积极性就会提高。除了限定宽容的范围之外，创新失败宽容机制还要求失败者将失败的原因进行分析，整理成相应材料，供其他人参考。这样，就将主观上不愿意看到的失败在客观上规范起来，纳入有效管理的范畴，同时寻找失败原因，为科技成果转化项目后续的成功奠定基础。

11.4 营造战略性新兴产业科技成果
转化知识管理的文化环境

虽然文化属于意识形态的范畴，但对于组织行为具有相当大的能动作用，它可以渗透到组织的各个方面。因此，战略性新兴产业科技成果转化知识管理的实施必须依赖转化组织的文化配合，通过调整转化组织及其团队或员工的思维模式和行为模式，形成共同的价值观体系，为科技成果转化的知识管理实施提供文化支撑。可从以下方面营造转化组织的文化环境。

（1）发挥领导者风范。领导者是科技成果转化组织文化的倡导者、缔造者和管理者，他们的思想理念和价值观直接决定了转化组织的价值导向和文化基调。在科技成果转化过程中，领导者对于转化组织文化建设的成败起着举足轻重的作用，因此，转化组织的领导者应以身作则，勤于学习新知，乐于分享新观念与个人经验和心得，为员工知识学习和共享做出表率；同时塑造企业家精神，勇于创新，敢于拼搏和冒险，具有极强的领导力和决策力。通过领导者风范对转化组织文化氛围的导向作用，建立有利于科技成果转化知识管理的文化环境。

（2）培育共享文化。在战略性新兴产业科技成果转化过程中，转化组织应建立一种开放性的共享文化。尊重知识和强调学习，鼓励交流和沟通，引导员工、团队之间积极合作，相互关心和帮助，让员工在知识交流的过程中，体会到交流学习比个人学习更好的效果。一方面，通过一些规章制度，鼓励和引导组织员工建立相互帮助、相互关心、经常性相互沟通的关系，逐渐引导他们形成勤学好问、积极上进、乐于奉献的精神，建立良好的知识共享氛围；另一方面，以知识社区、实践社区、咖啡区等方式建立一些适合员工之间进行非正式交流与共享的网络基础或物理环境，鼓励员工之间进行频繁互动，为他们提供一个轻松、开放的知识共享环境和氛围。

（3）鼓励创新精神。战略性新兴产业科技成果转化各阶段的跃迁都渗透着技术知识、管理知识或市场知识的创新，为达到转化项目在最短周期内的最大成功，转化组织应强调创新为组织的核心价值观，推崇学习，注重知识，建立鼓励、尊重不同意见和创造性行为的价值理念和行为标准，在组织上下努力养成以自主、革新、个人主动性和创造性为核心的价值观。

（4）提倡人本化。知识管理的关键在于人的参与，因此，科技成果转化知识管理的核心价值观应体现以人为本的理念。转化组织应尊重员工的个人尊严、权利及价值，经常与员工进行坦率的交流，鼓励员工各施所长，提供一个公平、有挑战性、没有偏见、全员分工协作的工作环境，在相互尊重的气氛中对其知识学习、共享、整合与创新行为给予鼓励和支持。

11.5　重视战略性新兴产业科技成果转化知识管理的人才培养

人才是科技成果转化的第一资源，人才培养是创新人才队伍建设的基础。要构建一支素质优秀、结构合理的科技成果转化人才队伍，必须进一步明确人才培养的目标，站在科技发展战略的高度，从学校人才培养与组织内部在职人才培养两个方面，设计战略性新兴产业科技成果转化的人才培养机制。

11.5.1　面向科技成果转化的高校人才培养机制

（1）采用教育、教学、科研、创业、创新融为一体的人才培养机制。教育、教学、科研、创业、创新融合是现代高校功能的革命性变化。纵观国内外高等学校的发展，在创新型人才培养上成绩斐然的院校，无一不是将教育、教学、科研、创业、创新融为一体的典范。这是因为教育、教学、科研、创业、创新融为一体的人才培养范式（以下简称 JJKCC 范式，见图 11.2），能够产生推进现代科技发展的强大集聚效应。迄今为止，影响人类生活方式的重大科研成果，70% 诞生于高校，世界上许多著名高校更是十分重视解决教育、科技、经济三者密切结合的问题，依靠著名高校兴起的科学城、科技园、孵化器等实体，不仅培育了新的经济增长点，而且极大地促进了科技成果转化的知识创新人才培养。

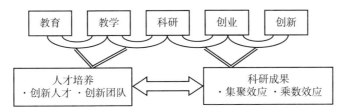

图 11.2　战略性新兴产业科技成果转化技术标准知识融合体系

JJKCC 模式，其实质是高等教育人才培养面向产业发展，提升产业国际竞争力；其切入口在于集聚、提高、填补学术界的理论知识与产业界的生产知识中间结合处"产品知识"空白点的能力；其关键在于将创业机制引入大学内部。实施 JJKCC 模式，可以借鉴韩国"产业大学"的经验，其主要特点是：以产业界工程师为培养对象，培养产业发展急需的应用型人才；将大学最新理论成果与产业最新发展趋势在专业与课程中集成，形成产业、科研与学术紧密结合的新型专业课；以政府、产业界的大企业投资为主，吸引企业的前瞻性重点项目在校园内进行研究和攻关，将产学研结合在组织上加以落实；产业大学逐渐演变成创新集群，从而在某种程度上形成了"类硅谷"的新型科技创新模式。

（2）完善高校理论教育与实践结合的人才培养机制。理论教育与实践结合，是培养和造就科技成果转化知识创新人才和科学研究可持续发展的重要基础。理论教育与实践结合的人才培养机制主要包括：

一是学科建设应坚持面向高科技发展的理论前沿与产业科技的实践。要把握战略性新兴产业发展战略全局，紧密结合高校自身发展优势，不断完善和优化战略性新兴产业科技学科专业结构，逐步形成门类齐全、战略性新兴产业特色突出、水平一流的战略性新兴产业科技学科专业体系。

二是提升实验与实习环节在创新人才培养中的地位。建设一批本科生培养创新试验基地、本科专业实验教学示范中心；加强生产实习基地建设，建立长效的厂校结合的生产实习基地建设体制。

三是加强重点学科实验室建设。战略性新兴产业系统应在具备一定条件的实验室的基础上，择优建设 30 个左右战略性新兴产业重点学科实验室，同时积极培育新的战略性新兴产业科技重点实验室，为培养高水平的硕士、博士研究生创造良好的技术平台。

11.5.2　科技成果转化组织的在职人员培训机制

西门子特别重视员工通过在职培训提升自身学习能力，在公司每年投入的 8 亿马克培训费中，60% 用于员工在职培训。西门子在职培训和进修主要有两种形式：管理教程和再培训计划。其中管理教程尤为独特、有效，分五个级别，各级培训分别以前一级培训为基础，从第五级到第一级所获技能依次提高。战略性新兴产业科技成果转化组织也应重视转化人员的在职培训和继续教育，结合科技成果转化项目的知识需求，有计划、有组织地提高技术人员、管理人员以及市场营销人员的专业素质及创新能力，建立转化组织的人才优势。

（1）培养阶段的长期化。科技成果转化组织对人才的培养要注重长期性和持续性，结合科技成果转化过程对知识的需求，在不同转化阶段适时进行理论知识、业务知识及各种技能的正规培训，并不断提高培训的力度和深度。

（2）培养对象的全面化。科技成果转化组织人才培养对象不仅是在生产运作方面有水平、出成果的技术带头人或是能担当重任的高级管理人才，还应包括各级各类的基础性人才。因此，要建立健全科技成果转化组织各级各类人才的继续教育制度，使转化组织形成全员参与培训的格局。

（3）培养内容的多元化。既要重视理论知识和实践技能等专业知识的培养，也要重视综合素质的提升。就专业知识的培养来说，应注意均衡化。理论是基础和前提，实践是增长知识和才干的最好课堂，岗位是提高素质的基本平台，只有将理论、实践、岗位三者融为一体，才能形成适应科技成果转化的多元化知识体系。

（4）培养方式的差异化。科技成果转化组织应根据学识层次、承担转化任务的职责、自身素质的不同，对各类人才采取不同的培养方式：通过外派研修和访问学者等方式，有针对性地加强技术难点的培训，着力培养专家和学科带头人；通过在最能发挥其专长的岗位上锻炼，着力培养有特殊才能的人才；通过在横向岗位上交流锻炼，着力培养具有综合素质的人才；通过开展成人教育、职业教育等，对职工进行全员培训；通过定期介绍国内外科技发展的动态和科研成果，组织学习同行业的先进经验等手段，着力提高转化组织的整体素质。

11.6 加强战略性新兴产业科技成果转化核心知识的保护力度

11.6.1 知识保护与知识共享的平衡

（1）科技成果转化核心知识的限制性共享。战略性新兴产业科技成果转化的知识共享，涉及企业、高校、科研院所等参与主体的相关利益以及国家利益，因此应有一个合理的限度和范围。从组织内部来说，战略性新兴产业科技成果转化的关键性知识，只能在有限的成员范围内共享。而其他操作性知识，则可以制成工艺流程，通过对一线相关人员的集中培训实现知识共享。同时，转化主体还应设置资料保密等级，机密文件应由专人亲持，采取密码方式传递，使非核心层人员无法掌握核心知识。

战略性新兴产业科技成果转化的外部知识共享，也要注意对组织核心技术、管理方法、商业秘密和发展战略等的保护，避免组织关键性知识的外流。对于科技成果转化过程中需要保护的显性知识，在使用时可采用限量和拆分处理方式，如委托加工时将生产工艺拆分，委托给数家外包厂商，限制其对生产工艺的学习扩散，让其难以掌握整个流程的生产工艺；对于隐性知识的保护，尽可能采用量身定做的处理方式，使其不适合解决其他问题或不适宜在其他场合使用。

（2）明确战略性新兴产业科技成果保密与公开的界限。战略性新兴产业科技成果中部分生产技术、工艺流程等知识应处于高度保密状态，无论是组织内部共享活动还是外部交流活动，都要在政府的严格管理和控制之下。战略性新兴产业作为引领国家未来发展的重要力量，所产出的一些具有重大突破的科技成果、能够反映国家防御实力和治安能力的总体技术及成果、国际领先并且对国防建设或者经济建设有重大影响的科技成果等都应在严格遵循有关保密制度的前提下进行知识共享。一般地讲，如 5G 技术、核潜艇、导弹、信息战系统及其相关技术和生产工艺等知识，应处在高度保密状态。属于这一类型成果的科研、生产等转化活动，政府应当发挥必要的监督和控制作用。而一些与国防安全关系不大的非核心军用产品及其非关键技术、设施和生产工艺等，如运载车辆、军人被装等产品及其生产技术的相关知识，则可以处在公开状态，在转化主体组织之间和组织内进行充分共享。

11.6.2 战略性新兴产业科技成果转化的知识产权保护

知识产权保护是通过法律手段，限制和约束知识交易与共享行为。高新技术企业、高校、科研院所及中介机构等作为战略性新兴产业科技成果转化主体，应建立完善的知识产权保护机制，以保护自身组织智力资本的完整性，增强企业核心竞争力。

（1）建立中长期知识产权发展战略。在战略性新兴产业科技成果转化过程中，转化主体应建立切实可行的中、长期知识产权发展战略，并完善企业的知识产权管理制度，建立必要机构和配备专业人员，贯彻这些知识产权发展战略（何隽和戴少杰，2018）。首先，要加大力度培养知识产权管理人才。知识产权管理具有很强的专业性，要求管理者懂得知识产权的专门知识，知悉隐性知识管理的客观规律。其次，要建立统分结合的知识产权管理模式。所谓的"统"，是指设立一个统一的、综合性的知识产权管理机构，主要负责组织内相对宏观的知识产权管理，包括认识国际市场知识产权交易秩序和惯例，洞察国际市场知识产权保护环境和趋势，制订知识产权战略，制订知识产权规章制度，处理有关知识产权的诉讼，知识产权咨询等。所谓的"分"，是指打破部门分工，由专项创新项目小组或成果转化团队负责具体的知识产权管理。这样既可以促进成果转化，又可以对知识产权从产生到应用的全过程进行有效管理。最后，要建立知识产权管理制度。如成果登记制度、专利申请制度、技术合同会签制度、防止无形资产流失制度、科技信息定期录入制度、技术利益传承制度、保密制度等。全面、合理的知识产权管理制度，能保障战略性新兴产业在科技成果转化过程中真正实现知识共享。

（2）重视转化前期的知识产权保护。战略性新兴产业科技成果转化过程中，很多组织都是在成果转化后、产品面向市场时才申报专利，而从专利申报到专利授权尚存在 2～3 年的滞后，在这段审批期间，产品很可能面临被侵权的风险。而如华为、金蝶等知识产权保护意识较强的公司，在产品面向市场的前三年就着手建立"专利群"，成果转化过程中也陆续申请专利，当产品进入市场时已经获得专利授权，形成了比较完善和严谨的专利申报和产权保护机制。因此，高新技术企业、高校、科研院所及中介机构等作为战略性新兴产业科技成果转化主体，应该提高知识产权保护意识，重视前期保护的决定性作用，建立必要的风险防范机制。科技成果转化主体可以预估科技成果转化周期，设定合理的时间节点，在成果鉴定之前就提前申报专利，这样，当成果转化为产品并推向市场时就已获得专利授权，享有知识产权保护。

11.7 推进战略性新兴产业科技成果转化的市场化知识管理

11.7.1 强化科技成果转化的市场化知识管理理念

（1）转变成果转化组织的管理观念。应彻底改变战略性新兴产业科技成果转化组织偏重技术知识而忽视市场化知识的弊病，解决战略性新兴产业科技成果转化中传统管理理念与现代管理理念之间的冲突，适应新市场环境的"3C"：新需求特征的顾客（customer）、新的竞争（competition）方式与竞争关系、新的变化（change）特征和新的管理方式、管理方法的革命，加速战略性新兴产业科技成果转化组织的领导及各级管理人员和技术人员的观念更新，实现由单纯的技术导向向技术、市场双重导向转变，由此在科技成果转化组织结构、制度、文化诸方面都要体现市场化知识的导向作用。

（2）强化市场化导向的知识体系创新。推进战略性新兴产业科技成转化，在知识结构上必须实行根本性的改造，即知识结构由单纯的技术知识改造转变为以技术知识为核心、以市场知识、管理知识为支撑的多元组合知识结构；管理知识由单纯的组织内部管理知识结构转变为社会价值链优化管理多元知识结构；市场知识由单纯的产品市场营销知识向面向全球化的产品、服务、资本市场运营知识拓展；市场竞争知识由竞争生态位的抢夺向竞合双赢的核心竞争优势知识发展。

11.7.2　大力加强科技成果转化的市场知识网络建设

（1）加强市场营销知识网络建设。市场营销知识网络的基本任务是适应产品智能化、生态化、多样化的趋势，收集市场现实需求和潜在需求的相关信息，引导科技成果转化市场方向，提高科技成果转化新产品市场占有率和市场竞争力。市场营销知识网络建设不仅要体现规划营销战略的知识，明确目标市场和竞争策略的知识，更要关注国际市场营销知识。特别要注重绿色营销知识、整合营销知识、关系营销知识、网络营销知识、水平营销知识等新的市场营销知识的学习、共享、整合与创新，使战略性新兴产业科技成果转化开发国内国际一流的产品与一流的市场营销策略相匹配，从根本上提高战略性新兴产业科技成果转化的国际竞争力。

（2）加强供应链知识网络建设。供应链知识网络的基本任务是发挥供应链节点企业的知识优势，实现供应链节点企业知识互补，提高以核心企业为龙头的供应链集成创新优势。供应链知识网络建设既要实现合作企业之间信息互联互通的知识共享，又要实现供应商合作开发新产品的知识创新；既要实现单核心供应链内部知识资源优化，又要构建基于产业集群的多核心供应链节点企业之间的知识交流与共享，实现集群创新，以供应链集群创新模式有效促进战略性新兴产业科技成果转化。

（3）加强投融资知识网络建设。投融资知识网络是指科技成果转化主体与融资机构建立以信任为基础的社会关系网络，力求实现信息互通、资源共享、风险共担，通过知识的整合与共享共同推进战略性新兴产业科技成果转化。投融资知识网络建设重点是加强以多层次资本市场体系为主体的企业融资知识、以创业资本市场为主导的多层次资本市场知识、以创业板市场为主导的创业资本市场知识（郭澄澄等，2022），特别要根据战略性新兴产业科技成果转化的特点，掌握科技成果转化各阶段对融资的需求，即科技成果转化起始阶段的"种子资金"、试制阶段的"创业资金"、生产制造阶段的"扩展资金"、市场开拓阶段的"扩张资金"，使战略性新兴产业科技成果转化组织成功实现资本运作。

11.8 搭建战略性新兴产业科技成果转化的信息交流平台

11.8.1 提供产学研互动的科技成果转化的信息服务

针对战略性新兴产业中产学研间信息不对称、信息孤岛现象等严重问题，政府、企业、高校、科研院所及中介机构等主体应联合建立产学研互动的科技成果转化信息交流平台，形成知识资源双向优化配置的良性互动，通过知识的有效对接与共享推动战略性新兴产业科技成果转化顺利实施。

（1）完善产学研互动的科技成果转化网络服务平台。尽管国家科技成果信息服务平台正在加紧建设，但目前对科技成果的采集、加工和服务尚缺乏统一的技术标准和规范，各级科技成果信息服务网站存在成果数据库格式不尽相同、更新量小、更新周期长、加工提炼不够等问题，影响了科技成果信息的"时效性"和"实效性"。战略性新兴产业中政府、企业、高校、科研院所及中介机构等主体应在政府领导下配合联动，共同以国家科技成果信息服务平台为基础，搭建产学研等创新主体共用的科技成果转化网络服务平台，共同参与研究制订统一的数据标准规范，并将产学研等主体的科技成果纳入并链接到国家科技成果信息服务平台，在国家科技成果信息服务平台的统筹下，有序协同并高效开展科技成果转化活动。

（2）建立分级的高新技术成果需求信息发布制度。目前，我国高新技术需求信息采集与发布制度仍不完善，产学研等主体之间科技成果供需信息不对称，很多创新主体之间无法了解相互间的需求信息，制约了彼此之间的科技互动。针对这一问题，战略性新兴产业应借鉴国外需求信息体系的结构分解成功做法，高新技术科研管理部门应加强对高新技术总体、分系统、子系统、部件及关键性元器件中技术需求的分解，分别提出技术要求，构建分级的用户需求信息网，按照技术分类，通过保密、内部、公开等多种途径向不同资质的科研单位发布成果需求信息。确保在不泄密的情况下，最大限度发布高新技术需求信息，吸引更多产学研主体参与科技成果转化。

（3）发挥政府协调作用，整合产学研科技成果信息资源。战略性新兴产业应发挥政府和各创新相关主体的领导协调作用，统筹规划，以政策引领和推动产学研等主体间科技成果信息和知识交流。依托现有的高新技术成果管理工作体系，加强高新技术成果信息资源的建设和整合；加强高新技术成果交流中的解密、降密管理，做好高新技术成果的保密工作；及时发布高新技术成果信息，引导和推动产学研等主体间广泛开展科技成果信息交流工作。

11.8.2 开发科技成果转化知识管理的智能化平台

科技成果转化知识管理的智能化平台，是能够满足转化过程中员工进行知识学习、共享、整合、创新需求的基础平台和有效手段。

（1）开发集成型科技成果转化知识管理平台。随着 IT 技术的不断发展，融知识管理、行政办公、协同工作、即时通信、信息发布、行政办公、信息集成、业务流程集成于一体的知识管理平台已经出现，开发功能集成型科技成果转化知识管理平台是迅速提升科技成果转化效率，增强转化组织核心竞争力的关键。功能集成型的科技成果转化知识管理平台的核心功能包括：文档管理；流程管理；人员管理；项目管理；文化管理。

（2）建设科技成果转化组织统一的知识门户。科技成果转化组织的知识门户主要包括：完备的专家库、员工黄页，良好的客户反馈与跟踪系统，优良的竞争情报系统，数据挖掘系统；内部信息系统，动态的报表分析，知识库、数据库、数据仓库；权限设置，快速、精确的搜索引擎，科学的知识分类，详细的知识地图，决策支持系统；集成的办公平台，人性化的界面设计，智能的知识推送服务。

11.9　本 章 小 结

在前面分析的基础上，本章提出推进战略性新兴产业科技成果转化知识管理的对策，主要包括：完善战略性新兴产业科技成果转化知识管理的组织功能；建立基于知识资源整合的产学研结合创新机制；优化战略性新兴产业科技成果转化知识管理的激励机制；营造战略性新兴产业科技成果转化知识管理的文化环境；重视战略性新兴产业科技成果转化知识管理的人才培养；加强战略性新兴产业科技成果转化核心知识的保护力度；推进战略性新兴产业科技成果转化的市场化知识管理；搭建战略性新兴产业科技成果转化的信息交流平台。

第12章 结 论

本书以科技成果转化理论、技术转移理论、知识管理理论与社会资本理论为基础，以我国战略性新兴产业科技成果转化知识管理现状分析及国外经验借鉴为出发点，从知识对接、知识学习、知识共享、知识整合、知识创新运行全过程，对战略性新兴产业科技成果转化知识管理运行体系进行了深入研究，提出推进战略性新兴产业科技成果转化知识管理的对策建议。本书研究得出以下结论。

（1）战略性新兴产业科技成果转化与知识管理运行之间存在强烈的耦合关系。二者耦合关系表现为目标耦合、要素耦合以及运行过程耦合，本书据此提出科技成果转化与知识管理运行过程的关键耦合域。并以获取科技成果转化核心知识为战略导向，构建了包括知识对接、学习、共享、整合、创新五个子系统的战略性新兴产业科技成果转化知识管理的运行体系。其中，知识对接立足于知识盘点与获取，知识学习立足于知识吸收与深化，知识共享立足于存量知识挖掘，知识整合立足于知识集聚与集中，知识创新立足于增量知识开发。

（2）战略性新兴产业科技成果转化的知识对接是从知识发送方到知识接受方的知识转移过程，其本质是知识联结化、内部化、社会化三者的交互作用。本书所提出的知识势差是起因，知识溢出是外在动因，知识需求是内在动因，双重利益驱动是根本动因，是对科技成果转化知识对接动因本质联系的深刻揭示。本书引入热力学概念建立了知识对接的传导模式、对流模式、辐射模式，深刻揭示了科技成果转化的知识对接规律。通过对科技成果转化知识对接障碍的事故树的分析，认为成果受让方的技术系统与吸收能力是关键障碍。

（3）战略性新兴产业科技成果转化的知识学习是通过知识流转、知识固化、知识深化，实现个人知识存量累积增长效应和组织知识库扩充增容效应的过程。本书提出了基于转化过程、转化主体、转化战略的战略性新兴产业科技成果转化的知识学习模式，层层深入，逐步升华，体现了获取战略性新兴产业科技成果转化持续竞争优势的战略目标导向性。

（4）战略性新兴产业科技成果转化知识共享包含关键稀缺知识共享和基于社会网络的知识共享两个层次，基于此提出了强弱联结交叉融合的知识共享路径，揭示了科技成果转化的知识共享规律。本书通过知识共享障碍因素的解释结构模型，明确了机制和环境问题是战略性新兴产业科技成果转化知识共享的障碍根源。提出了科技成果转化主体间、转化团队间及转化人员间的知识共享模式，是基于战略性新兴产业科技成果转化知识共享主体边界特殊性的分层构建。

（5）战略性新兴产业科技成果转化的知识整合在择优弃冗、组织忘却、互补相容、沉淀净化多种知识选择机制作用下，通过个组、显隐、新旧、内外知识有效融合构建动态有序的知识体系，契合科技成果转化目标，产生知识集聚效应和涌现效应。本书运用灰关联分析研究了整合意向、技能水平、整合平台、人际关系、产权意识五个影响因素对知识整合的作用系数及其内在关系。提出了科技成果转化知识整合的吸收型模式、消化型模式、再造型模式、共生型模式，为实现科技成果转化各阶段的知识状态跃迁提供了战略指导。

（6）战略性新兴产业科技成果转化的知识创新是由创新型人才、创新型团队、创新型组织构成的知识创新主体在内外部环境的双重作用下，由知识更新与市场需求驱动而发生的技术知识创新、管理知识创新和市场知识创新行为。本书提出的从知识创新基本思路形成的触发，到将初步设想转变为系统有效性知识的传导，再到知识交互转化，最终实现知识升华的螺旋上升循环过程，能够深刻阐释科技成果转化的知识创新规律。

（7）从知识对接、知识学习、知识共享、知识整合、知识创新五个方面设计，并运用模糊聚类进行关键要素识别确立的评价指标体系，能够全面而有效地反映战略性新兴产业科技成果转化的知识管理状况。科技成果转化知识管理状况评价的模糊 Borda 数模型，能够从多个视角考察评价指标重要性，通过对战略性新兴产业中五个样本单位的实证研究，验证了该模型的适用性。

（8）推进战略性新兴产业科技成果转化知识管理运行体系需实施有效的对策。从完善知识管理的组织功能，建立产学研结合的创新机制，优化知识管理的激励机制，营造知识管理的文化环境，重视人才培养，加强核心知识保护力度，推进市场化知识管理，搭建成果转化的信息交流平台诸方面构建相对完善的对策体系，能够为推进战略性新兴产业科技成果转化知识管理提供决策借鉴。

战略性新兴产业科技成果转化的知识管理在我国尚属一项仍需探索的研究，本书对其运行体系进行了系统的探索，但尚有一些问题未能进行深入研究，诸如科技成果转化知识管理的动力机制、科技成果转化知识产权开发与运营、科技成果转化知识管理的信息系统等问题，仍需进行更深层次的探讨。作者期望今后能够对以上问题作进一步研究。

参 考 文 献

[1] 埃森·拉赛尔. 麦肯锡方法 [M]. 北京：华夏出版社，2002.

[2] 彼得·圣吉. 第五项修炼——学习型组织的艺术与实务 [M]. 郭进隆，译. 上海：上海三联书店，2001.

[3] 曹平，陆松，梁明柳. 知识管理基础、产业竞争优势和创新能力——以中国和东盟信息技术上市公司为例 [J]. 科技管理研究，2021，41（7）：171-183.

[4] 曹兴，张云，张伟. 战略性新兴产业自主技术创新能力形成的动力体系 [J]. 系统工程，2013，31（7）：78-86.

[5] 常旭华，陈强，韩元建，等. 基于我国高校科技成果转化模式的涉税问题研究 [J]. 科学学研究，2018，36（4）：635-643.

[6] 常玉，刘显东，杨莉. 应用解释结构模型（ISM）分析高新技术企业技术创新能力 [J]. 科研管理，2003（3）：41-48.

[7] 陈华志，张明，杨晓娟. 高校科技成果转化机制的优化研究 [J]. 科技管理研究，2007（5）：49-50.

[8] 陈晓红，周源. 基于扎根理论的开源软件项目成员间知识共享模式质性研究 [J]. 管理学报，2022，19（6）：901-909.

[9] 陈雅倩，方永恒，贾周萍. 政策组合视角下科技成果转化政策的时间动态性分析 [J]. 中国科技论坛，2023，323（3）：26-36.

[10] 陈衍泰，齐超，厉婧，等. "一带一路"倡议是否促进了中国对沿线新兴市场国家的技术转移？——基于DID模型的分析 [J]. 管理评论，2021，33（2）：87-96.

[11] 储德银，张同斌. 自主研发、技术引进与高新技术产业成长 [J]. 科研管理，2013，34（11）：53-60，113.

［12］董佳敏，刘人境，严杰，等．地位差异视角下知识分享策略对组织学习的影响研究［J］．运筹与管理，2019，28（8）：182－189.

［13］杜宝贵，张鹏举．科技成果转化政策的多重并发因果关系与多元路径——基于上海等22个省市的QCA分析［J］．科学学与科学技术管理，2019，40（11）：3－14.

［14］范凤岩，吴三忙．我国地区科技成果转化现状评价［J］．科技管理研究，2013（23）：71－76.

［15］傅家骥．技术创新学［M］．北京：清华大学出版社，1998.

［16］顾滋阳．社会资本理论及其应用研究［J］．天津：天津大学，2004：41－43.

［17］桂黄宝．战略性新兴产业成长动力机制分析——以我国新能源汽车为例［J］．科学管理研究，2012，30（3）：48－51.

［18］郭澄澄，张春，夏琦．多层次资本市场对科技创新的作用机制研究——来自中国A股市场企业的经验数据［J］．华东经济管理，2022，36（6）：39－46.

［19］郭强，夏向阳，赵莉．高校科技成果转化影响因素及对策研究［J］．科技进步与对策，2012，29（6）：151－153.

［20］郭润萍，蔡莉，王玲．战略知识整合模式与竞争优势：高技术创业企业多案例研究［J］．科研管理，2019，40（2）：97－105.

［21］郭彤梅，吴孝芹．企业知识管理绩效评价指标体系研究及其应用——以山西省企业知识管理评价指标体系为例［J］．四川大学学报（哲学社会科学版），2015（3）：103－108.

［22］郭秀云．灰色关联法在区域竞争力评价中的应用［J］．统计与决策，2004（11）：55－56.

［23］郭颖，廉翔鹏，席笑文．中科院产研合作对其科技成果转化影响研究［J］．科研管理，2021，42（10）：97－103.

［24］郭永辉，周乐霖，冯媛．科学数据开放共享情境下美国航空航天局（NASA）知识创新模式研究［J］．科技管理研究，2023，43（1）：1－8.

［25］何隽，戴少杰．关于国防知识产权的若干思考［J］．科技管理研究，2018，38（10）：153－157.

［26］何丽敏，刘海波，肖冰．基于技术成熟度的科技成果转化模式策略研究——以中科院宁波材料所为例［J］．科学学研究，2021，39（12）：2170－2178.

［27］贺正楚，吴艳，蒋佳林，等．生产服务业与战略性新兴产业互动与融合关系的推演、评价及测度［J］．中国软科学，2013（5）：129－143.

［28］洪勇，李琪．基于主体间多维交互的产学研知识转移机理［J］．科学学研究，2018，36（5）：857－867.

［29］侯佳雯，陈怀超．协奏之美：母子公司知识距离与知识耦合适配对子公司迭代创新的影响［J］．科学学与科学技术管理，2022，43（10）：21.

［30］胡罡，章向宏，刘薇薇，等．地方研究院：高校科技成果转化模式新探索［J］．研究与发展管理，2014，26（3）：122－128.

［31］胡俊南，胡瑾．江西省战略性新兴产业企业绿色技术创新绩效评价研究［J］．科技管理研究，2023，43（7）：33－41.

［32］胡平，邵鹏，温春龙．网络特征对创新产业集群成长的影响研究——以珠三角地区信息服务产业为例［J］．科学学与科学技术管理，2013，34（12）：55－62.

［33］黄磊，刘则渊，姜照华．技术转移视角下全产业链创新网络的行为模式：融合创新——以苹果公司网络为例［J］．科学学与科学技术管理，2014，35（11）：78－86.

［34］霍国庆，李捷，王少永．我国战略性新兴产业战略效应的实证研究［J］．中国软科学，2017（1）：127－138.

［35］贾倩，王小辉，赵山杉．面向航天产品的知识模型构建方法［J］．科技管理研究，2022，42（16）：161－166.

［36］贾晓菁，寇晨欢，王正蒙，等．基于CET@I的二手车电子商务企业商业模式隐性知识动态反馈系统模型研究［J］．管理评论，2019，31（7）：162－171.

［37］贾永飞，郭玥．知识基因视角下科技成果转化影响因素研究［J］．科技进步与对策，2023，40（10）：67－78.

［38］蒋翠清，叶春森，杨善林．组织知识管理绩效评估研究［J］．科

学学研究，2007（4）：296 – 300.

[39] 蒋楠，赵嵩正. 用户参与对制造业绿色创新的影响：知识距离与知识整合机制的调节 [J]. 科技管理研究，2023，43（11）：207 – 215.

[40] 金子祺，王晓红，刘绮莉，等. 智能制造跨学科研究团队知识关联整合的影响因素——扎根理论的应用案例 [J]. 科技管理研究，2018，38（23）：137 – 144.

[41] 靳瑞杰，江旭. 高校科技成果转化"路在何方"？——基于过程性视角的转化渠道研究 [J]. 科学学与科学技术管理，2019，40（12）：35 – 57.

[42] 经济合作与发展组织（OECD）. 以知识为基础的经济 [M]. 杨宏进，薛澜，译. 北京：机械工业出版社，1997.

[43] 兰筱琳，洪茂椿，黄茂兴. 面向战略性新兴产业的科技成果转化机制探索 [J]. 科学学研究，2018，36（8）：1375 – 1383.

[44] 李柏洲，王雪，薛璐绮，等. 战略性新兴产业创新网络形成机理研究 [J]. 科研管理，2022，43（3）：173 – 182.

[45] 李海超，衷文蓉. 我国 ICT 产业成长能力评价研究 [J]. 科学学与科学技术管理，2013，34（6）：119 – 125.

[46] 李海林，刘红，石焕焕. 不同风险对协同创新项目绩效的影响研究——基于知识管理调节效应检验 [J]. 管理评论，2022，34（5）：69 – 80.

[47] 李杰义，张汞，谢琳娜. 环境知识学习、绿色创新行为与环境绩效 [J]. 科技进步与对策，2019，36（15）：122 – 128.

[48] 李天柱，侯锡林，马佳. 基于接力创新的高校科技成果转化机制研究 [J]. 科技进步与对策，2017，34（3）：147 – 151.

[49] 李玥，邓倩玉，赵天一，等. 创新服务组织赋能视角下企业边界管理能力提升路径研究 [J/OL]. 南开管理评论，[2023 – 12 – 28]. http：//kns. cnki. net/kcms/detail/12. 1288. F. 20231227. 1633. 003. html.

[50] 李玥，邓倩玉，王卓. 战略性新兴产业创新链与服务链融合因素及作用机制研究 [J]. 科研管理，2023，44（11）：64 – 73.

[51] 李玥，董书赟，王卓，等. 数字化赋能对创新服务平台价值共创绩效的影响与作用路径 [J/OL]. 科技进步与对策，1 – 11 [2024 – 06 – 27].

http：//kns. cnki. net/kcms/detail/42. 1224. G3. 20240626. 1243. 016. html.

［52］李玥，郭波波，武川，等 . 区域科技资源共享平台集成服务能力结构维度研究［J］. 科技进步与对策，2022，39（2）：20 – 28.

［53］李玥，郭航，王宏起，等 . 基于扎根理论的联盟协同创新激励要素及作用机制［J］. 中国科技论坛，2020（8）：129 – 137.

［54］李玥，郭航，张雨婷 . 知识整合视角下高端装备制造企业技术创新能力提升路径研究［J］. 科学管理研究，2018，36（1）：34 – 37.

［55］李玥，刘希宋 . 基于 ISM 的科技成果转化知识共享障碍及策略研究［J］. 图书情报工作，2009，53（18）：110 – 113.

［56］李玥，刘希宋 . 科技成果转化与知识管理的耦合关系研究［J］. 图书情报工作，2011，55（8）：117 – 120.

［57］李玥，刘希宋，于立群 . 科技成果转化知识共享的机理研究［J］. 情报科学，2010，28（1）：119 – 123.

［58］李玥，刘希宋，于立群 . 基于获取持续竞争优势的科技成果转化知识学习模式［J］. 科学学与科学技术管理，2009，30（10）：5 – 9.

［59］李玥，刘希宋，喻登科 . 科技成果转化的知识整合模式及策略［J］. 中国科技论坛，2010（4）：24 – 27.

［60］李玥，刘希宋，喻登科 . 科技成果转化知识学习的机理研究［J］. 情报理论与实践，2010，33（1）：41 – 44.

［61］李玥，马湘莹，姚锋敏，等 . 新兴产业创新服务平台生态系统协同创新演化博弈分析［J］. 计算机集成制造系统，2024，30（7）：2506 – 2515.

［62］李玥，钱科研，姚锋敏，等 . 新兴产业创新服务的知识转移过程及仿真分析［J］. 系统工程，2024，42（1）：27 – 36.

［63］李玥，钱科研，王卓，等 . 新兴产业创新政策演进研究——基于政策文本的三维分析［J］. 中国科技论坛，2023（1）：10 – 18.

［64］李玥，孙克雨，邓倩玉 . 战略性新兴产业创新链与服务链融合效果评价［J］. 中国科技论坛，2024（11）：104 – 113.

［65］李玥，孙小燕，王宏起 . TRIZ 创新方法的区域推广战略——以黑龙江省为例［J］. 科技管理研究，2016，36（13）：67 – 71.

［66］李玥，秦颖，姚锋敏，等 . 基于演化博弈的创新服务平台价值共

创机制［J/OL］．计算机集成制造系统，1－21［2024－07－29］．https：//doi. org/10. 13196/j. cims. 2024. 0125.

　　［67］李玥，王璐，王卓，等．技术追赶视角下企业创新生态系统升级路径——以中芯国际为例［J］．中国科技论坛，2023（8）：97－108.

　　［68］李玥，王宏起，满孝颐．基于 TRIZ 与 FTA 结合的联盟知识冲突识别研究［J］．情报科学，2013，31（12）：57－62.

　　［69］李玥，王宏起，王雪．区域科技资源共享平台服务需求识别与集成研究［J］．科技管理研究，2015，35（14）：79－82.

　　［70］李玥，王宏起，李长云．云环境下区域科技资源共享平台智慧服务研究［J］．学习与探索，2015（7）：112－115.

　　［71］李玥，徐永兴，武川．科技创新服务平台供需匹配决策［J］．系统工程，2021，39（4）：30－39.

　　［72］李玥，夏丹，朱广华．高新技术产业化的知识管理运行绩效评价指标体系［J］．统计与决策，2013（4）：21－24.

　　［73］李玥，张雨婷，郭航，等．知识整合视角下企业技术创新能力评价［J］．科技进步与对策，2017，34（1）：131－135.

　　［74］李玥，张雨婷，李佳．演化视角下区域科技资源共享平台集成服务模式研究［J］中国科技论坛，2017（2）：51－57.

　　［75］李玥，周燕，王宏起，等．基于改进 BBV 模型的区域战略性新兴产业创新服务网络演化研究［J］．预测，2020，39（5）：89－96.

　　［76］李玥，周燕，王宏起，等．产业创新链与服务链融合研究述评与展望［J］．科学管理研究，2018，36（4）：25－27.

　　［77］廖开际．知识管理：原理与应用［M］．北京：清华大学出版社，2007：157－159.

　　［78］林筠，吴鹏飞，吴莹莹，等．科技成果转化过程中高校实验室验证有效性的前因探索［J］．管理评论，2022，34（3）：163－173.

　　［79］林青宁，毛世平．自主创新与企业科技成果转化：补助亦或政策［J］．科学学研究，2023，41（1）：70－79.

　　［80］林学军．战略性新兴产业的发展与形成模式研究［J］．中国软科学，2012（2）：26－34.

［81］刘春艳，陈媛媛．产学研协同创新团队知识转移的特征与内涵研究［J］．科技管理研究，2018，38（1）：184-190．

［82］刘芳．社会资本对产学研合作知识转移绩效影响的实证研究［J］．研究与发展管理，2012，24（1）：103-111．

［83］刘凤朝，张娜，赵良仕．东北三省高技术制造产业创新效率评价研究——基于两阶段网络 DEA 模型的分析［J］．管理评论，2020，32（4）：90-103．

［84］刘贵文，王倩，汪熹子，等．基于事故树分析法的城中村改造中土地权属变更风险研究——以 T 市城中村改造为例［J］．中国土地科学，2020，34（7）：52-60．

［85］刘洪民，姜黎辉，王中魁．制造业共性技术研发的知识管理评价体系构建［J］．科研管理，2016，37（S1）：379-386．

［86］刘晖，刘轶芳，乔晗，等．我国战略性新兴产业技术创新效率研究［J］．系统工程理论与实践，2015，35（9）：2296-2303．

［87］刘金涛．知识管理、人才管理和技术创新的耦合模型分析［J］．软科学，2017，31（9）：97-100．

［88］刘强，张婉茜，李晓娣等．知识库兼容性对螺旋型知识创新的影响机理研究［J/OL］．工程管理科技前沿，［2023-08-07］．http：//kns.cnki.net/kcms/detail/34.1013.N.20230616.0858.002.html．

［89］刘希宋，李玥，姜树凯．科技成果转化中隐性知识转化的障碍及路径研究［J］．情报科学，2008（1）：140-145．

［90］刘希宋，李玥，王辉坡．科技成果转化知识对接的机理研究［J］．情报理论与实践，2009，32（1）：44-47．

［91］刘希宋，李玥，喻登科．国防工业科技成果转化的知识共享模式研究［J］．情报杂志，2009，28（3）：117-120．

［92］刘希宋，李玥，喻登科．国防工业科技成果转化知识对接模式及实施路径［J］．情报理论与实践，2009，32（3）：56-59．

［93］刘希宋，王辉坡．组织内知识共享的生态竞争模型研究［J］．科技进步与对策，2007（4）：144-146．

［94］刘希宋，喻登科，李玥．基于技术创新溢出循环模式的双主体决

策模型 [J]. 科技进步与对策, 2009 (1): 14 – 16.

[95] 刘希宋, 喻登科, 李玥. 科技成果转化知识创新的机理研究 [J]. 图书情报工作, 2009, 53 (4): 111 – 115.

[96] 刘希宋, 喻登科, 李玥. 科技成果转化知识整合的机理研究 [J]. 情报杂志, 2009, 28 (2): 109 – 112.

[97] 刘希宋, 张长涛. 企业产品开发断点学习策略浅析 [J]. 科研管理, 2002 (5): 55 – 58.

[98] 刘希宋, 甄耀红. 市场评价的产品决策方法研究 [J]. 中国软科学, 2000 (5): 114 – 117.

[99] 刘宇, 孙跃辉, 刘忠禹, 等. 重大课题组知识产权风险管理模式——联用失效模式及效果分析和故障树分析方法 [J]. 科技管理研究, 2021, 41 (8): 156 – 16.

[100] 刘云, 程旖婕. 基于文献引证的国际知识流动影响因素探究 [J]. 科学学研究, 2018, 36 (9): 1623 – 1631.

[101] 龙尧. 怎样促使科技成果尽快在生产中推广应用——黑龙江省科技成果转化为直接生产力的初步调查 [J]. 科学学与科学技术管理, 1980 (3): 6 – 8.

[102] 罗洪云, 张庆普, 林向义. 企业自主创新过程中知识管理绩效的表现形式、测度及评价研究 [J]. 科学学与科学技术管理, 2014, 35 (2): 71 – 79.

[103] 罗文军, 顾宝炎. 知识创新的自组织机制 [J]. 科学学研究, 2006, 24 (12): 606 – 611.

[104] 骆新华. 技术转移: 理论与政策述评 [J]. 科技进步与对策, 2006 (3): 176 – 179.

[105] 毛义华, 康晓婷, 方燕翎. 创新氛围与知识管理对创新绩效的影响研究 [J]. 科学学研究, 2021, 39 (3): 519 – 529.

[106] 牛盼强, 谢富纪, 董意凤. 基于知识双螺旋模型的我国产学研合作技术转移机制研究 [J]. 科学学与科学技术管理, 2010, 31 (5): 43 – 46.

[107] 戚湧, 朱婷婷, 郭逸. 科技成果市场转化模式与效率评价研究 [J]. 中国软科学, 2015 (6): 184 – 192.

[108] 乔为国. 产业创新实验室（i² Lab）：一种新型科技成果转化平台模式设计研究 [J]. 科学学与科学技术管理，2021，42（3）：123 - 137.

[109] 史丽萍，刘强，腾云. 基于 PLS - SEM 的网络密度对知识整合的作用机制：知识管理战略的中介作用 [J]. 科技进步与对策，2014，31（2）：149 - 153.

[110] 司训练，陈金贤. 基于知识流指向的产业结构演进与动力机制 [J]. 研究与发展管理，2003（12）：73 - 78.

[111] 宋博文，栾春娟，梁丹妮. 新兴技术创新模式及创新发展路径 [J]. 科技管理研究，2022，42（18）：1 - 7.

[112] 孙冰. 企业产品创新状况评价指标的权重及综合评价 [J]. 科研管理，2002（11）：87 - 92.

[113] 孙宇锋. 基于 MATLAB 的模糊聚类分析及应用 [J]. 韶关学院学报（自然科学），2006（9）：1 - 4.

[114] 孙兆刚. 知识溢出的发生机制与路径研究 [D]. 大连：大连理工大学，2005.

[115] 汤敏慧，郑石，严鸣，等. 团队认知多样性对创新绩效的影响机制 [J]. 管理评论，2023，35（3）：71 - 82.

[116] 王辉坡. 科技成果转化的知识管理及对策研究 [D]. 哈尔滨：哈尔滨工程大学，2007.

[117] 王龙，李辉，田华伟. 基于解释结构方程模型的公共安全政策效果第三方评估制约因素实证研究 [J]. 管理评论，2018，30（11）：266 - 274.

[118] 王少永，霍国庆，孙皓，等. 战略性新兴产业的生命周期及其演化规律研究——基于英美主导产业回溯的案例研究 [J]. 科学学研究，2014，32（11）：1630 - 1638.

[119] 王文华，张卓，蔡瑞林. 开放式创新组织间协同管理影响知识协同效应研究 [J]. 研究与发展管理，2018，30（5）：38 - 48.

[120] 王文婷，刘克宁，汪胜，等. 协同治理视阈下研究型医院科技成果转化困境与路径优化研究 [J]. 科技管理研究，2023，43（6）：129 - 135.

[121] 王向阳，郗玉娟，齐莹. 组织内部知识整合模型：基于知识演

变视角 [J]. 情报理论与实践, 2018, 41 (2): 88 - 93.

[122] 王晓红, 徐峰. 知识创新团队内部创造力传导机制研究——基于创新过程视角 [J]. 科学学与科学技术管理, 2019, 40 (1): 34 - 50.

[123] 王秀红. 组织知识管理绩效评价研究 [J]. 科学学与科学技术管理, 2006 (3): 64 - 67.

[124] 王雪原, 马维睿. 知识管理对制造企业绩效的影响研究 [J]. 科学学研究, 2018, 36 (12): 2223 - 2232.

[125] 王永华, 石琳娜, 陈劲. 基于知识势差的知识链成员知识协同博弈研究 [J]. 软科学, 2022, 36 (8): 24 - 31.

[126] 王赵琛, 张春鹏, 董红霞. 24 所部属高校科技成果转化效率的 DEA 分析 [J]. 科研管理, 2020, 41 (4): 280 - 288.

[127] 韦保磊, 谢乃明. 广义灰色关联分析模型的统一表述及性质 [J]. 系统工程理论与实践, 2019, 39 (1): 226 - 235.

[128] 魏江, 刘锦, 杜静. 自主性技术创新的知识整合过程机理研究 [J]. 科研管理, 2005 (7): 15 - 21.

[129] 魏江. 知识经济时代教学科研型大学的功能及其知识管理 [J]. 研究与发展管理, 1999 (2): 6 - 10.

[130] 魏莹, 刘冠, 李锋. 知识扩散路径上节点的分类和聚类分析——以知识分享平台 "知乎" 数据为例 [J]. 情报科学, 2018, 36 (5): 76 - 84.

[131] 文剑英. 科技成果转化的理性思考 [J]. 科研管理, 2019, 40 (5): 175 - 181.

[132] 吴继兰, 尚珊珊. MOOCs 平台学习使用影响因素研究——基于隐性和显性知识学习视角 [J]. 管理科学学报, 2019, 22 (3): 21 - 39.

[133] 吴鹏飞, 林筠. 实验室验证对技术转移影响研究: 双元学习视角 [J]. 科研管理, 2022, 43 (3): 164 - 172.

[134] 吴松强, 黄盼盼, 蔡文洁, 等. 知识溢出与先进制造业集群成长——企业创新关联的中介效应研究 [J]. 科学学研究, 2022, 40 (3): 516 - 524.

[135] 吴彤. 自组织方法论研究 [M]. 北京: 清华大学出版社, 2001.

[136] 吴晓波，郭雯，苗文斌. 技术系统演化中的忘却学习研究 [J].
科学学研究，2004（3）：307 – 311.

[137] 武春友，戴大双，苏敬勤. 技术创新扩散 [M]. 北京：化学工
业出版社，1997.

[138] 向文菲，王茜，洪嵩. 从逻辑型知识基础到文化嵌入型知识基
础——基于知识类型学视角的分析 [J]. 哈尔滨工业大学学报：社会科学
版，2016，18（4）：136 – 140.

[139] 徐岸峰，陈宇，李玥. 基于演化博弈的大数据产业联盟成员失
败知识共享机制研究 [J]. 工程管理科技前沿，2022，41（2）：77 – 83.

[140] 徐国军，杨建君. 技术转移、新产品开发与企业绩效 [J]. 科研
管理，2019，40（11）：146 – 154.

[141] 徐升华，尹红丽. 组织内部知识整合的系统动力学模型研究
[J]. 管理学报，2013，10（6）：890 – 897.

[142] 徐修德，刘钒. 社会资本与技术支持对学术虚拟社区知识共享
的影响——基于科学网平台的知识共享要素分析 [J]. 科技进步与对策，
2023，40（3）：122 – 131.

[143] 徐哲根，杨璐，栾绍娇. 基于接力创新的高校科技成果转化能
力与效率评价研究 [J]. 科技管理研究，2019，39（24）：8 – 14.

[144] 许建新，侯忠生. 学习控制的现状与展望 [J]. 自动化学报，
2005（6）：131 – 143.

[145] 许庆瑞. 研究、发展与技术创新管理 [M]. 北京：高等教育出
版社，2000.

[146] 闫俊周，杨祎. 中国战略性新兴产业供给侧创新效率研究 [J].
科研管理，2019，40（4）：34 – 43.

[147] 杨名，王莐祥. 基于技术转移本质与特征的中国技术转移发展
对策研究 [J]. 科技管理研究，2022，42（14）：132 – 139.

[148] 野中郁次郎，竹内弘高. 创造知识的企业（日美企业持续创新
的动力）[M]. 李萌，高飞，译. 北京：知识产权出版社，2006：70 – 83.

[149] 余良如，冯奕程，冯立杰，等. 国内企业知识管理研究结构、
脉络与热点探究 [J]. 情报科学，2020，38（12）：163 – 169.

[150] 俞荣建，吕建伟，张树满. 国立科研院所促进科技成果转化的路径研究 [J]. 科学学研究，2023，41 (4)：669 - 678.

[151] 袁凌. 基于模糊聚类的竞争者识别 [J]. 系统工程，2004 (7)：31 - 34.

[152] 袁忆，张旭，郭菊娥. 科技成果转化价值活动的商业模式探析 [J]. 管理评论，2019，31 (7)：13 - 21.

[153] 约瑟夫·阿洛伊斯. 熊彼特. 经济发展理论——对利润、资本、信贷、利息和经济周期的探究 [M]. 北京：中国社会科学出版社，2009.

[154] 张翠娟，柯平，姚伟. 后知识服务时代的知识管理：从数字赋能到知识赋能 [J]. 情报理论与实践，2020，43 (9)：17 - 23.

[155] 张红兵，和金生. 基于"融知发酵"的产业集群知识创新探析 [J]. 科学管理研究，2007 (8)：76 - 79.

[156] 张华，顾新，王涛. 知识链视角下开放式创新主体的联盟策略研究 [J]. 中国管理科学，2022，30 (1)：263 - 274.

[157] 张会云，唐元虎. 企业技术创新影响因素的模糊聚类分析 [J]. 科研管理，2003 (6)：71 - 77.

[158] 张慧颖，史紫薇. 科技成果转化影响因素的模糊认知研究——基于创新扩散视角 [J]. 科学学与科学技术管理，2013，34 (5)：28 - 35.

[159] 张冀新，王怡晖. 创新型产业集群中的战略性新兴产业技术效率 [J]. 科学学研究，2019，37 (8)：1385 - 1393.

[160] 张路蓬，薛澜，周源等. 战略性新兴产业创新网络的演化机理分析——基于中国 2000—2015 年新能源汽车产业的实证 [J]. 科学学研究，2018，36 (6)：1027 - 1035.

[161] 张晓棠，张海丽，Michael Song. 知识管理、产品创新度与绩效的中美比较 [J]. 科研管理，2023，44 (2)：89 - 97.

[162] 张永云，郭鹏利，张生太. 失败学习与商业模式创新关系：知识管理与环境动态性的影响 [J]. 科研管理，2021，42 (11)：90 - 98.

[163] 章琰. 大学技术转移的界面移动及模式选择研究 [D]. 北京：清华大学，2004 (4)：53 - 56.

[164] 赵倩，武忠. 面向业务流程的知识共享模型研究 [J]. 情报杂

志，2007（9）：84－86.

［165］赵蓉英，魏绪秋．聚识成智：大数据环境下的知识管理框架模型［J］．情报理论与实践，2017，40（9）：20－23.

［166］赵睿，刘祖娴，傅巧灵．专利运营机构介入科技成果转化的金融支持模式研究［J］．中国软科学，2021（S1）：131－139.

［167］郑江波，成芳，甘燕红．基于知识学习的产品研发团队成员配置研究［J］．科技管理研究，2019，39（20）：135－143.

［168］郑彦宁，化柏林．数据、信息、知识与情报转化关系的探讨［J］．情报理论与实践，2011，34（7）：1－4.

［169］中华人民共和国促进科技成果转化法［EB/OL］.（2015－08－30）. https：//www. gov. cn/xinwen/2015－08/30/content_2922111. htm.

［170］中华人民共和国国民经济和社会发展第十四个五年规划和2035年远景目标纲要［EB/OL］.（2021－03－13）. http：//www. xinhuanet. com/2021－03/13/c_1127205564_2. htm.

［171］钟卫，沈健，姚逸雪．中美高校科技成果转化收益分配机制比较研究［J］．科学学研究，2023，41（2）：253－263.

［172］周增骏，陈劲，梅亮．中国研究型大学科技成果资本化机制探析［J］．科学学研究，2015，33（11）：1641－1650.

［173］祝振媛，李广建．"数据—信息—知识"整体视角下的知识融合初探——数据融合、信息融合、知识融合的关联与比较［J］．情报理论与实践，2017，40（2）：12－18.

［174］Agterbosch S，Vermeulen W，Glasbergen P. Implementation of wind energy in the Netherlands：The importance of the social-institutional setting［J］. Energy Policy，2004，32（5）：2049－2066.

［175］Akhavan P，Philsoophian M. Designing an expert fuzzy system to select the appropriate knowledge management strategy in accordance with APO model and Bloodgood KM strategies［J］. VINE Journal of Information and Knowledge Management Systems，2018，48（2）：277－293.

［176］Alavi M，Leidner D E. Kowledge Management and knowledge Management Systems：Conceptual Foundations and Research Issues［J］. MIS Quarterly，2001，25（1）：107 – 136.

［177］Andersson U，Buckley P J，Dellestrand H. In the right place at the right time：The influence of knowledge governance tools on knowledge transfer and utilization in MNEs ［J］. Global Strategy Journal，2015，5（1）：27 – 47.

［178］APQC. Leveraging Customer Information ［R］. 2000.

［179］Archer-Brown C，Kietzmann J. Strategic knowledge management and enterprise social media ［J］. Journal of Knowledge Management，2018，22（6）：1288 – 1309.

［180］Arundel A，Bordoy C. Developing internationally comparable indicators for the commercialization of publicly funded research ［R］. UNU – MERIT，2006.

［181］Barlettaf，Yoguelg，Pereira M，et al. Exploring scientific productivity and transfer activities：evidence from argent inean ICT research groups ［J］. Research Policy，2017，46（8）：1361 – 1369.

［182］Barros M V，Ferreira M B，do Prado G F，et al. The interaction between knowledge management and technology transfer：a current literature review between 2013 and 2018 ［J］. The Journal of Technology Transfer，2020：1 – 22.

［183］Battisti E，Alfiero S，Quaglia R，et al. Financial performance and global start-ups：the impact of knowledge management practices ［J］. Journal of International Management，2022，28（4）：100938.

［184］Beck R，Rai A，Fischbach K，et al. Untangling knowledge creation and knowledge integration in enterprise wikis ［J］. Journal of Business Economics，2015，85（4）：389 – 420.

［185］Bianchi M，Lavaliere A，Chiaroni D，et al. Organizational modes for open innovation in the biopharmaceutical industry：An exploratory analysis ［J］. Technovation，2011，31（1）：22 – 33.

［186］Blank S C. Insiders Views on Business Models Used by Small Agricultural Biotechnology Firms：Economic Implications for the Emerging Global Industry ［J］. Agbioforum，2008，11（2）：71 – 81.

［187］Castillo F，Gilless J K，Heiman A，et al. Time of adoption and intensity of technology transfer: an institutional analysis of officesof technology transfer in the United States [J]. The Journal of Technology Transfer, 2018, 43 (1): 120 - 138.

[188] Chen X Y, Li T S. Diffusion of agricultural technology innovation: research progress of innovation diffusion in chinese agricultural science and technology parks [J]. Sustainability, 2022, 22 (14): 15008.

[189] Chen Y Q, Wen C Y. Iterative learning control-convergenee, robustness and applications [M]. Berlin: Springer Verlag, 2003.

[190] Chesbrough H. Open innovation: The new imperative forcreating and profiting from technology [M]. Boston: Harvard Business School Press, 2003.

[191] Choi K, Narasimhan R, Kim S W. Opening the technological innovation black box: The case of the electronics industry in Korea [J]. European Journal of Operational Research, 2016, 250 (1): 192 - 203.

[192] Coombs R, Hull R. Knowledge management practices' and path-dependency in innovation [J]. Research Policy, 1998, 27: 237 - 253.

[193] Cunningham J A, Menter M, Young C. A review of qualitative case methods trends and themes used in technology transfer research [J]. The Journal of Technology Transfer, 2017, 42 (4): 923 - 956.

[194] Cunningham J A, O'Reilly P. Macro, meso and micro perspectives of technology transfer [J]. The Journal of Technology Transfer, 2018, 43 (3): 545 - 557.

[195] Dahlborg C, Lewensohn D, Danell R, et al. To invent and let others innovate: a framework of academic patent transfer modes [J]. The Journal of Technology Transfer, 2017, 42 (3), 538 - 563.

[196] Davenport T H, Prusak L. Working knowledge: how organizations manage what they know [M]. Boston: Harvard Business School Press, 1998.

[197] Davies P J, Gore D B, Khan S T.. Managing produced water from coal seam gas projects: im-plications for an emerging industry in Australia [J]. Environmental Science and Pollution Research, 2015, 22 (14): 10981 - 11000.

[198] Duan Y L, Huang L, Cheng H, et al. The moderating effect of cul-

tural distance on the cross-border knowledge management and innovation quality of multinational corporations ［J］. Journal of Knowledge Management, 2020, 25 (1): 85 – 116.

［199］ Dubickis M, Gaile – Sarkane E. Tacit vs Explicit knowledge dichotomy: state-of-the-art review for technology transfer purposes ［J］. Eurasian Studies in Business and Economics, 2016 (4): 423 – 433.

［200］ Edwards J S. Where knowledge management and information management meet: Research directions ［J］. International journal of information management, 2022 (63): 102458.

［201］ Fathian M, Sotoudehriazi M, Akhavan P, et al. How to Assess Knowledge Management: Developing a Quantitative Model ［J］. International Journal of Electronic Business Management, 2008, 6 (1): 10 – 20.

［202］ Felin T, Zenger T R. Closed or open innovation? Problem solving and the governance choice ［J］. Research Policy, 2014, 43 (5): 914 – 925.

［203］ Feng L, Zhao Z, Wang J, et al. The Impact of Knowledge Management Capabilities on Innovation Performance from Dynamic Capabilities Perspective: Moderating the Role of Environmental Dynamism ［J］. Sustainability, 2022 14 (8): 4577.

［204］ Ferreira J, Mueller J, Papa A. Strategic knowledge management: theory, practice and future challenges ［J］. Journal of Knowledge Management, 2018, 24 (2): 121 – 126.

［205］ Figueiredo P N, Cabral B P, Silva F Q. Intricacies of firm-level innovation performance: An empirical analysis of latecomer process industries ［J］. Technovation, 2021 (105): 102302.

［206］ Forbes D P, Kirsch D A. The study of emerging industries: Recognizing and responding to some central problems ［J］. Journal of Business Venturing, 2011, 26 (5): 589 – 602.

［207］ Gao J, He H, Teng D, et al. Cross-border knowledge search and integration mechanism-a case study of Haier open partnership ecosystem (HOPE) ［J］. Chinese Management Studies, 2021, 15 (2): 428 – 455.

［208］ Georgallis P，Dowell G，Durand R. Shine on me：industry coherence and policy support for emerging industries ［J］. Administrative Science Quarterly，2019，64（3）：503－541.

［209］ Gonzalez R，Martins M F. Mapping the organizational factors that support knowledge management in the brazilian automotive Industry ［J］. Journal of Knowledge Management，2014，18（1）：152－176.

［210］ Granovetter M. The strength of weak ties ［J］. American Journal of Sociology，1973（78）：1360－1380.

［211］ Hardy M M J. It takes two：Experimental evidence on the determinants of technology diffusion ［J］. Journal of Development Economics，2021，149（1）：1－21.

［212］ Harris A D. Emerging industry trends spark changes in tool technology ［J］. Air Condi-tioning，Heating & Refrigeration News，2019，268（1）：40－41.

［213］ Holsapple C W，Singh. The knowledge chain model：Activities for competitiveness ［J］. Expert Systems with Applications，2001（20）：77－98.

［214］ Ho M H，Liu J S，Lu W M，et al. A new perspective to explore the technology transfer efficiencies in US universities ［J］. The Journal of Technology Transfer，2014，39（2）：247－275.

［215］ Huber G P. Organizational learning：the contributing processes and the literatures ［J］. Organization Science，1991（2）：88－115.

［216］ Inkinen H. Review of empirical research on knowledge management practices and firm performance ［J］. Journal of Knowledge Management，2016，20（2）：230－257.

［217］ Jacobsson S，Bergek A. Transforming the energy sector：The evolution of the technological systems in renewable energy technology ［J］. Industrial and Corporate Change，2004，13（5）：815－849.

［218］ Jin C，Song C，Bjelland J，et al. Emergence of scaling in complex substitutive systems ［J］. Nature Human Behaviour，2019，3（8）：837－846.

［219］ Jin H H，Qian Y G，Weingast B R. Regional decentralization and fiscal incentives：Federalism Chinese style ［J］. Journal of Public Economics,

2005，89（9－10）：1719－1772.

［220］Kapur P K，Panwar S，Singh O. Modeling two-dimensional technology diffusion process under dynamic adoption rate［J］. Journal of Modelling in Management，2019，14（3）：717－737.

［221］Kenderdine T. China's industrial policy，strategic emerging industries and space law［J］. Asia & The Pacific Policy Studies，2017，4（2）：325－342.

［222］Khattak M S，Shah S. Entrepreneurial orientation and the efficiency of SMEs：The role of government financial incentives in an emerging industry［J］. Journal of Public Affairs，2020，21（3）：e2242.

［223］KishiK. Technology diffusion，innovation size，and patent policy［J］. European Economic Review，2019，118：382－410.

［224］Klas Eric Söderquist. Organizing knowledge management and dissemination in new product development：Lessons from 12 global corporations［J］. Long Range Planning，2006，39（5）：497－523.

［225］Lane P J，Lubatkin M. Relative absorptive capacity and interorganizational learning［J］. Strategic Management Journal，1998（19）：461－477.

［226］Lee K C，Lee S，Kang I W. KMPI：Measuring knowledge management performance［J］. Information & Management，2005，42（3）：469－482.

［227］Leonard－Barton D. Wellsprings of knowledge：building and sustaining the sources of innovation［M］. Boston：Harvard Business School Press，1995.

［228］Lin W L，Yip N，Ho J A，et al. The adoption of technological innovations in a B2B context and its impact on firm performance：An ethical leadership perspective［J］. Industrial Marketing Management，2020（89）：61－71.

［229］Mahdi O R，Nassar I A，Almsafir M K. Knowledge management processes and sustainable competitive advantage：An empirical examinationin private universities［J］. Journal of Business Research，2019（94）：320－334.

［230］Maravilhas S，Martins J. Strategic knowledge management a digital environment：Tacit and explicit knowledge in Fab Labs［J］. Journal of Business Research，2019，94：353－359.

[231] M'Chirgui Z, Lamine W, Mian S, et al. University technology commercialization through new venture projects: an assessment of the French regional incubator program [J]. The Journal of Technology Transfer, 2018 (43): 1142 - 1160.

[232] Meagher K, Rogers M. Network density and R&D spillovers [J]. Journal of Economic Behavior & Organization, 2004, 53 (1): 237 - 260.

[233] Miao C, Fang D, Sun L, et al. Driving effect of technology innovation on energy utilization efficiency in strategic emerging industries [J]. Journal of Cleaner Production, 2018, 170: 1177 - 1184.

[234] Nahapiet J, Ghoshal S. Social capital, intellectual capital, and the organizational advantage [J]. Academy of Management Review, 1998, 23 (2): 242 - 266.

[235] Nelson A, Earle A, Howard-Grenville J, et al. Do innovation measures actually measure innovation? Obliteration, symbolic adoption, and other finicky challenges in tracking innovation diffusion [J]. Research Policy, 2014, 43: 927 - 940.

[236] Nguyen N, Aoyama A. The impact of cultural differences on technology transfer: Management practice moderation [J]. Journal of Manufacturing Technology Management, 2015, 26 (7): 926 - 954.

[237] Nikolaos Filippopoulos, Georgios Fotopoulos. Innovation in economically developed and lagging European regions: A configurational analysis [J]. Research Policy, 2022, 51 (2): 104424.

[238] Nonaka I, TakeuchiH. The knowledge creating company: How Japanese companies create the dynamic of innovation [M]. New York: Oxford University Press, 1995.

[239] Noruzi F, Stenholm D, Sjögren P, et al. A holistic model for interplant knowledge transfer within an international manufacturing network [J]. Journal of Knowledge Management, 2020, 24 (3): 535 - 552.

[240] Park O, Bae J, Hong W. High-commitment HRM system, HR capability, and ambidextrous technological innovation [J]. International Journal of

Human Resource Management, 2019, 30 (9): 1526 - 1548.

[241] Petrash G. Dow's journey to a knowledge value management culture - ScienceDirect [J]. European Management Journal, 1996, 14 (4): 365 - 373.

[242] Phillips R G. . Technology business incubators: How effective as technology transfer mechanisms [J]. Technology in Society, 2002 (24): 299 - 316.

[243] Quitas P, Lafrere P, Jones G. Knowledge Management: A Strategic Agenda [J]. Long Range Planning, 1997, 30 (3): 385 - 391.

[244] Rodrigues, Cavalcanti B R, Gohr C F. Dynamic capabilities and critical factors for boosting sustainability-oriented innovation: systematic literature review and a framework proposal [J]. Engineering Management Journal, 2022, 34 (4): 591 - 619

[245] Rogers E M, Simon, Schuster. Diffusion of innovations [M]. 5th ed. New York: Free Press, 2003.

[246] Rousselière S, Ramani S V, Rousselière D. The organizational choice of technology transfer mode: Theory and application to the genetically modified plant industry [J]. Managerial and Decision Economics, 2021, 42 (6): 1466 - 1476.

[247] Santoro G, Thrassou A, Bresciani S, et al. Do knowledge management and dynamic capabilities affect ambidextrous entrepreneurial intensity and firms' performance? [J]. IEEE Transactions on Engineering Management, 2021, 68 (2): 378 - 386.

[248] Seleim A, Khalil O. Knowledge management and organizational performance in the Egyptian software firms [J]. International Journal of Knowledge Management, 2007, 3 (4): 37 - 66.

[249] Shahzad M, Qu Y, Zafar A U, et al. Exploring the influence of knowledge management process on corporate sustainable performance through green innovation [J]. Journal of Knowledge Management, 2020, 24 (9): 2079 - 2106.

[250] Sharan K, Dhayanithy D, Sethi D. Interrelationship between strategic factors, technology and organizational learning: A systematic literature review

[J]. Journal of Knowledge Management, 2023, 27 (9): 2462 – 2483.

[251] Shin M, Tony H, Ruth A, et al. From knowledge theory to management Practice: towards an integrated approach [J]. Information Processing and Management, 2001, 37: 335 – 355.

[252] Shujahat M, Sousa M J, Hussain S, et al. Translating the impact of knowledge management processes into knowledge-based innovation: the neglected and mediating role of knowledge-worker productivity [J]. Journal of Business Research, 2019, 94: 442 – 450.

[253] Stoneman P. Intra-firm diffusion, bayesian learning and profitability [J]. Economic Journal, 1981, 91: 375 – 388.

[254] Tippins M J. Implementing knowledge management in academia: teaching the teachers [J]. The International Journal of Educational Management, 2003, 17 (7): 339 – 345.

[255] Tsai K H, Liao Y C, Hsu T T. Does the use of knowledge integration mechanisms enhance product innovativeness? [J]. Industrial Marketing Management, 2015, 46 (4): 214 – 223.

[256] Volosheniuk L V, Hornostai N I, Mykhalchenkova O E. Innovative entrepreneurship as an effective mechanism of technology transfer in Israel [J]. Science Technologies Innovation, 2020, 4 (12): 60 – 67.

[257] Wang L, Luo G, Sari A, et al. What nurtures fourth industrial revolution? An investigation of economic and social determinants of technological innovation in advanced economies [J]. Technological Forecasting and Social Change, 2020 (161): 120305.

[258] WuX G, Ming L N, He M, et al. Knowledge integration and sharing for complex product development [J]. International Journal of Production Research, 2014, 52 (21): 6296 – 6313.

附　录

附表 1　战略性新兴产业科技成果转化知识管理状况评价指标的内涵与标准

指标	性质	内涵与计算方法	标准				
			非常低	较低	一般	较高	非常高
技术费占技术引进合同金额比重	定量	技术费与技术引进合同金额之比	50%	69.3%	80%	90%	100%
内外网建设水平	定性	企业内网（研发网、市场信息网、专家在线、产品技术网，员工档案网等）、外网（产品推广网、客户服务网、企业门户网、联盟网络等）的建设与使用状况	不准备筹建	正在筹建	外网或内网只建设一种	内网外网均有建设	内网外网均有建设，外网国内知名，内网企业内员工都能使用
知识管理流程信息化水平	定性	知识管理流程（包括知识创造、分类、储存、学习、共享、整合、更新、应用等过程）的实施过程中利用信息化网络实现的程度	知识管理流程没有依靠信息平台	知识存储依靠信息平台	知识存储与学习、共享依靠信息平台	知识存储、学习、共享、创新等流程信息化	知识管理全部流程都实现信息化

续表

指标	性质	内涵与计算方法	标准					
			非常低	较低	一般	较高	非常高
技术市场科技成果交易额	定量	企业通过技术市场进行成果交易的金额	250万元	550万元	800万元	1000万元	2000万元
成果供给方与转化方知识合作稳定程度	定性	企业与成果供给方在成果转化的实施前、转化中、转化后各阶段知识合作的稳定性	成果供给方没有给转化方提供知识援助	成果供给方在对接阶段给转化方知识支持	成果供给方在试验接收阶段给予知识支持	成果供给方在试验对接生产阶段给予知识支持	成果供给方与转化方进行转化全过程知识合作
学习型组织建设水平	定性	企业进行学习型组织建设的状况	没有且不准备建立	设立了相似的组织,正准备组建学习型组织	设立了学习型组织	学习型组织行业内知名	学习型组织全国内知名
举办与参加知识讲座、展览、咨询会次数与规模	定性	企业举办或者参加知识讲座、技术或成果展览、咨询会的次数以及它们的规模	几乎没有该类活动	有若干次小规模的知识讲座、咨询或咨询会	每年有几次大规模知识讲座、展览或咨询会	每月都能组织大规模知识讲座、展览或咨询会	每月都组织几次大规模知识讲座、展览或咨询会
成果转化人员人均培训费支出占人均工资比重	定量	成果转化人员的人均培训费支出与成果转化人员人均工资之比	1%	3%	5%	8%	10%
合理化建议数量	定性	企业年均收到的员工合理化建议的数量	几乎没有收到合理化建议	能收到一些合理化建议	每年收到大量合理化建议	每月能收到大量合理化建议	每周能收到大量合理化建议

续表

指标	性质	内涵与计算方法	标准				
			非常低	较低	一般	较高	非常高
主办、参加国际国内学术会议次数	定性	企业主办或参加国际学术会议或国内学术会议的次数、学术会议的高级程度等	不参加国际会议	能参加一些重要的国际会议	每年参加多次国际会议	每年主办国际会议且参加多次国际会议	每年主办多次国际会议
知识共享激励措施制订及实施状况	定性	企业对知识共享进行激励的措施的制订及实施状况	没有知识共享激励政策	有形式上的知识共享激励政策,但几乎得不到落实	制订了知识共享激励政策,但执行力度不大	制订了完善的知识共享激励政策,但执行力度不大	制订了完善的知识共享激励政策,且有效实施
成果转化团队知识结构合理状况	定性	企业内部成果转化团队中成员基础知识结构的合理配置	团队成员所学专业只涉及1个	团队成员所学专业涉及2个以上	团队成员所学专业涉及3个以上	团队成员所学专业涉及5个以上	团队成员所学专业涉及7个以上
成果转化过程中技术、管理、营销人才参与协作程度	定性	企业成果转化团队中技术人员、管理人员、营销人员等不同职能人员的设置状况	成果转化过程中只有技术人员参与	成果转化过程中有技术人员,部分过程中有管理人员参与	成果转化过程与管理人员共同完成	成果转化过程由技术人员和管理人员共同完成,后期有营销人员参与	成果转化全过程是技术人员、管理人员和营销人员通力合作的结果
知识创新奖励办法及实施状况	定性	企业对知识创新的奖励办法制订与实施状况	没有知识创新奖励政策	有形式上的知识创新奖励政策,但几乎得不到落实	制订了知识创新奖励政策,但执行力度不大	制订了完善的知识创新奖励政策,但执行力度不大	制订了完善的知识创新奖励政策,且有效实施

续表

指标	性质	内涵与计算方法	标准				
			非常低	较低	一般	较高	非常高
技术秘密和技术诀窍数量	定性	企业技术秘密与技术诀窍及其数量的高级程度	几乎没有技术秘密与技术诀窍	有少量技术秘密与技术诀窍	有一些技术秘密与技术诀窍	有较多的技术秘密与技术诀窍	有大量技术秘密与技术诀窍
企业与高校或科研院所知识合作的紧密程度	定性	高校或科研院所转化的成果及其在转化过程中的知识与技术支持力度	企业与高校或科研院所没有联系	企业在必要时能与高校或科研院所联系,寻求知识成果支持	企业与高校或科研院所有经常性的联系,经常进行知识合作	企业与高校或科研院所形成稳定的知识联盟关系	高校或科研院所主动为企业提供成果与知识转化,对企业知识管理实施跟踪指导
成果转化新产品年销售收入占产品总销售收入比重	定量	企业成果转化的新产品年销售收入占产品总销售收入的比重,考察新产品收入对企业的贡献度	10%	14.8%	20%	24%	100%
专利授权数	定量	企业考察期内年均专利授权数	2	10	30	50	70